魔法の中学英語

杉山一志
Sugiyama Kazushi

Jリサーチ出版

はじめに

真価が問われるこれからの英語教育

　世界のグローバル化がますます進み、日本でも、上司が外国人になったり、会議が英語で行われたり、採用や昇進の条件の1つとして、TOEIC（英語のコミュニケーション能力を測るテスト）などのスコアが求められたりすることも増えてきました。また、学校教育の現場でも、英語学習の内容や方法について、様々な試みや取り組みが進められています。

　今後、実践的な英語力の必要性がますます高まることが見込まれるこの時代の中学生は、どれくらいの量の英語を、どのように学習すれば良いのでしょうか。

外国語習得における文法の重要性

　そもそも言語は、それを使うことが必然である状況下に身を置いて習得するのが理想です。しかしそれを実現するには、英語圏の子どもたちのように、24時間英語漬けの状態を数年間キープする必要があります。ですが、日本で英語を学ぶ中学生をそのような状態に置くことは現実的ではありませんし、他の教科のことを考えると効率的とは言えません。

　そこで登場するのが、「文法」つまり「英語のルール」です。

　英文法は、ネイティブの子どもたちが長い時間をかけて自然に習得する理論を体系化させて一気に学ぶことを可能にする、非常に役に立つ道具です。たとえば動詞の過去形の作り方にしても、英語圏の子どもたちは、普段の会話の中で大人たちに指摘されながら、少しずつ長い時間をかけて身につけるでしょう。ですが英文法を使えば、「動詞の過去形は語尾にedをつけるのが基本だが、そうではない"不規則動詞"というものがある」という文法ルールで一気に学習することが可能です。非常に効率的だと思いませんか。

中学英語は、使える英語表現の宝庫

　中学校で学習する英文法や英語表現には、実用的に使えるものが本当にたくさん入っています。ネイティブスピーカーたちが日常会話で使っている文法構造や英語表現を「100」とした場合、そのうち70～80程度は中学英語で説明がつくはずです。つまり中学英語はそれだけ汎用性が高く役に立つものなのです。

学習理論を明確にする

　であるにも関わらず（残念なことに）、日本人の英語学習の成果は、あまり世界にアピールできるような状態ではありません。その原因はいくつか考えられるでしょうが、そのうちの1つは、学習理論の不明確さではないかと思います。

そこで現在私が考えている最も合理的な学習理論は、品詞や文法理論にさまざまな単語を当てはめることで、使えるパターンを増やすというアプローチです。たとえば、This is a pen.（これはペンです）のa penの部分に、This is an elephant.（これは象です）やThis is Mike.（こちらはマイクです）のように、違う単語を当てはめることで、使えるバリエーションを増やし、〈This is ～ .〉という文法ルールを定着させるのです。

　本書の内容はまさにこの形で、中学生が学習する英文法項目を101のセクションに分け、それを例文音読による自動化訓練をすることで、身につけられるようになっています。

学習方法は3つの大きな柱で

　本書では、以下の3つの柱で学習をしてもらえれば、本当に使える英語力の土台が出来ると考えています（詳しくはP4～5にあります）。

　1つ目は文法の理解です。まずはどういう理屈で英文が成り立つかを理解します。

　2つ目は、理解した文法項目を含む英語例文を、単語の組み変えを意識しながらリスニング＆音読します（文の骨格を意識しながらトレーニングするのが非常に大切です！）。これによって、英語文法のルールを反射神経に変換します。

　3つ目は、ここまでやってきたことが、きちんと自分のものになったかどうか、エクササイズを解いて確認します。実際に手を動かして書くことで、本当に身についたかどうかの最終確認ができるのです。「理解→（音による）反復（トレーニング）→（手を動かして）確認」という流れをイメージすると、わかりやすいと思います。

語いを増やそう！

　文法と同じくらい大切なことに、語いの増強があります。本書では、文法事項のステップアップに並行し、中学生が必修の単語をバランスよく組み入れています。この後、高校生・大学生・社会人と、段階を追うごとに覚えるべき単語や熟語が増えますが、中学生の間に学ぶべき単語をきちっと習得しておけば、その後の語い学習で大きくつまづくことはありません。

　日本で英語を学習する多くの子どもたちにとって、中学校は「本格的に英語を学習するスタート地点」だと思います。だからこそ、本当に英語ができるようになるための第一歩を踏み出してもらえることを願って、本書を作成させていただきました。1人でも多くの中学生が着実に英語の力を伸ばし、将来、本当に使える、そして、役に立つ英語力を身につけられることを、心より応援しています。

杉山一志

この本の特長と使い方

本書は、シンプルな3つのステップを繰り返していくことで、中学校で学ぶ文法事項と大切な単語・熟語が効率的に身につきます。これが最大の特長です。

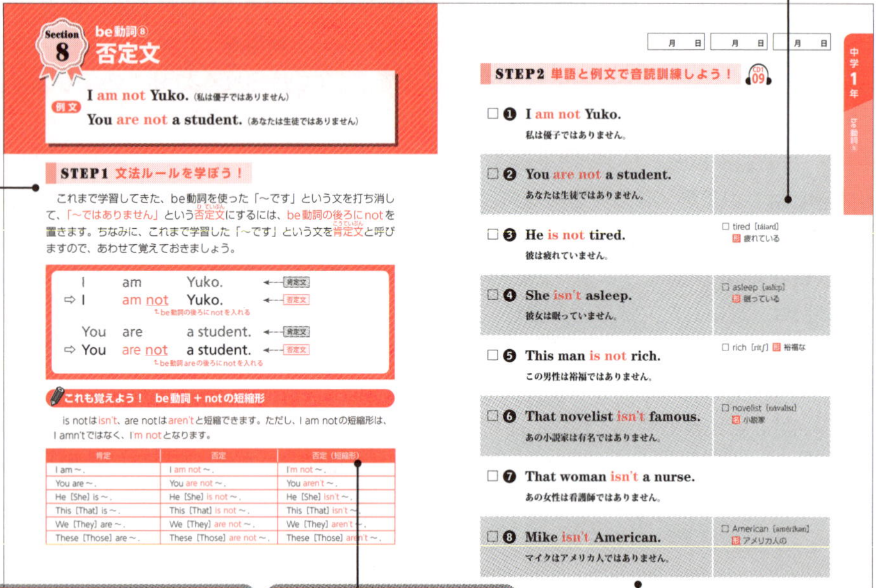

Section 8

be動詞⑧

否定文

例文

I am not Yuko.（私は優子ではありません）

You are not a student.（あなたは生徒ではありません）

STEP1 文法ルールを学ぼう！

これまで学習してきた、be動詞を使った「～です」という文を打ち消して、「～ではありません」という否定文にするには、be動詞の後ろにnotを置きます。ちなみに、これまで学習した「～です」という文を肯定文と呼びますので、あわせて覚えておきましょう。

I	am	Yuko.	←肯定文
⇨ I	am not（be動詞の後ろにnotを入れる）	Yuko.	←否定文
You	are	a student.	←肯定文
⇨ You	are not（be動詞areの後ろにnotを入れる）	a student.	←否定文

これも覚えよう！ be動詞＋notの短縮形

is notはisn't、are notはaren'tと短縮できます。ただし、I am notの短縮形は、I amn'tではなく、I'm notとなります。

肯定	否定	否定（短縮形）
I am ～.	I am not ～.	I'm not ～.
You are ～.	You are not ～.	You aren't ～.
He［She］is ～.	He［She］is not ～.	He［She］isn't ～.
This［That］is ～.	This［That］is not ～.	This［That］isn't ～.
We［They］are ～.	We［They］are not ～.	We［They］aren't ～.
These［Those］are ～.	These［Those］are not ～.	These［Those］aren't ～.

月　日　月　日　月　日

中学1年 be動詞⑧

STEP2 単語と例文で音読訓練しよう！ CD1 09

□ ❶ I am not Yuko.
私は優子ではありません。

□ ❷ You are not a student.
あなたは生徒ではありません。

□ ❸ He is not tired.
彼は疲れていません。
□ tired［táiərd］形 疲れている

□ ❹ She isn't asleep.
彼女は眠っていません。
□ asleep［əslíːp］形 眠っている

□ ❺ This man is not rich.
この男性は裕福ではありません。
□ rich［rítʃ］形 裕福な

□ ❻ That novelist isn't famous.
あの小説家は有名ではありません。
□ novelist［návəlist］名 小説家

□ ❼ That woman isn't a nurse.
あの女性は看護師ではありません。

□ ❽ Mike isn't American.
マイクはアメリカ人ではありません。
□ American［əmérikən］形 アメリカ人の

31

STEP 1

ステップ1では、文法のルールをしっかり理解しましょう。そのセクション（Section）で取り上げる英文法のルールについて、かんたんな言葉でわかりやすく解説してあります。

これも覚えよう！

英文法のルールについて、さらに知っておいた方がいいことがまとめられているコーナーです。

STEP2

ステップ2では、ステップ1で学んだ英語の文法ルールを組み込んだ16の例文をリスニング＆音読練習しましょう。これによって、ステップ1で学習した文法のポイントが例文とともに頭に入り、文法ルールを自動化することができます。

机に置いて使うのに最適！開きやすい作りになっています！

CD1 01

付属CDについて

CDには、ステップ1のターゲット例文（英語・日本語）と、ステップ2で学習する16の例文がすべて英語で収録されています（また、31、57、237ページにある「会話表現まとめてチェック！①～③」の英文も収録されています）。

初めて登場する単語や、同じ単語でも品詞や意味が全く違うものは、ここにまとめてあります。単語の意味や発音を確認したい時に使いましょう。

STEP 3

ここでは、単語並べ替えや英作文の問題に挑戦することで、ステップ1とステップ2で学習した文法ルールや単語・熟語が身についたかどうかを確認することができます。

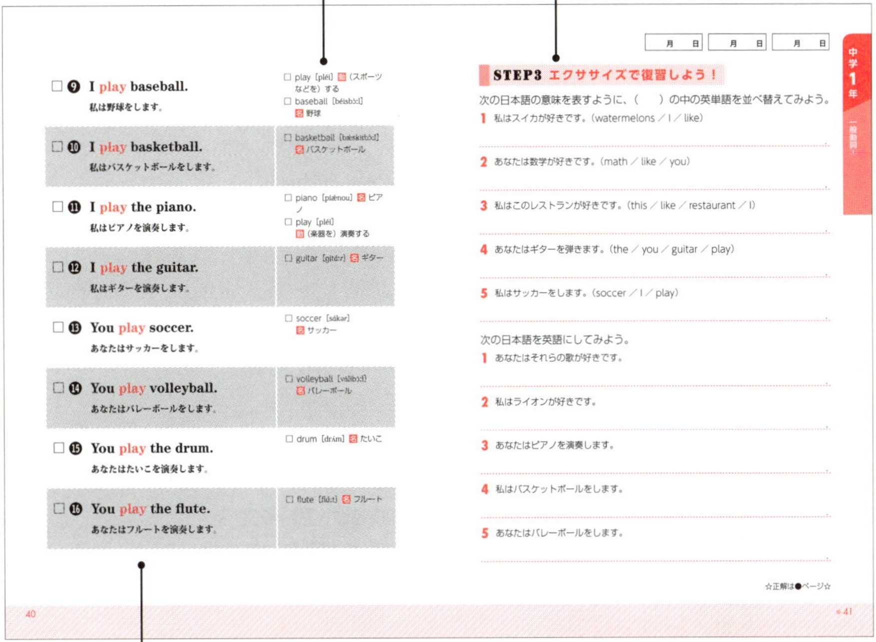

- ⑨ I play baseball.
  私は野球をします。
  - □ play [pleɪ] 動 (スポーツなど)を する
  - □ baseball [béɪsbɔ̀ːl] 名 野球

- ⑩ I play basketball.
  私はバスケットボールをします。
  - □ basketball [bǽskɪtbɔ̀ːl] 名 バスケットボール

- ⑪ I play the piano.
  私はピアノを演奏します。
  - □ piano [piǽnoʊ] 名 ピアノ
  - □ play [pleɪ] 動 (楽器を)演奏する

- ⑫ I play the guitar.
  私はギターを演奏します。
  - □ guitar [gɪtɑ́ːr] 名 ギター

- ⑬ You play soccer.
  あなたはサッカーをします。
  - □ soccer [sɑ́kər] 名 サッカー

- ⑭ You play volleyball.
  あなたはバレーボールをします。
  - □ volleyball [vɑ́liːbɔ̀ːl] 名 バレーボール

- ⑮ You play the drum.
  あなたはたいこを演奏します。
  - □ drum [drʌ́m] 名 たいこ

- ⑯ You play the flute.
  あなたはフルートを演奏します。
  - □ flute [flúːt] 名 フルート

STEP3 エクササイズで復習しよう！

次の日本語の意味を表すように、（　）の中の英単語を並べ替えてみよう。

1 私はスイカが好きです。(watermelons ／ I ／ like)

2 あなたは数学が好きですか。(math ／ like ／ you)

3 私はこのレストランが好きです。(this ／ like ／ restaurant ／ I)

4 あなたはギターを弾きます。(the ／ you ／ guitar ／ play)

5 私はサッカーをします。(soccer ／ I ／ play)

次の日本語を英語にしてみよう。

1 あなたはそれらの歌が好きです。

2 私はライオンが好きです。

3 あなたはピアノを演奏します。

4 私はバスケットボールをします。

5 あなたはバレーボールをします。

☆正解は●ページ☆

セクションの合間に、とくに大切な単語や熟語、文法事項のまとめや英会話表現をまとめたページを収録してあります。学習の合間に確認したり、集中的に覚えたいときに使ってください。

CONTENTS もくじ

- ◆はじめに 2
- ◆この本の使い方 4

入門編

- ①英語の文字 10
- ②英語の書き方 12
- ③英語の読み方 母音／子音 13
- ④品詞について 15
- ⑤基本の文法用語 16

中学1年

Section1〜9 be動詞

I am 〜．と You are 〜．	18	He is 〜．と She is 〜．	22
We are 〜．と They are 〜．	26	This is 〜．と That is 〜．	32
This [名詞] is 〜．と That [名詞] is 〜．			36
These are 〜．と Those are 〜．			40
These [名詞] are 〜．と Those [名詞] are 〜．			44
否定文	48	疑問文と答え方	52

Section10〜18 一般動詞

I[You] like 〜．と I[You] play 〜．	58	いろいろな動詞	62
否定文	66	疑問文と答え方	70
3人称単数が主語の文 1	74	3人称単数が主語の文 2	80
動詞にsをつけるときのルール	84	3人称単数が主語の否定文	88
3人称単数の疑問文と答え方	92		

Section19〜22 現在進行形

肯定文　be動詞＋動詞のing形	96	一般動詞のing形の作り方	100
否定文	106	疑問文と答え方	110

Section23〜28 過去形

be動詞の肯定文	114	be動詞の否定文と疑問文	118
一般動詞の肯定文　規則動詞	122	一般動詞の肯定文　不規則動詞	126
一般動詞の否定文	130	一般動詞の疑問文と答え方	134

Section29〜31 過去進行形

肯定文	138	否定文	142
疑問文と答え方	146		

Section32〜37 疑問詞

What 〜？	150	What time 〜？	154
Who 〜？	160	Whose 〜？	164
How 〜？	168	where / when / why / howの使い方	172

重要ポイントをチェック！	名詞の単数・複数……30／代名詞……78／前置詞……104
単語まとめてチェック！	数……56／国名・曜日・月・序数……158／身体・家族……176
会話表現まとめてチェック！	①……31／②……57

中学2年

Section38〜41　未来を表す形
- will ……178
- willの否定文と疑問文 ……182
- be going to ……186
- be going toの否定文と疑問文 ……190

Section42〜51　助動詞
- can ……196
- canの否定文と疑問文 ……200
- canとbe able to ……204
- be able toの否定文と疑問文 ……208
- must ……212
- mustの否定文と疑問文 ……216
- mustとhave to ……220
- have toの否定文と疑問文 ……224
- Will you/Shall I/Shall we 〜? ……228
- Would you like 〜? ……232

Section52〜54　命令文
- 命令 ……238
- 禁止 ……242
- 誘い ……246

Section55〜57　基本構文
- There is 〜. と There are 〜. ……250
- There is[are] 〜. の否定文 ……254
- There is[are] 〜. の疑問文 ……258

Section58〜61　不定詞
- 名詞的用法「〜すること」……262
- 副詞的用法1「〜するために」……266
- 副詞的用法2「〜して」……270
- 形容詞的用法「〜するための」……274

Section62〜63　動名詞
- 〜ing =〜すること ……278
- 動名詞と不定詞 ……282

Section64〜70　比較
- AはBと同じくらい〜だ（原級比較）……288
- 原級比較の否定文 ……292
- AはBより〜だ（比較級）……296
- erをつけない比較級の表現 ……300
- 3つ以上の比較（最上級）……304
- estをつけない最上級の表現 ……308
- 疑問詞whichと比較級 ……312

重要ポイントをチェック！	代名詞……194／形容詞変化表……316／5つの文型……318
熟語まとめてチェック！	①……236／②……286／③……317
会話表現まとめてチェック！	③……237

中学3年

Section71〜72 分詞
- 名詞を前から修飾する分詞 ... 322
- 名詞を後ろから修飾する分詞 ... 326

Section73〜75 関係代名詞
- 主格のwhoとwhich ... 330
- 目的格のthatとwhich ... 334
- 所有格のwhose ... 338

Section76〜77 受動態
- 能動態と受動態 ... 342
- 受動態の否定文と疑問文 ... 346

Section78〜84 いろいろな不定詞
- 形式主語のit ... 350
- what to 動詞の原形 ... 354
- いろいろな疑問詞＋to V ... 358
- too 〜 toとso 〜 that ... 362
- 〜 enough toとso 〜 that ... 366
- want 〜 toとwould like 〜 to ... 370
- tell 〜 toとask 〜 to ... 374

Section85〜88 間接疑問文
- what ... 378
- whenとwhere ... 382
- whyとhow ... 386
- how ＋形容詞[副詞] ... 390

Section89 感嘆文
- howとwhat ... 394

Section90 付加疑問文
- ふつうの文＋否定形＋S ... 398

Section91〜98 現在完了形
- 経験用法「Vしたことがある」 ... 402
- 継続用法「ずっとVしている」 ... 406
- 完了用法「もうVしてしまった」 ... 410
- 経験・継続用法の否定文 ... 414
- 完了用法の否定文 ... 418
- 疑問文と答え方 ... 422
- How many times 〜 ? ... 426
- How long 〜 ? ... 430

Section99〜101 接続詞
- thatを使った表現 ... 434
- whenやifを使った表現 ... 438
- beforeやafterを使った表現 ... 442

重要ポイントをチェック！　接続する重要語句 ... 446 ／不規則動詞変化表 ... 448

さくいん ... 451　復習エクササイズのこたえ ... 463

入門編

本格的に英語の学習に入る前に、英語にまつわる基礎の基礎について、少し知っておきましょう。知っておくと後々とても役に立ちますよ。

▼この章で学習すること

英語の文字 ブロック体／筆記体 …………………………………10
英語の書き方 …………………………………12
英語の読み方 母音／子音 …………………………………13
品詞について …………………………………15
基本の文法用語 …………………………………16

1 英語の文字

ブロック体

小文字 ──
大文字 ──→ Aa Bb Cc Dd Ee
文字の名前 ──
近い音 ── [éi]エイ　[bíː]ビー　[síː]シー　[díː]ディー　[íː]イー

Ff Gg Hh Ii Jj Kk

[éf]エフ　[dʒíː]ジー　[éitʃ]エイチ　[ái]アイ　[dʒéi]ジェイ　[kéi]ケイ

Ll Mm Nn Oo Pp Qq

[él]エル　[ém]エム　[én]エン　[óu]オウ　[píː]ピー　[kjúː]キュー

Rr Ss Tt Uu Vv Ww

[άːr]アーウ　[és]エス　[tíː]ティー　[júː]ユー　[víː]ヴィー　[dʌ́bljùː]ダブリュー

Xx Yy Zz

[éks]エクス　[wái]ワイ　[zíː | zéd]ズィー

日本語に50音があるように、英語には全部で26個の文字があります。これを**アルファベット**といいます。また、それぞれのアルファベットには、**大文字**と**小文字**があります。そして、英語の**書体**（＝文字の形）には、読み書きしやすい**ブロック体**と、続けて速く書ける**筆記体**の2種類があります。

筆記体

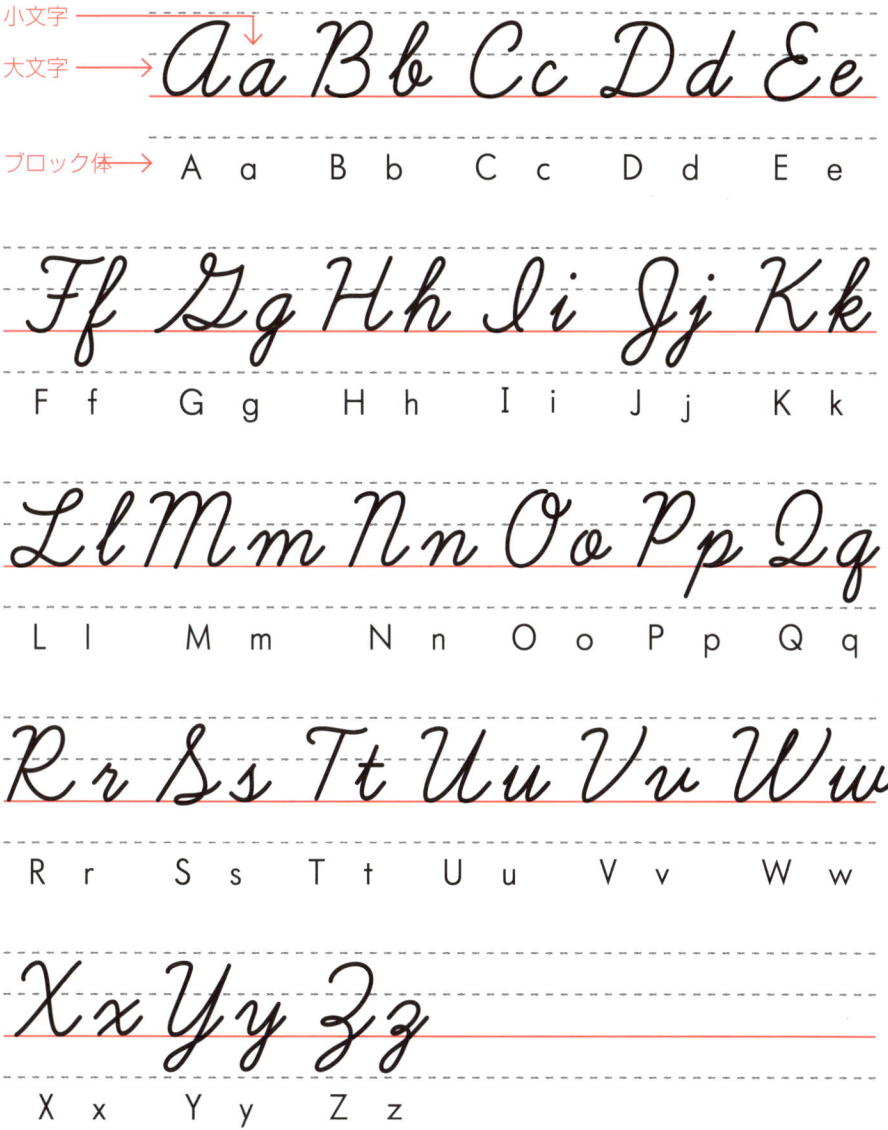

2 英語の書き方

単語の書き方

アルファベットの組み合わせでできた、1つ以上の意味を持つものを単語といいます。単語を書くときには、文字と文字の間をくっつけすぎたり離しすぎたりしないように気を付けましょう。

【例】 ◯ book　　✕ book　　✕ b o o k
　　　 ちょうどいい　くっつけすぎ　はなれすぎ

最初を大文字にする単語

人名や地名などの固有名詞は、最初を大文字にします。
【例】Suzuki Akiko（鈴木明子）　Tom（トム〈男性の名前〉）　Japan（日本）
曜日と暦の月の名前も、最初を大文字にします。
【例】Sunday（日曜日）　January（1月）
「私は」という意味をもつIという単語は、常に大文字にします。

英文の書き方

文の最初の1文字は大文字にします。また、単語と単語の間はくっつけず、小文字が1文字入るくらいのスペースをあけ、文の最後には、日本語の句点〈。〉にあたるピリオド〈.〉を、スペースをあけずにつけます。何かをたずねる文＝疑問文の場合は、ピリオドではなくクエスチョンマーク〈?〉を、強い感情を表す文＝感嘆文（→Section89）の場合は、エクスクラメーションマーク〈!〉をつけます。

よく使う英語の符号

● ピリオド〈.〉…ふつうの文の最後につけます。省略を表すこともあります。
● カンマ（コンマ）〈,〉…Yes, I am. やNo, I don't.のように、YesやNoの後ろにつけます（→Section9）。文を意味のカタマリで区切るときにも使います。
● クエスチョンマーク（疑問符）〈?〉…疑問文の最後につけます。
● エクスクラメーションマーク（感嘆符）〈!〉…感嘆文の最後につけます。
● アポストロフィー　〈'〉…たとえばI amをI'mとするように、短縮形を作るときに使います。

❸ 英語の読み方

英語は、日本語の仮名のように、文字と音が100％イコールで結ばれているわけではありません。1つのアルファベットがいくつかの音をもつ場合があります。これを学習するのにとても便利なのが発音記号です。「読みカナ」のような役目をはたします。

母音

日本語の母音は「アイウエオ」だけですが、英語の母音はたくさんあります。

発音記号 → [æ] 近い音 → ェア 例（意味）→ cat（ネコ） 発音記号 → [kǽt]	[ʌ] アッ money（金） [mʌ́ni]	[ə] ア Japan（日本） [dʒəpǽn] ※1	[ər] アァ sister（姉） [sístər]
[ɑːr] アー car（自動車） [kɑ́ːr]	[əːr] アー girl（少女） [gə́ːrl]	[ai] アイ ice（氷） [áis]	[au] アウ out（外に） [áut]	[ei] エイ play（する） [pléi]
[iː] イー eat（食べる） [íːt]	[iər] イアァ tear（涙） [tíər]	[u] ウ book（本） [búk]	[uː] ウー food（食べ物） [fúːd]	[uər] ウアァ sure（たしかな） [ʃúər]
[e] エ desk（机） [désk]	[ei] エイ table（テーブル） [téibl]	[ɛər] エアァ wear（着る） [wɛ́ər]	[ɑ] ア hot（暑い） [hɑ́t | hɔ́t] ※2	[ɔː] オー all（全部） [ɔ́ːl]
[ɔːr] オーァ door（ドア） [dɔ́ːr]	[ɔi] オイ oil（油） [ɔ́il]	[ou] オウ open（開ける） [óupən]		

※1　あいまいな音です
※2　[ɔ]は主にイギリスで使われる音。

子音

母音以外の音を子音と言います。日本語にはない音もたくさんあります。少しずつ身につけていきましょう。

- 発音記号 → [l]
- 近い音 → ル
- 例（意味）→ look（見る）
- 発音記号 → [lúk]

発音記号	近い音	例（意味）	発音記号
[l]	ル	look（見る）	[lúk]
[r]	ゥル	room（部屋）	[rúːm]
[θ]	ス	throw（投げる）	[θróu]
[ð]	ズ	this（これ）	[ðís]
[ʃ]	シュ	sure（たしかな）	[ʃúər]
[ʒ]	ジュ	vision（ビジョン）	[víʒən]
[f]	フ	far（遠い）	[fáːr]
[v]	ヴ	vase（花びん）	[véis]
[p]	プ	pen（ペン）	[pén]
[b]	ブ	book（本）	[búk]
[h]	ハ	have（持つ）	[həv]
[t]	トゥ	today（今日）	[tədéi]
[d]	ドゥ	door（ドア）	[dóːr]
[tʃ]	チュ	child（子供）	[tʃáild]
[dʒ]	ヂュ	job（仕事）	[dʒáb]
[k]	ク	cook（料理する）	[kúk]
[g]	グ	good（よい）	[gúd]
[j]	イ	yes（はい）	[jés]
[w]	ゥ	west（西）	[wést]
[m]	ム	moon（月）	[múːn]
[n]	ンヌ	noon（正午）	[núːn]
[s]	ス	sing（歌う）	[síŋ]
[ŋ]	ング	song（歌）	[sóːŋ]

4 品詞について

単語を、その形態や働きによって種類分けしたものを、「品詞」といいます。これから英語という言葉を勉強するためにこれを知っておくと、とても便利です。

動 動詞 動きや状態を表す言葉

「～です」「～にある（いる）」という意味を持つbe動詞と、eat（食べる）やknow（知っている）のような、さまざまな動き・状態を表す一般動詞があります。

名 名詞 人や物などの名前を表す言葉

book（本）やDavid（デイビッド）やLondon（ロンドン）などのように、いろいろな物や人、生き物や場所などの名前を表します。ペンやリンゴのように、1本、2個…と数えられるものと、水のように個数で数えられないものとがあります。

形 形容詞 名詞を説明（修飾）する言葉

たとえば、cat（ネコ）という名詞にwhite（白い）という説明を加えると、white cat（白いネコ）になります。このように、名詞を説明する品詞を「形容詞」と呼び、名詞を説明して飾ることを、「修飾する」と言います。

冠 冠詞 名詞の前につけるa [an]とthe

a [an]は「1つの～」という意味で、不特定の名詞の前につけます。

theは「その～」という意味で、特定の名詞の前につけます。

apple（リンゴ）のような、名詞の発音が母音（→P13）で始まる単語の前では、aではなくanをつけます。なお、a [an]は、1本、2個…と数えられる名詞だけにつけます。theは、数えられるものと数えられないものの両方につけられます。

副 副詞 名詞以外を修飾する言葉

たとえば、「速く走る」の「速く」は、「走る」という動詞を修飾しています。また、「とてもかわいい」の「とても」は、「かわいい」という形容詞を修飾しています。このように、主に動詞や形容詞を修飾するのが副詞です。また、副詞は、別の副詞を修飾することもできます。

代 代名詞 名詞をくり返さないための言葉

同じ名詞のくり返しを避けるために使います。たとえば、the computer（そのコンピュータ）を2度目に使うときに、代名詞のthis（これ）、that（あれ）、it（それ）などで表現します。代名詞には、he（彼は）やshe（彼女は）のように、人を表す人称代名詞というのもあります（くわしくは78ページで学習します）。

助 **助動詞** 動詞を助ける言葉	接 **接続詞** 単語や文をつなげる言葉
動詞を助ける言葉で、意味を追加します。英語では、動詞の前に置きます。	単語と単語、文と文など、さまざまな要素をつなげる働きをします。
疑 **疑問詞** 具体的な質問内容を表す言葉	前 **前置詞** 名詞の前で場所や時などを表す言葉
「どこ」「いつ」「なぜ」「何」「どのようにして」などのように、相手に具体的な質問をするときに使う言葉です。	名詞の前に置いて、「～の中に」「～の上に」「～から」のように場所や時などを表し、意味のカタマリを作ります。

 **基本の文法用語**

これから、とくに英語の文法を学習するにあたって、知っておくととても便利な専門の言葉がいくつかあります。

名称	内容	記号
主語	文の中で「～は」「～が」にあたる言葉で、英語では文の先頭に置かれます。名詞のはたらきをする言葉だけが主語になれます。Sという記号で表します。	S
述語	英文の中で「～である」「～する」にあたる言葉で、必ず動詞が使われます。英語では、主語の直後に置かれます。述語動詞とも呼ばれ、Vという記号で表します。	V
目的語	おもに述語の後ろに置かれる名詞や代名詞で、「～を」や「～に」にあたります。Oという記号で表します。	O
補語	主語や目的語を説明する言葉で、名詞、代名詞、形容詞がこれになれます。Cという記号で表します。	C
修飾語(句)	名詞や動詞についてくわしく説明する言葉を修飾語(句)といいます。名詞を説明する形容詞、動詞を説明する副詞などがこれにあたります。	
語	apple（リンゴ）やwalk（歩く）のような、1つ1つの単語のことです。	
句	in the park（公園の中で）やto play soccer（サッカーをすること）のように、2つ以上の語が組み合わさってできる、意味のカタマリを句と言います。	
節	when you are busy（あなたが忙しいとき）のように、主語と動詞が入っている意味のカタマリを節といいます。	
文	「SがVする」のように、大文字で始まり最後にピリオドが置かれた英単語の集まりのことを文といいます。	

中学1年

▼この章で学習すること

Section1〜9　be動詞
- ①I am 〜 . と You are 〜 . ……… 18
- ②He is 〜 . と She is 〜 . ……… 22
- ③We are 〜 . と They are 〜 . ……… 26
- ④This is 〜 . と That is 〜 . ……… 32
- ⑤This [名詞] is 〜 . と That [名詞] is 〜 . ……… 36
- ⑥These are 〜 . と Those are 〜 . ……… 40
- ⑦These [名詞] are 〜 . と Those [名詞] are 〜 . ……… 44
- ⑧否定文 ……… 48
- ⑨疑問文と答え方 ……… 52

Section10〜18　一般動詞
- ①I[You] like 〜 . と I[You] play 〜 . ……… 58
- ②いろいろな動詞 ……… 62
- ③否定文 ……… 66
- ④疑問文と答え方 ……… 70
- ⑤3人称単数が主語の文 1 ……… 74
- ⑥3人称単数が主語の文 2 ……… 80
- ⑦動詞にsをつけるときのルール ……… 84
- ⑧3人称単数が主語の否定文 ……… 88
- ⑨3人称単数の疑問文と答え方 ……… 92

Section19〜22　現在進行形
- ①肯定文　be動詞＋動詞のing形 ……… 96
- ②一般動詞のing形の作り方 ……… 100
- ③否定文 ……… 106
- ④疑問文と答え方 ……… 110

Section23〜28　過去形
- ①be動詞の肯定文 ……… 114
- ②be動詞の否定文と疑問文 ……… 118
- ③一般動詞の肯定文　規則動詞 ……… 122
- ④一般動詞の肯定文　不規則動詞 ……… 126
- ⑤一般動詞の否定文 ……… 130
- ⑥一般動詞の疑問文と答え方 ……… 134

Section29〜31　過去進行形
- ①肯定文 ……… 138
- ②否定文 ……… 142
- ③疑問文と答え方 ……… 146

Section32〜37　疑問詞
- ①What 〜 ? ……… 150
- ②What time 〜 ? ……… 154
- ③Who 〜 ? ……… 160
- ④Whose 〜 ? ……… 164
- ⑤How 〜 ? ……… 168
- ⑥where / when / why / howの使い方 ……… 172

重要ポイントをチェック！　名詞の単数・複数……30／代名詞……78／前置詞……104
会話表現まとめてチェック！　①……31／②……57
単語まとめてチェック！　数……56／国名・曜日・月・序数……158／身体・家族……176

Section 1 be動詞① I am ～ . と You are ～ .

例文
I am Kenichi Tanaka.（私は田中健一です）
You are young.（あなたは若いです）

STEP1 文法ルールを学ぼう！

　I am ～ . は「私は～です」、You are ～ . は「あなたは～です」という意味です。I は「私は」、you は「あなたは」で、このように文の中で「～は」にあたる語を主語（しゅご）といいます。
　am や are は「です」という意味で、be動詞（ビーどうし）といいます。be動詞はその前後のことばを「＝」で結ぶ働きをし、文の主語によって形がちがいます。主語が I なら am、you なら are です。
　I am は I'm、you are は you're と短縮できます。
　be動詞の後ろには、「田中健一」のような名前や、student（生徒）のような職業などを表す名詞（めいし）や、young（若い）のような、人の様子や見た目を表す形容詞（けいようし）が置かれます。

I	am	Kenichi Tanaka.	= I'm Kenichi Tanaka.
主語	be動詞	名詞（人名）	
I	am	a student.	= I'm a student.
主語	be動詞	名詞（職業）	
You	are	young.	= You're young.
主語	be動詞	形容詞（様子や外見）	

これも覚えよう！　名詞の前に置かれる a と an

I am a student. の student のような、職業などを表す名詞の前には a をつけます。なお、その名詞の発音が母音（ぼいん）（アイウエオのような音。くわしくは13ページへ）で始まる場合は an をつけます。

STEP2 単語と例文で音読訓練しよう！

☐ ❶ **I am Kenichi Tanaka.**
　　私は田中健一です。

☐ ❷ **I am a student.**
　　私は生徒です。
　　☐ student [stjúːdnt]
　　名 生徒

☐ ❸ **I am happy.**
　　私は幸せです。
　　☐ happy [hǽpi]
　　形 幸せな

☐ ❹ **I am a teacher.**
　　私は教師です。
　　☐ teacher [tíːtʃər]
　　名 教師

☐ ❺ **I'm a pianist.**
　　私はピアニストです。
　　☐ pianist [píænist]
　　名 ピアニスト

☐ ❻ **I'm Japanese.**
　　私は日本人です。
　　☐ Japanese [dʒæpəníːz]
　　形 日本人の

☐ ❼ **I'm hungry.**
　　私は空腹です。
　　☐ hungry [hʌ́ŋgri]
　　形 空腹な

☐ ❽ **I'm a child.**
　　私は子供です。
　　☐ child [tʃáild]
　　名 子供

- ❾ **You are great.**
  あなたはすばらしいです。
  - great [gréit]
  - 形 すばらしい

- ❿ **You are young.**
  あなたは若いです。
  - young [jʌ́ŋ]
  - 形 若い

- ⓫ **You are busy.**
  あなたは忙しいです。
  - busy [bízi]
  - 形 忙しい

- ⓬ **You are a girl.**
  あなたは少女です。
  - girl [gə́ːrl]
  - 名 少女

- ⓭ **You are a boy.**
  あなたは少年です。
  - boy [bɔ́i]
  - 名 少年

- ⓮ **You're nice.**
  あなたはすてきです。
  - nice [náis]
  - 形 すてきな

- ⓯ **You're strong.**
  あなたは強いです。
  - strong [strɔ́ːŋ]
  - 形 強い

- ⓰ **You're a nurse.**
  あなたは看護師です。
  - nurse [nə́ːrs]
  - 名 看護師

STEP3 エクササイズで復習しよう！

次の日本語の意味を表すように、（ ）の中の英単語を並べ替えてみよう。

1 私はピアニストです。(pianist ／ a ／ I ／ am)．

2 あなたは空腹です。(are ／ hungry ／ you)．

3 私は看護師です。(I ／ a ／ am ／ nurse)．

4 あなたは教師です。(a ／ you ／ teacher ／ are)．

5 私は幸せです。(am ／ I ／ happy)．

次の日本語を英語にしてみよう。

1 私は若いです。

2 あなたは生徒です。

3 私は忙しいです。

4 あなたは日本人です。

5 私は子供です。

☆正解は463ページ☆

Section 2　be動詞②
He is 〜． と She is 〜．

例文
He is an actor.（彼は俳優です）
She is beautiful.（彼女は美しいです）

STEP1　文法ルールを学ぼう！

　He is 〜．は「彼は〜です」、She is 〜．は「彼女は〜です」という意味です。heは「彼は」、sheは「彼女は」で、これらは文の中で「〜は」にあたる語なので、Section1で学んだように主語といいます。

　isは「です」という意味で、amやareと同様にbe動詞です。be動詞はその前後のことばを「＝」で結ぶ働きをし、文の主語によって形がちがいます。主語がheやsheのときはisを使います。

　he isはhe's、She isはshe'sと短縮できます。

　be動詞の後ろには、名前や職業などを表す名詞や、人の様子や見た目を表す形容詞が置かれます。

He	is	an actor.	= He's an actor.
主語	be動詞	名詞	
She	is	beautiful.	= She's beautiful.
主語	be動詞	形容詞	

ここまで学んだことを、一度整理してみましょう。

主語	be動詞	意味
I	am	私は〜です
you	are	あなたは〜です
he	is	彼は〜です
she	is	彼女は〜です

heやsheだけでなく、TomやMaryのような、（Iとyou以外の）1人の人物が主語ならば、be動詞はisを使います。

✏️ これも覚えよう！　aとanの品詞

　前のSectionでも出てきました、名詞の前につけるaやanは、冠詞という品詞です。これは「1つの」という意味をもっています。

STEP2 単語と例文で音読訓練しよう！ 🎧 CD1 02

中学1年 be動詞②

□ ❶ **He is Mike.**
彼はマイクです。

□ ❷ **He is an actor.**
彼は俳優です。

□ actor [ǽktər] 名 俳優

□ ❸ **He is sad.**
彼は悲しいです。

□ sad [sǽd] 形 悲しい

□ ❹ **He is a lawyer.**
彼は弁護士です。

□ lawyer [lɔ́ːjər] 名 弁護士

□ ❺ **He's a doctor.**
彼は医者です。

□ doctor [dɑ́ktər] 名 医者

□ ❻ **He's Canadian.**
彼はカナダ人です。

□ Canadian [kənéidiən] 形 カナダ人の

□ ❼ **He's angry.**
彼は怒っています。

□ angry [ǽŋgri] 形 怒っている

□ ❽ **She is lucky.**
彼女は運がよいです。

□ lucky [lʌ́ki] 形 運がよい

23

- ☐ ❾ **She is beautiful.**
  彼女は美しいです。
  - ☐ beautiful [bjúːtəfəl] 形 美しい

- ☐ ❿ **She is kind.**
  彼女は親切です。
  - ☐ kind [káind] 形 親切な

- ☐ ⓫ **She is old.**
  彼女は年をとっています。
  - ☐ old [óuld] 形 年をとっている

- ☐ ⓬ **She is pretty.**
  彼女はかわいいです。
  - ☐ pretty [príti] 形 かわいい

- ☐ ⓭ **She's an actress.**
  彼女は女優です。
  - ☐ actress [ǽktris] 名 女優

- ☐ ⓮ **She's a writer.**
  彼女は作家です。
  - ☐ writer [ráitər] 名 作家

- ☐ ⓯ **She's free.**
  彼女はひまです。
  - ☐ free [fríː] 形 ひまな

- ☐ ⓰ **She's 13 years old.**
  彼女は13歳です。
  - ☐ year [jíər] 形 年
  - ☐ ～ years old ～歳の
  - ※「～」の部分には、年齢を表す数字が入ります。

| 月 日 | 月 日 | 月 日 |

STEP3 エクササイズで復習しよう！

次の日本語の意味を表すように、（　）の中の英単語を並べ替えてみよう。

1 彼は親切です。（kind ／ is ／ he）．

2 彼女は弁護士です。（is ／ lawyer ／ she ／ a）．

3 彼は俳優です。（he's ／ actor ／ an）．

4 彼女はひまです。（free ／ she ／ is）．

5 彼は作家です。（writer ／ he ／ a ／ is）．

次の日本語を英語にしてみよう。

1 彼女は悲しいです。

2 彼は年をとっています。

3 彼女はメアリー（Mary）です。

4 彼は山本隆（Takashi Yamamoto）です。

5 彼女は医者です。

☆正解は463ページ☆

Section 3 　be動詞③
We are 〜 . と They are 〜 .

例文
We are friends. （私たちは友達です）
They are famous. （彼らは有名です）

STEP1 文法ルールを学ぼう！

　We are 〜 . は「私たちは〜です」、They are 〜 . は「彼らは〜です」という意味です。weは「私たちは」、theyは「彼らは」で、いずれも主語になり、be動詞はareを使います。be動詞の後ろには、名前や職業などを表す名詞や、人の様子や見た目を表す形容詞が置かれます。

　we areはwe're、they areはthey'reと短縮できます。

　なお、you（あなたは）には、「あなたたちは」の意味もあります。「あなたたちは〜です」はYou are 〜 . です。

We	are	friends.	= We're friends.
主語	be動詞	名詞	
They	are	famous.	= They're famous.
主語	be動詞	形容詞	

ここまで学んだことを、一度整理してみましょう。

主語	be動詞	意味
I	am	私は〜です
you	are	あなた（たち）は〜です
he / she	is	彼［彼女］は〜です
we / they	are	私たち［彼ら］は〜です

weやthey以外にも、たとえばケンとアキ（Ken and Aki）のように、複数の人物が主語なら、be動詞はareになります。andは「〜と」という意味で、さまざまな言葉と言葉をつなげる役割を果たします。

これも覚えよう！　名詞の単数・複数

　「私たち」「彼ら」「あなたたち」のように、2人（つ）以上のものを「複数」と呼びます。それに対して、1人（つ）の場合を「単数」と呼びます。名詞が単数の場合はその前に冠詞のaかanをつけますが、複数の場合は、名詞の最後にsをつけます。たとえば名詞friend（友だち）の場合、1人ならa friend（単数形）、複数ならfriends（複数形）となります。

STEP2 単語と例文で音読訓練しよう！

❶ We are friends.
私たちは友だちです。

□ friend [fréd] 名 友だち

❷ We are junior high school students.
私たちは中学生です。

□ junior high school [dʒúːnjər hái skùːl] 名 中学校

❸ We are sleepy.
私たちは眠いです。

□ sleepy [slíːpi] 形 眠い

❹ We are dancers.
私たちはダンサーです。

□ dancer [dǽnsər] 名 ダンサー

❺ We're busy.
私たちは忙しいです。

❻ We're fine.
私たちは元気です。

□ fine [fáin] 形 元気な

❼ We're glad.
私たちはうれしいです。

□ glad [glǽd] 形 うれしい

❽ We're carpenters.
私たちは大工です。

□ carpenter [káːrpəntər] 名 大工

☐ ❾ **They are famous.**
彼らは有名です。

☐ famous [féiməs]
形 有名な

☐ ❿ **They are popular.**
彼らは人気があります。

☐ popular [pápjulər]
形 人気がある

☐ ⓫ **They are cute.**
彼らはかわいいです。

☐ cute [kjúːt] 形 かわいい

☐ ⓬ **They are officers.**
彼らは役人です。

☐ officer [ɔ́ːfisər]
名 役人

☐ ⓭ **They're musicians.**
彼らはミュージシャンです。

☐ musician [mjuːzíʃən]
名 ミュージシャン

☐ ⓮ **They're noisy.**
彼らはうるさいです。

☐ noisy [nɔ́izi]
形 うるさい

☐ ⓯ **They're clever.**
彼らはかしこいです。

☐ clever [klévər]
形 かしこい

☐ ⓰ **They're athletes.**
彼らは運動選手です。

☐ athlete [ǽθliːt]
名 運動選手

STEP3 エクササイズで復習しよう！

次の日本語の意味を表すように、（　）の中の英単語を並べ替えてみよう。

1 私たちはダンサーです。（dancers ／ are ／ we）．

2 彼らは大工です。（are ／ carpenters ／ they）．

3 私たちは眠いです。（we ／ sleepy ／ are）．

4 彼らは忙しいです。（are ／ they ／ busy）．

5 私たちはミュージシャンです。（are ／ musicians ／ we）．

次の日本語を英語にしてみよう。

1 彼らは友だちです。

2 私たちは運動選手です。

3 彼らは元気です。

4 私たちは役人です。

5 彼らは中学生です。

☆正解は463ページ☆

✓ 重要ポイントをチェック！
名詞の単数・複数

　名詞の単数・複数については、Section3にも出てきましたが、もう少しくわしく勉強しましょう。

単数形

　1人もしくは1つのときの名詞の形。
【例】**a** pen（1本のペン）　**an** apple（1つのリンゴ）

複数形

◆2人[2つ]以上のときの名詞の形。単数形の最後に**s**をつけるのが基本！単語の最後を変化させることもある（→Section6）。
【例】two pen**s**（2本のペン）　three apple**s**（3つのリンゴ）
◆sをつけるのではなく、単数→複数で不規則に変化する名詞もある！
【例】単 man（男性）→複 **men**　　単 woman（女性）→複 **women**
　　　単 child（子供）→複 **children**　単 tooth（歯）→複 **teeth**
◆常に2個1ペアであるため、いつも複数形で使う名詞もある！
【例】scissor**s**（はさみ）　shoe**s**（くつ）　pant**s**（ズボン）

複数形にしない名詞「不可算名詞」

　名詞の中には、単数形を表す**a [an]**も、複数形を表す**s**もつけられない名詞があります。それはおもに次の3種類です。

1	物質名詞	液体や気体など、形がはっきりしないもの 【例】That is **milk**.（あれはミルクです）
2	固有名詞	地名や人名など、1つしかないもの 【例】This is **Japan**.（これは日本です）
3	抽象名詞	たとえば教科の名前など、物質ではないもの 【例】I like **music**.（私は音楽が好きです）

　これらは、数えることができないことから、不可算名詞と呼ばれます。逆に、数えられる名詞のことを、可算名詞と呼びます。

まとめてチェック！1

実際の会話でよく使う、便利な表現です。CDで音声も聞いて覚えましょう

はじめて会った人とのあいさつ

How do you do?（はじめまして）
Nice to meet you.（お会いできてうれしいです）
Please call me Rachel.（（私を）レイチェルと呼んでください）

> Rachelのところは、自分の名前を入れてみよう！

友だちや先生など、知っている人とのあいさつ

Hi. / Hello.（こんにちは）　　How are you?（元気ですか）
How's it going?（調子はどうですか）

【How are you?やHow's it going?への返事】

Pretty good.（元気です）　　Not too bad.（何とかね）
Not very well.（あまりよくありません）
I have a cold.（風邪をひきました）
→That's too bad.（お気の毒に）

【1日のあいさつ】

朝 Good morning.（おはよう）　　昼間 Good afternoon.（こんにちは）
夕方 Good evening.（こんばんは）　夜 Good night.（おやすみ）

【お礼とその返事】

Thank you very much.（ありがとうございます）
→You are welcome.（どういたしまして）
→Not at all.（どういたしまして）
→With pleasure.（どういたしまして）

便利な表現いろいろ

What's wrong? / What's up?（どうしたのですか）
Excuse me?（すみません）　　How much?（いくらですか）
I'm sorry.（申し訳ありません）　Pardon?（もう一度お願いします）

Section 4 be動詞④ This is ～ . と That is ～ .

例文
This is an apple. (これはリンゴです)
That is big. (あれは大きいです)

STEP1 文法ルールを学ぼう！

thisは「これは」という意味で、比較的近いものを指すときに使われます。thatは「あれは」で、thisより少し遠いものを指すときに用いられます。thisやthatを主語にして、「これは～です」「あれは～です」という文を作る場合、be動詞はisを使います。that isはthat'sと短縮できます。

```
This      is      an apple.
↑近くのもの be動詞  冠詞 名詞
That      is      big.           = That's big.
↑遠くのもの be動詞  形容詞
```

主語	be動詞	意味
I	am	私は～です
you	are	あなたは～です
he / she	is	彼[彼女]は～です
this / that	is	これ[あれ]は～です
we / you / they	are	私たち[あなたたち][彼ら]は～です

これも覚えよう！　「こちらは」と「あちらは」

This is ～ . やThat is ～ .の「～」の部分には、これまでと同様に名詞や形容詞が置かれます。たとえばThis is Tom.のように、人の名前を置いて、人を紹介するときにも使えます。その場合、thisは「こちらは」、thatは「あちらは」とするとよいでしょう。

「トムの辞書」や「ケンのラケット」のように「だれだれの」という所有は、Tom's dictionaryやKen's racketのように、人名に「's（アポストロフィーs）」をつけることで表せます（→STEP2の❼❽⓭をチェック！）。ここでは、aなどの冠詞はつけません。

STEP2 単語と例文で音読訓練しよう！

❶ This is an apple.
これはリンゴです。

☐ apple [ǽpl] 名 リンゴ

❷ This is convenient.
これは便利です。

☐ convenient [kənvíːnjənt] 形 便利な

❸ This is good.
これはよいです。

☐ good [gúd] 形 よい

❹ This is a dictionary.
これは辞書です。

☐ dictionary [díkʃənèri] 名 辞書

❺ This is an egg.
これは卵です。

☐ egg [ég] 名 卵

❻ This is Mike.
こちらはマイクです。

❼ This is Ken's table.
これはケンのテーブルです。

☐ table [téibl] 名 テーブル

❽ This is Tom's picture.
これはトムの絵です。

☐ picture [píktʃər] 名 絵；写真

☐ **❾ That is big.**
あれは大きいです。

☐ big [bíg] 形 大きい

☐ **❿ That is Nancy.**
あちらはナンシーです。

☐ **⓫ That is a melon.**
あれはメロンです。

☐ melon [mélən] 名 メロン

☐ **⓬ That is an elephant.**
あれはゾウです。

☐ elephant [éləfənt] 名 ゾウ

☐ **⓭ That's Aki's magazine.**
あれはアキの雑誌です。

☐ magazine [mæɡəzíːn] 名 雑誌

☐ **⓮ That's interesting.**
あれはおもしろいです。

☐ interesting [íntərəstiŋ] 形 おもしろい

☐ **⓯ That's terrible.**
あれはひどいです。

☐ terrible [térəbl] 形 ひどい

☐ **⓰ That's wonderful.**
あれはすばらしいです。

☐ wonderful [wʌ́ndərfəl] 形 すばらしい

| 月 日 | 月 日 | 月 日 |

STEP3 エクササイズで復習しよう！

次の日本語の意味を表すように、（　）の中の英単語を並べ替えてみよう。

1 これはおもしろいです。(interesting／is／this)．

　　　　　　　　　　　　　　　　　　　　　　　　　　　　　　　．

2 あれは辞書です。(is／dictionary／that／a)．

　　　　　　　　　　　　　　　　　　　　　　　　　　　　　　　．

3 こちらはナンシーです。(Nancy／is／this)．

　　　　　　　　　　　　　　　　　　　　　　　　　　　　　　　．

4 あれは卵です。(an／that／egg／is)．

　　　　　　　　　　　　　　　　　　　　　　　　　　　　　　　．

5 これはひどいです。(terrible／this／is)．

　　　　　　　　　　　　　　　　　　　　　　　　　　　　　　　．

次の日本語を英語にしてみよう。

1 あちらはデイビッド（David）です。

　　　　　　　　　　　　　　　　　　　　　　　　　　　　　　　．

2 これはテーブルです。

　　　　　　　　　　　　　　　　　　　　　　　　　　　　　　　．

3 あれはゾウです。

　　　　　　　　　　　　　　　　　　　　　　　　　　　　　　　．

4 これはメロンです。

　　　　　　　　　　　　　　　　　　　　　　　　　　　　　　　．

5 あれは便利です。

　　　　　　　　　　　　　　　　　　　　　　　　　　　　　　　．

☆正解は463ページ☆

中学1年 be動詞④

Section 5 be動詞⑤
This [名詞] is 〜. と That [名詞] is 〜.

例文
This bag is big.（このかばんは大きいです）
That boy is Kenichi.（あの少年は健一です）

STEP1 文法ルールを学ぼう！

　thisとthatは単数形の名詞を後ろに置いて、this bag（このかばん）や that boy（あの少年）のように使うこともできます。そしてこの、〈this [that] + 名詞（単数形）〉が主語になる場合も、be動詞はisを使います。

```
This bag    is    big.
 主語     be動詞  形容詞      ← this bag（このかばん）とbig（大きい）
                              は、イコール（＝）の関係！
That boy   is    Kenichi.
 主語     be動詞   名詞       ← that boy（あの少年）とKenichi（ケンイチ）
                              は、イコール（＝）の関係！
```

✏ これも覚えよう！　〈this [that] + 名詞〉の注意点

　thisやthatの後ろに名詞を置く場合、「1人（1つ）の」を表す冠詞のaやanを一緒に並べることはできません。
　例「この本はおもしろいです」
　　This book is interesting. →○
　　This a book is interesting. →×
　　A this book is interesting. →×

✏ これも覚えよう！　形容詞の大切な役割

　I am やyou areなどといった〈主語＋be動詞〉の後ろに置かれた形容詞が、主語と「＝」の関係で結ばれるということは、ここまでで学びました。ですが形容詞にはもう1つ、大きな役割があります。それは、名詞の前に置かれることによって、名詞を修飾（説明）するという働きです。STEP2の❻のan English teacherの English（英語の）はその一例。後ろのteacher（先生）を修飾（説明）しています。

STEP2 単語と例文で音読訓練しよう！ 🎧 CD1 06

❶ This bag is big.
このかばんは大きいです。

- bag [bæg] 名 かばん

❷ This pen is useful.
このペンは役に立ちます。

- pen [pén] 名 ペン
- useful [júːsfəl] 形 役に立つ

❸ This boy is tall.
この少年は背が高いです。

- tall [tɔ́ːl] 形 背が高い

❹ This computer is good.
このコンピュータは良いです。

- computer [kəmpjúːtər] 名 コンピュータ

❺ This story is interesting.
この物語はおもしろいです。

- story [stɔ́ːri] 名 物語

❻ This man is an English teacher.
この男性は英語の先生です。

- man [mǽn] 名 男性
- ※〔複〕men [mén]
- English [íŋgliʃ] 形 英語の

❼ This book is difficult.
この本は難しいです。

- book [búk] 名 本
- difficult [dífikʌ̀lt] 形 難しい

❽ This table is expensive.
このテーブルは高価です。

- expensive [ikspénsiv] 形 高価な

中学1年 be動詞⑤

- **⑨ That boy is Kenichi.**
  あの少年はケンイチです。

- **⑩ That woman is a teacher .**
  あの女性は先生です。

  ☐ woman [wúmən]
  ※〔複〕women [wímin]
  名 女性

- **⑪ That animal is an elephant.**
  あの動物は象です。

  ☐ animal [ǽnəməl] 名 動物

- **⑫ That man is a dentist.**
  あの男性は歯科医です。

  ☐ dentist [déntist]
  名 歯科医

- **⑬ That doll is nice.**
  あの人形はよいです。

  ☐ doll [dál] 名 人形

- **⑭ That doctor is old.**
  あの医者は年をとっています。

- **⑮ That dictionary is useful.**
  あの辞書は役に立ちます。

- **⑯ That picture is beautiful.**
  あの写真は美しいです。

STEP3 エクササイズで復習しよう！

次の日本語の意味を表すように、（　）の中の英単語を並べ替えてみよう。

1 このカバンは良いです。(bag / is / this / good).

:
　
2 この男性は歯科医です。(is / this / man / a / dentist).

:
　
3 あの動物はゾウです。(that / animal / elephant / an / is).

:
　
4 この本は面白いです。(book / this / interesting / is).

:
　
5 あの辞書は難しいです。(difficult / dictionary / that / is).

:

次の日本語を英語にしてみよう。

1 あの人形は良いです。

:
　
2 この女性は教師です。

:
　
3 この女性は背が高いです。

:
　
4 この医者は年をとっています。

:
　
5 あのテーブルは高価です。

:

☆正解は463ページ☆

Section 6 be動詞⑥
These are ～. と Those are ～.

例文
These are computers. (これらはコンピュータです)
Those are tigers. (あれらはトラです)

STEP1 文法ルールを学ぼう！

theseは「これらは」、thoseは「あれらは」という意味です。theseはthisの複数形で、比較的近くにあるものを指し、thoseはthatの複数形で、やや遠いものを指します。これらが主語の場合、be動詞はareを使い、後ろに名詞を置く場合は複数形にします。

```
These       are        computers.
↑近くにあるもの  be動詞    名詞（複数）
                                        ← 後ろに置く名詞は複数形に!!
Those       are        tigers.
↑遠くにあるもの  be動詞    名詞（複数）
```

これも覚えよう！　複数形の注意点

名詞を複数形にするときに、注意しなくてはならない場合があります。

1 「子音字 + y」で終わる単語は、yをiに代えてesにします。子音字とは、a、i、u、e、o以外のアルファベットのことです。

　例 library（図書館）➡ libraries　　dictionary（辞書）➡ dictionaries
　　 story（物語）➡ stories　　　　　body（身体）➡ bodies

2 fやfeで終わる語は、fやfeをvに代えてesをつけます。

　例 knife（ナイフ）➡ knives　　leaf（葉）➡ leaves
　　 wife（妻）➡ wives　　　　　wolf（オオカミ）➡ wolves

3 sやxやchやshで終わる単語は、esをつけます。

　例 watch（腕時計）➡ watches　　dish（皿）➡ dishes
　　 box（箱）➡ boxes　　　　　　bus（バス）➡ buses

4 oで終わるものは、esをつけるものと、sだけをつけるものがあります。

　例 potato（ジャガイモ）➡ potatoes　tomato（トマト）➡ tomatoes
　　 piano（ピアノ）➡ pianos　　　　 radio（ラジオ）➡ radios

STEP2 単語と例文で音読訓練しよう！

❶ These are computers.
これらはコンピュータです。

❷ These are onions.
これらはタマネギです。
- onion [ʌ́njən] 名 タマネギ

❸ These are dogs.
これらはイヌです。
- dog [dɔ́ːg] 名 イヌ

❹ These are dishes.
これらは皿です。
- dish [díʃ] 名 皿

❺ These are watches.
これらは腕時計です。
- watch [wátʃ] 名 腕時計

❻ These are knives.
これらはナイフです。
- knife [náif] 名 ナイフ

❼ These are delicious.
これらはおいしいです。
- delicious [dilíʃəs] 形 おいしい

❽ These are cheap.
これらは安いです。
- cheap [tʃíːp] 形 安い

☐ **❾ Those are tigers.**
あれらはトラです。

☐ tiger [táigər] 名 トラ

☐ **❿ Those are erasers.**
あれらは消しゴムです。

☐ eraser [iréisər] 名 消しゴム

☐ **⓫ Those are boxes.**
あれらは箱です。

☐ box [báks] 名 箱

☐ **⓬ Those are cars.**
あれらは自動車です。

☐ car [káːr] 名 自動車

☐ **⓭ Those are singers.**
あれらは歌手です。

☐ singer [síŋər] 名 歌手

☐ **⓮ Those are politicians.**
あれらは政治家です。

☐ politician [pàlətíʃən] 名 政治家

☐ **⓯ Those are easy.**
あれらはかんたんです。

☐ easy [íːzi] 形 かんたんな

☐ **⓰ Those are wonderful.**
あれらはすばらしいです。

STEP3 エクササイズで復習しよう！

次の日本語の意味を表すように、(　)の中の英単語を並べ替えてみよう。

1 これらは皿です。(these / dishes / are).

2 あれらはトラです。(are / those / tigers).

3 これらはタマネギです。(onions / are / these).

4 あれらはおいしいです。(are / those / delicious).

5 これらはかんたんです。(easy / these / are).

次の日本語を英語にしてみよう。

1 あれらは安いです。

2 これらは消しゴムです。

3 あれらはナイフです。

4 これらは政治家です。

5 あれらはコンピュータです。

☆正解は463ページ☆

Section 7　be動詞⑦
These [名詞] are ～. と Those [名詞] are ～.

例文
These shoes are big.（これらの靴は大きいです）
Those cats are very small.
（あれらのネコはとても小さいです）

STEP1　文法ルールを学ぼう！

theseとthoseは複数形の名詞を後ろに置いて、these shoes（これらの靴）やthose cats（あれらのネコ）のように使うこともできます。そしてこの、〈these [those] + 名詞（複数形）〉が主語になる場合、be動詞はareを使い、その後ろに名詞を置く場合は、複数形にします。

These shoes	are	big.
主語	be動詞	形容詞
Those cats	are	very small.
主語	be動詞	→ 形容詞

これも覚えよう！　形容詞を修飾する副詞

例文のvery smallのveryは「とても」という意味で、small（小さい）という形容詞を修飾しています。このように、形容詞などを修飾する品詞を副詞と呼びます。

例　He　is　very　kind
　　主語　be動詞　　　　形容詞
　　　　　　　　形容詞kindを
　　　　　　　　説明する副詞very

これも覚えよう！　主語＋be動詞の後に入るもの＝補語

ここまで学習したbe動詞の文で、be動詞の後ろに置かれる名詞（名前や職業）や形容詞（様子を表す言葉）のことを、英語文法の用語では「補語」と呼びます。

主語　＋　be動詞　＋　・人の名前
　　　　　　　　　　　・職業などの名詞　｝「補語」という
　　　　　　　　　　　・様子を表す形容詞

STEP2 単語と例文で音読訓練しよう！ 🎧CD1-08

❶ **These shoes are big.**
これらの靴は大きいです。
- shoe [ʃúː] 名 靴

❷ **These lessons are very useful.**
これらのレッスンはとても役に立ちます。
- lesson [lésn] 名 レッスン
- very [véri] 副 とても

❸ **These teachers are handsome.**
これらの教師たちは男前です。
- handsome [hǽnsəm] 形 男前の

❹ **These girls are actresses.**
これらの少女たちは女優です。

❺ **These boys are high school students.**
これらの少年たちは高校生です。
- high school [hái skùːl] 名 高等学校

❻ **These students are very kind.**
これらの学生たちはとても親切です。

❼ **These fruits are delicious.**
これらの果物はおいしいです。
- fruit [frúːt] 名 果物

❽ **These novels are interesting.**
これらの小説はおもしろいです。
- novel [nάvəl] 名 小説

中学1年 be動詞⑦

● 45

- ❾ **Those cats are very small.**
  あれらのネコはとても小さいです。

  □ cat [kǽt] 名 ネコ
  □ small [smɔ́ːl] 形 小さい

- ❿ **Those erasers are cheap.**
  あれらの消しゴムは安いです。

- ⓫ **Those players are cool.**
  あれらの選手はかっこいいです。

  □ player [pléiər] 名 選手
  □ cool [kúːl] 形 かっこいい

- ⓬ **Those cars are red.**
  あれらの自動車は赤いです。

  □ red [réd] 形 赤い 名 赤

- ⓭ **Those singers are very tall.**
  あれらの歌手はとても背が高いです。

- ⓮ **Those animals are horses.**
  あれらの動物はウマです。

  □ horse [hɔ́ːrs] 名 ウマ

- ⓯ **Those oranges are big.**
  あれらのオレンジは大きいです。

  □ orange [ɔ́ːrindʒ]
  　名 オレンジ；オレンジ色
  　形 オレンジ色の

- ⓰ **Those books are English dictionaries.**
  あれらの本は英語の辞書です。

| 月 日 | 月 日 | 月 日 |

STEP3 エクササイズで復習しよう！

次の日本語の意味を表すように、（　）の中の英単語を並べ替えてみよう。

1 あれらの靴は大きいです。(those / big / are / shoes).

＿＿＿＿＿＿＿＿＿＿＿＿＿＿＿＿＿＿＿＿＿＿＿＿＿＿＿＿＿＿．

2 これらのウマはとても大きい。(horses / very / big / are / these).

＿＿＿＿＿＿＿＿＿＿＿＿＿＿＿＿＿＿＿＿＿＿＿＿＿＿＿＿＿＿．

3 あれらの選手は男前です。(handsome / are / players / those).

＿＿＿＿＿＿＿＿＿＿＿＿＿＿＿＿＿＿＿＿＿＿＿＿＿＿＿＿＿＿．

4 これらの消しゴムは安い。(erasers / these / cheap / are).

＿＿＿＿＿＿＿＿＿＿＿＿＿＿＿＿＿＿＿＿＿＿＿＿＿＿＿＿＿＿．

5 あれらのオレンジはとてもおいしい。
(oranges / those / delicious / very / are).

＿＿＿＿＿＿＿＿＿＿＿＿＿＿＿＿＿＿＿＿＿＿＿＿＿＿＿＿＿＿．

次の日本語を英語にしてみよう。

1 これらの少女たちは女優です。

＿＿＿＿＿＿＿＿＿＿＿＿＿＿＿＿＿＿＿＿＿＿＿＿＿＿＿＿＿＿．

2 あれらの小説はおもしろいです。

＿＿＿＿＿＿＿＿＿＿＿＿＿＿＿＿＿＿＿＿＿＿＿＿＿＿＿＿＿＿．

3 これらの自動車は赤いです。

＿＿＿＿＿＿＿＿＿＿＿＿＿＿＿＿＿＿＿＿＿＿＿＿＿＿＿＿＿＿．

4 あれらの少年は高校生です。

＿＿＿＿＿＿＿＿＿＿＿＿＿＿＿＿＿＿＿＿＿＿＿＿＿＿＿＿＿＿．

5 これらのレッスンはとても役に立ちます。

＿＿＿＿＿＿＿＿＿＿＿＿＿＿＿＿＿＿＿＿＿＿＿＿＿＿＿＿＿＿．

☆正解は463ページ☆

Section 8 be動詞⑧ 否定文

例文
I **am not** Yuko.（私は優子ではありません）
You **are not** a student.（あなたは生徒ではありません）

STEP1 文法ルールを学ぼう！

　これまで学習してきた、be動詞を使った「～です」という文を打ち消して、「～ではありません」という否定文にするには、be動詞の後ろにnotを置きます。ちなみに、これまで学習した「～です」という文を肯定文と呼びますので、あわせて覚えておきましょう。

　I　　　am　　　　Yuko.　　　← 肯定文
⇨ I　　　am not　　Yuko.　　　← 否定文
　　　　　↑be動詞の後ろにnotを入れる

　You　　are　　　 a student.　← 肯定文
⇨ You　　are not　 a student.　← 否定文
　　　　　↑be動詞areの後ろにnotを入れる

🖉 これも覚えよう！ be動詞 + notの短縮形

　is notは**isn't**、are notは**aren't**と短縮できます。ただし、I am notの短縮形は、I amn'tではなく、**I'm not**となります。

肯定	否定	否定（短縮形）
I am ～.	I am not ～.	I'm not ～.
You are ～.	You are not ～.	You aren't ～.
He [She] is ～.	He [She] is not ～.	He [She] isn't ～.
This [That] is ～.	This [That] is not ～.	This [That] isn't ～.
We [They] are ～.	We [They] are not ～.	We [They] aren't ～.
These [Those] are ～.	These [Those] are not ～.	These [Those] aren't ～.

STEP2 単語と例文で音読訓練しよう！ CD1 09

☐ ❶ I **am not** Yuko.
私は優子ではありません。

☐ ❷ You **are not** a student.
あなたは生徒ではありません。

☐ ❸ He **is not** tired.
彼は疲れていません。
☐ tired [táiərd]
形 疲れている

☐ ❹ She **isn't** asleep.
彼女は眠っていません。
☐ asleep [əslíːp]
形 眠っている

☐ ❺ This man **is not** rich.
この男性は裕福ではありません。
☐ rich [rítʃ] 形 裕福な

☐ ❻ That novelist **isn't** famous.
あの小説家は有名ではありません。
☐ novelist [nάvəlist]
名 小説家

☐ ❼ That woman **isn't** a nurse.
あの女性は看護師ではありません。

☐ ❽ Mike **isn't** American.
マイクはアメリカ人ではありません。
☐ American [əmérikən]
形 アメリカ人の

❾ We are not very hungry.
私たちはそれほど空腹ではありません。

- very [véri] 副 (否定語の後に用いて) あまり；それほど（〜でない）

❿ We aren't thirsty.
私たちはのどがかわいていません。

- thirsty [θə́ːrsti] 形 のどがかわいている

⓫ They are not busy.
彼らは忙しくありません。

⓬ They aren't honest.
彼らは正直ではありません。

- honest [ánist] 形 正直な

⓭ These vegetables are not carrots.
これらの野菜はニンジンではありません。

- carrot [kǽrət] 名 ニンジン
- vegetable [védʒətəbl] 名 野菜

⓮ These hospitals aren't good.
これらの病院はよくありません。

- hospital [háspitl] 名 病院

⓯ Those peaches are not soft.
あれらのモモはやわらかくありません。

- peach [píːtʃ] 名 モモ
- soft [sɔ́ːft] 形 やわらかい

⓰ Those video games aren't cheap.
あれらのテレビゲームは安くありません。

- video game [vídiou gèim] 名 テレビゲーム

| 月 日 | 月 日 | 月 日 |

STEP3 エクササイズで復習しよう！

次の日本語の意味を表すように、（　）の中の英単語を並べ替えてみよう。

1 私は看護師ではありません。（a ／ nurse ／ I ／ not ／ am）．

2 彼らは空腹ではありません。（not ／ they ／ are ／ hungry）．

3 彼女は眠っていません。（not ／ she ／ is ／ asleep）．

4 あの小説家は裕福ではありません。（isn't ／ rich ／ novelist ／ that）．

5 あれらのモモは大きくありません。（big ／ those ／ peaches ／ aren't）．

次の日本語を英語にしてみよう。

1 私はのどがかわいていません。

2 彼女は正直ではありません。

3 これらの野菜はニンジンではありません。

4 あの男性は疲れていません。

5 あの病院は良くありません。

☆正解は464ページ☆

中学1年　be動詞⑧

Section 9 be動詞⑨ 疑問文と答え方

例文
Are you a pianist?（あなたはピアニストですか）
Yes, I am.（はい、そうです）
No, I'm not.（いいえ、そうではありません）

STEP1 文法ルールを学ぼう！

　be動詞を使った「～です」という肯定文を、「～ですか」という疑問文にするには、be動詞を文の先頭に置きます。また、文の最後にはピリオドではなく「?（＝クエスチョンマーク）」を置きます。

```
You are a pianist.
       ↓ be動詞を文の先頭に置く
Are    you    a pianist?
be動詞  主語    補語
```

　答え方は、〈Yes, 主語 + be動詞.〉（はい、そうです）や〈No, 主語 + be動詞 + not.〉（いいえ、そうではありません）とします。

🖉 これも覚えよう！　疑問文と答え方まとめ

疑問文の形	答え方（肯定）	答え方（否定）
Are you ～ ?	Yes, I am.	No, I'm not.
Is Tom（トム・男）～ ?	Yes, he is.	No, he isn't.
Is Mary（メアリー・女）～ ?	Yes, she is.	No, she isn't.
Is this ～ ? Is that ～ ?	Yes, it is.	No, it isn't.
Are you ～ ? Are they ～ ?	Yes, we are. Yes, they are.	No, we aren't. No, they aren't.
Are these ～ ? Are those ～ ?	Yes, they are.	No, they aren't.

　No, it is not.の短縮形は2種類あります。No, it isn't.とNo, it's not.です。Is this ～ ?やIs that ～ ?という疑問文には、thisやthatの代わりにitという単語を使って、Yes, it is.やNo, it is not [isn't].と答えます。Are these ～ ?やAre those ～ ?には、theyを使って答えます。

STEP2 単語と例文で音読訓練しよう！ 🎧CD1-10

☐ **❶ Are you a pianist? ／ No, I'm not.**
あなたはピアニストですか。／いいえ。

☐ **❷ Are you a police officer? ／ Yes, I am.**
あなたは警察官ですか。／はい。
- ☐ police officer [pəlíːs ɔ́ːfisər] 名 警察官

☐ **❸ Is this a joke? ／ Yes, it is.**
これは冗談ですか。／はい。
- ☐ joke [dʒóuk] 名 冗談

☐ **❹ Is he gentle? ／ Yes, he is.**
彼は優しいですか。／はい。
- ☐ gentle [dʒéntl] 形 優しい

☐ **❺ Is Mary cute? ／ Yes, she is.**
メアリーはかわいいですか。／はい。

☐ **❻ Is this man poor? ／ No, he isn't.**
この男性は貧しいですか。／いいえ。
- ☐ poor [púər] 形 貧しい

☐ **❼ Is that golfer famous? ／ Yes, he is.**
あのゴルファーは有名ですか。／はい。
- ☐ golfer [ɡálfər] 名 ゴルファー

☐ **❽ Is this map useful? ／ No, it isn't.**
この地図は実用的ですか。／いいえ。
- ☐ map [mǽp] 名 地図

- ❾ **Is** Jane Australian? ／ Yes, she is.

  ジェーンはオーストラリア人ですか。／はい。

  ☐ Australian [ɔːstréiljən] 形 オーストラリア人の

- ❿ **Are** you serious? ／ Yes, we are.

  あなたたちは真面目ですか。／はい。

  ☐ serious [síəriəs] 形 真面目な

- ⓫ **Are** you thirsty? ／ No, we aren't.

  あなたたちはのどがかわいていますか。／いいえ。

- ⓬ **Are** they cool? ／ Yes, they are.

  彼らはかっこいいですか。／はい。

- ⓭ **Are** they sick? ／ No, they aren't.

  彼らは病気なのですか。／いいえ。

  ☐ sick [sík] 形 病気の

- ⓮ **Are** these vegetables potatoes? ／ Yes, they are.

  これらの野菜はジャガイモですか。／はい。

  ☐ potato [pətéitou] 名 ジャガイモ

- ⓯ **Are** those strawberries sweet? ／ No, they aren't.

  あれらのイチゴは甘いですか。／いいえ。

  ☐ strawberry [strɔ́ːbèri] 名 イチゴ
  ☐ sweet [swíːt] 形 甘い

- ⓰ **Are** those books thick? ／ Yes, they are.

  あれらの本は厚いですか。／はい。

  ☐ thick [θík] 形 厚い

| 月 日 | 月 日 | 月 日 |

STEP3 エクササイズで復習しよう！

次の日本語の意味を表すように、（　）の中の英単語を並べ替えてみよう。

1 これらのイチゴは甘いですか。(these / are / strawberries / sweet) ?

　　　　　　　　　　　　　　　　　　　　　　　　　　　　　　　　．

2 あなたは警察官ですか。(you / police / are / officer / a) .

　　　　　　　　　　　　　　　　　　　　　　　　　　　　　　　　．

3 このゴルファーは有名ですか。(famous / is / this / golfer) ?

　　　　　　　　　　　　　　　　　　　　　　　　　　　　　　　　．

4 あれらの野菜はジャガイモですか。(potatoes / those / vegetables / are) ?

　　　　　　　　　　　　　　　　　　　　　　　　　　　　　　　　．

5 彼女は優しいですか。(gentle / she / is) ?

　　　　　　　　　　　　　　　　　　　　　　　　　　　　　　　　．

次の日本語を英語にしてみよう。

1 この男性は貧しいですか。はい。

　　　　　　　　　　　　　　　　　　　　　　　　　　　　　　　　．

2 デイビッド（David）は病気ですか。いいえ。

　　　　　　　　　　　　　　　　　　　　　　　　　　　　　　　　．

3 メアリー（Mary）はかわいいですか。はい。

　　　　　　　　　　　　　　　　　　　　　　　　　　　　　　　　．

4 あなたは真面目ですか。はい。

　　　　　　　　　　　　　　　　　　　　　　　　　　　　　　　　．

5 あの本は厚いですか。いいえ。

　　　　　　　　　　　　　　　　　　　　　　　　　　　　　　　　．

☆正解は464ページ☆

中学1年 be動詞⑨

単語 まとめてチェック！ 数

★0〜21まで

☐ zero	[zíərou]	名 0 / 形 0の	
☐ one	[wʌ́n]	名 1 / 形 1つの / 代 1人	
☐ two	[túː]	名 2 / 形 2つの	
☐ three	[θríː]	名 3 / 形 3つの	
☐ four	[fɔ́ːr]	名 4 / 形 4つの	
☐ five	[fáiv]	名 5 / 形 5つの	
☐ six	[síks]	名 6 / 形 6つの	
☐ seven	[sévən]	名 7 / 形 7つの	
☐ eight	[éit]	名 8 / 形 8つの	
☐ nine	[náin]	名 9 / 形 9つの	
☐ ten	[tén]	名 10 / 形 10の	
☐ eleven	[ilévən]	名 11 / 形 11の	
☐ twelve	[twélv]	名 12 / 形 12の	
☐ thirteen	[θə̀ːrtíːn]	名 13 / 形 13の	
☐ fourteen	[fɔ̀ːrtíːn]	名 14 / 形 14の	
☐ fifteen	[fìftíːn]	名 15 / 形 15の	
☐ sixteen	[sìkstíːn]	名 16 / 形 16の	
☐ seventeen	[sèvəntíːn]	名 17 / 形 17の	
☐ eighteen	[èitíːn]	名 18 / 形 18の	
☐ nineteen	[nàintíːn]	名 19 / 形 19の	
☐ twenty	[twénti]	名 20 / 形 20の	
☐ twenty-one	[twénti wʌ́n]	名 21 / 形 21の	

★〜100まで

☐ thirty	[θə́ːrti]	名 30 / 形 30の	
☐ forty	[fɔ́ːrti]	名 40 / 形 40の	
☐ fifty	[fífti]	名 50 / 形 50の	
☐ sixty	[síksti]	名 60 / 形 60の	
☐ seventy	[sévənti]	名 70 / 形 70の	
☐ eighty	[éiti]	名 80 / 形 80の	
☐ ninety	[náinti]	名 90 / 形 90の	
☐ one hundred	[wʌ́n hʌ́ndrəd]	名 100 / 形 100の	

★〜10,000,000（千万）まで

☐ one hundred and one	[wʌ́n hʌ́ndrəd ənd wʌ́n]	名 101	形 101の
☐ one thousand	[wʌ́n θáuzənd]	名 1,000	形 1,000の
☐ ten thousand	[tén θáuzənd]	名 10,000	形 10,000の
☐ one hundred thousand	[wʌ́n hʌ́ndrəd θáuzənd]	名 十万	形 十万の
☐ one million	[wʌ́n míljən]	名 百万	形 百万の
☐ ten million	[tén míljən]	名 千万	形 千万の

会話表現 まとめてチェック！2 🎧CD1-11 ✓

実際の会話でよく使う、便利な表現です。CDで音声も聞いて覚えましょう

【自己紹介のフレーズ】

Let me introduce myself. （自己紹介させてください）
May I ask your name? （お名前を聞いてもいいですか）
Where are you from? （ご出身はどちらですか）
I'm from Nara. （私は奈良出身です） — Naraのところは、自分の出身地を入れて言ってみよう！
I'm thirteen years old. （私は13歳です）

【おもてなしのフレーズ】

Welcome to Japan. （日本へようこそ）
Here you are. （〈何かを手渡すときに〉どうぞ）

【急いで出かけるときのフレーズ】

Hurry up. （急いで） → I'm coming. （今、行きます）
→ Wait a minute. （少し待ってください）
→ Wait a second. （少し待ってください）

【便利な疑問文いろいろ】

What are you doing? （何をしているのですか）
How come? （どうしてですか）　　How about you? （あなたはどうですか）

【便利な表現いろいろ】

All right. （分かりました）　　I see. （分かりました）
I'm not sure. （分かりません）　　Take it easy. （気を楽にね）
Let's see. （ええと）

【別れのあいさつ】

Good bye. / Bye bye. / Bye for now. （さようなら：バイバイ）
See you later. （じゃあまたね）　　Have a nice trip. （よい旅行をね）
Take care. （気をつけて）　　Take it easy. （リラックスしてね）

Section 10 一般動詞① I [You] like～. と I [You] play～.

例文
I like Mike. (私はマイクが好きです)
You play soccer. (あなたはサッカーをします)

STEP1 文法ルールを学ぼう！

be動詞以外のすべての動詞を一般動詞と呼びます。それは、状態や具体的な動きを表すもので、非常にたくさんあります。ここでは、非常によく使う2つの動詞、like（～を好む；好きである）とplay（〈スポーツなどを〉する；〈楽器を〉演奏する）を使ってみましょう。

```
I        like      Mike.
主語     一般動詞
You      play      soccer.        主語のすぐ後に動詞を置く！
主語     一般動詞
```

日本語とちがい、主語のすぐ後ろに動詞がきます。また、例文のMikeやsoccerのように、一般動詞の後ろに置かれ、「～を」という意味を表す言葉を、目的語と呼びます。

また、一般動詞は、I am likeやYou are playのように、be動詞と一緒にそのまま使うことはできません。

これも覚えよう！　「〈楽器を〉演奏する」と言うときの注意点

playの目的語としてguitar（ギター）やpiano（ピアノ）のような楽器の名前を置いて、「〈楽器を〉演奏する」と言いたい場合は、I play the guitar.（私はギターを演奏します）のように、楽器の前にtheをつけます。

これも覚えよう！　形が変わる代名詞

I love Mary.（私はメアリーを愛している）の代わりに、「私は彼女を愛している」という文にしたいときは、Maryの代わりに、her（彼女を[に]）という単語を置きます。I love youなどといった人を表す代名詞は、目的語の位置や、inやonなどの前置詞の後ろに置かれる場合は、形を変える必要があります。（→P78）

STEP2 単語と例文で音読訓練しよう！

❶ I like Mike.
私はマイクが好きです。

□ like [láik] 動 好きである

❷ I like math.
私は数学が好きです。

□ math [mæθ] 名 数学

❸ I like those songs.
私はそれらの歌が好きです。

□ song [sɔ́ːŋ] 名 歌

❹ I like these novels.
私はこれらの小説が好きです。

❺ You like that country.
あなたはあの国が好きです。

□ country [kʌ́ntri] 名 国

❻ You like this restaurant.
あなたはこのレストランが好きです。

□ restaurant [réstərənt] 名 レストラン

❼ You like watermelons.
あなたはスイカが好きです。

□ watermelon [wɔ́ːtərmèlən] 名 スイカ

❽ You like lions.
あなたはライオンが好きです。

□ lion [láiən] 名 ライオン

- ❾ **I play baseball.**
  私は野球をします。
  - play [pléi] 動 （スポーツなどを）する
  - baseball [béisbɔ̀ːl] 名 野球

- ❿ **I play basketball.**
  私はバスケットボールをします。
  - basketball [bǽskitbɔ̀ːl] 名 バスケットボール

- ⓫ **I play the piano.**
  私はピアノを演奏します。
  - piano [piǽnou] 名 ピアノ
  - play [pléi] 動 （楽器を）演奏する

- ⓬ **I play the guitar.**
  私はギターを演奏します。
  - guitar [gitáːr] 名 ギター

- ⓭ **You play soccer.**
  あなたはサッカーをします。
  - soccer [sákər] 名 サッカー

- ⓮ **You play volleyball.**
  あなたはバレーボールをします。
  - volleyball [válibɔ̀ːl] 名 バレーボール

- ⓯ **You play the drum.**
  あなたはたいこを演奏します。
  - drum [drʌ́m] 名 たいこ

- ⓰ **You play the flute.**
  あなたはフルートを演奏します。
  - flute [flúːt] 名 フルート

| 月 日 | 月 日 | 月 日 |

STEP3 エクササイズで復習しよう！

次の日本語の意味を表すように、（　）の中の英単語を並べ替えてみよう。

1 私はスイカが好きです。(watermelons ／ I ／ like).

2 あなたは数学が好きです。(math ／ like ／ you).

3 私はこのレストランが好きです。(this ／ like ／ restaurant ／ I).

4 あなたはギターを弾きます。(the ／ you ／ guitar ／ play).

5 私はサッカーをします。(soccer ／ I ／ play).

次の日本語を英語にしてみよう。

1 あなたはそれらの歌が好きです。

2 私はライオンが好きです。

3 あなたはピアノを演奏します。

4 私はバスケットボールをします。

5 あなたはバレーボールをします。

☆正解は464ページ☆

Section 11 一般動詞②
いろいろな動詞

例文
We **know** Mike. （私たちはマイクを知っています）
They **eat** breakfast every day.
（彼らは毎日朝食を食べます）

STEP1 文法ルールを学ぼう！

likeやplay以外にも、一般動詞にはeat（食べる）、read（読む）、know（知っている）、watch（見る）、write（書く）などなど、**たくさんの種類**があります。**よく使う、重要なもの**から少しずつ覚えていきましょう。使い方はlikeやplayと同じです。

We	know	Mike.
主語	一般動詞	目的語
They	eat	breakfast every day.
主語	一般動詞	目的語

◆重要な一般動詞

☐have	持っている	☐look	見る	☐meet	会う
☐go	行く	☐read	読む	☐practice	練習する
☐come	来る	☐write	書く	☐use	使う
☐speak	話す	☐take	取る	☐cook	料理する
☐want	ほしい	☐see	見える	☐clean	掃除する
☐listen	聞く	☐watch	見る		
☐study	勉強する	☐drive	運転する		

✎これも覚えよう！　時を表す言葉

「毎日」、「毎朝」、「毎晩」などのように、**時を表す言葉**は、一般的に**文末**に置かれます。ここでは、〈every（毎）＋ 単数名詞〉で作れる表現を覚えましょう。

☐every day	毎日	☐every morning	毎朝
☐every night	毎晩	☐every Sunday	毎週日曜日
☐every week	毎週	☐every month	毎月
☐every year	毎年		

STEP2 単語と例文で音読訓練しよう！ 🎧CD1 13

❶ We know Mike.
私たちはマイクを知っています。
- know [nóu] 動 知っている

❷ They eat breakfast every day.
彼らは毎日朝食を食べます。
- eat [íːt] 動 食べる
- breakfast [brékfəst] 名 朝食

❸ I drive a car.
私は自動車を運転します。
- drive [dráiv] 動 運転する

❹ You have some friends.
あなたには何人か友だちがいます。
- some [sʌ́m] 形 いくつかの
- have [hǽv] 動 持っている

❺ We meet Mike every morning.
私たちは毎朝マイクに会います。
- meet [míːt] 動 会う
- morning [mɔ́ːrniŋ] 名 朝
- every [évri] 形 毎〜

❻ They study English every day.
彼らは毎日英語を勉強します。
- study [stʌ́di] 動 勉強する
- English [íŋgliʃ] 名 英語

❼ I read a book every day.
私は毎日本を読みます。
- read [ríːd] 動 読む

❽ You practice the guitar every day.
あなたは毎日ギターを練習します。
- practice [prǽktis] 動 練習する

- ❾ **We speak English every day.**
  私たちは毎日英語を話します。
  - □ speak [spíːk] 動 話す

- ❿ **They watch TV every day.**
  彼らは毎日テレビを見ます。
  - □ watch [wátʃ] 動 見る
  - □ TV [tíːvíː] 名 テレビ

- ⓫ **I cook dinner every day.**
  私は毎日夕食を作ります。
  - □ cook [kúk] 動 料理する
  - □ dinner [dínər] 名 夕食

- ⓬ **You use a computer every Saturday.**
  あなたは毎週土曜日にコンピュータを使います。
  - □ Saturday [sǽtərdi] 名 土曜日
  - □ use [júːz] 動 使う

- ⓭ **We want some pens.**
  私たちはいくつかのペンがほしいです。
  - □ want [wánt] 動 がほしい

- ⓮ **They write a letter every Saturday.**
  彼らは毎週土曜日に手紙を書きます。
  - □ write [ráit] 動 書く
  - □ letter [létər] 名 手紙

- ⓯ **I eat an apple every day.**
  私は毎日リンゴを食べます。

- ⓰ **I keep a diary every day.**
  私は毎日日記をつけます。
  - □ keep [kíːp] 動 自分のものにする
  - □ diary [dáiəri] 名 日記
  - □ keep a diary 日記をつける

STEP3 エクササイズで復習しよう！

次の日本語の意味を表すように、（　）の中の英単語を並べ替えてみよう。

1 私は毎日夕食を食べます。（eat ／ dinner ／ I）every day.

2 私は毎日英語の勉強をします。（study ／ I ／ English）every day.

3 あなたは毎日朝食を作ります。（you ／ cook ／ breakfast ／ day ／ every）.

4 私は毎日テレビを見ます。（I ／ TV ／ watch ／ every）day.

5 彼らはメアリーを知っています。（Mary ／ they ／ know）.

次の日本語を英語にしてみよう。

1 あなたには何人かの友だちがいます。

2 あなたは毎朝リンゴを食べます。

3 私はいくつかのペンがほしいです。

4 彼らは毎週土曜日に手紙を書きます。

5 私たちは毎日ピアノの練習をします。

☆正解は464ページ☆

Section 12 一般動詞③ 否定文

例文
I do not like math. （私は数学が好きではありません）
You don't play the guitar. （あなたはギター演奏しません）

STEP1 文法ルールを学ぼう！

「～しません」という一般動詞の否定文を作りたい場合は、主語と動詞の間にdo notを置きます。do notはdon'tと短縮できます。

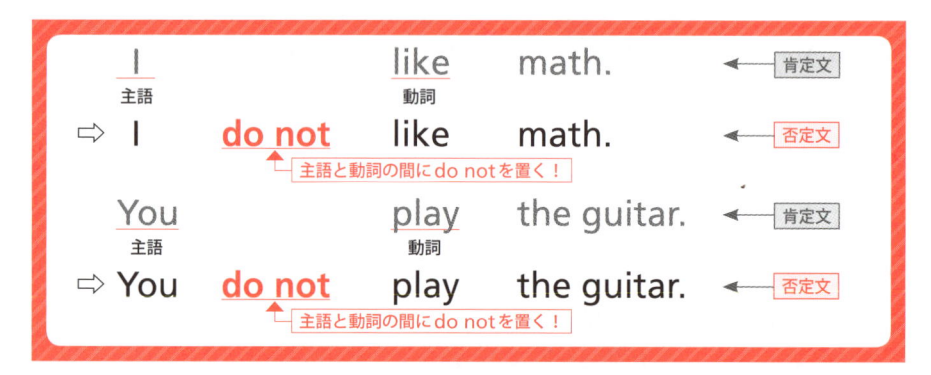

```
   I          like    math.        ← 肯定文
  主語        動詞
⇒ I  do not   like    math.        ← 否定文
        └─ 主語と動詞の間にdo notを置く！

   You        play    the guitar.  ← 肯定文
  主語        動詞
⇒ You do not  play    the guitar.  ← 否定文
        └─ 主語と動詞の間にdo notを置く！
```

これも覚えよう！　someの入った文を否定文にする

I have some friends.（私は数人の友達を持っている）を否定文にすると、I don't have any friends.（私はまったく友達がいない）という文になります。
　肯定文で登場するsomeは、「いくつかの；何人かの」という意味ですが、これを否定文や疑問文にする場合はanyに書き換える必要があります。not ～ anyで「まったく～ない」という意味になります。

これも覚えよう！　便利な副詞　tooとeitherとalso

　たとえばだれかがI like dogs.（犬が好きです）と言ったことに対して、「私も犬が好きです」と英語で言いたい場合、副詞のtoo（～もまた）を使うと便利です。I like dogs, too.（私も犬が好きです）と、文の最後に「,」とtooをつけます。否定文の場合は「,」とeitherつけます。これも「～もまた」という意味です。

STEP2 単語と例文で音読訓練しよう！ CD1 14

❶ I **do not** like math.
私は数学が好きではありません。

❷ I **do not** read newspapers.
私は新聞を読みません。
- newspaper [njúːpəpər] 名 新聞

❸ I **do not** cook dinner.
私は夕食を作りません。

❹ I **don't** meet Mike every year.
私は毎年マイクに会うわけではありません。

❺ I **don't** drink milk every morning.
私は毎朝ミルクを飲むわけではありません。
- drink [dríŋk] 動 飲む
- milk [mílk] 名 ミルク

❻ We **don't** drink tea.
私たちはお茶を飲みません。
- tea [tiː] 名 お茶

❼ I **don't** have any pets.
私はペットを飼っていません。
- pet [pét] 名 ペット
- any [éni] 形 何も（〜ない）
- have [hǽv] 動 飼う

❽ They **don't** study Korean these days.
彼らは最近韓国語を勉強していません。
- Korean [kəríːən] 名 韓国語
- these days 最近

- ⑨ **You do not play the guitar.**
  あなたはギターを演奏しません。

- ⑩ **You do not use a computer every Wednesday.**
  あなたは毎週水曜日にコンピュータを使うわけではありません。

  - ☐ Wednesday [wénzdei] 名 水曜日

- ⑪ **We do not speak Chinese.**
  私たちは中国語を話しません。

  - ☐ Chinese [tʃainíːz] 名 中国語

- ⑫ **You don't watch TV every night.**
  あなたは毎晩テレビを見るわけではありません。

  - ☐ night [náit] 名 夜

- ⑬ **They don't wash the dishes every morning.**
  彼らは毎朝皿を洗うわけではありません。

  - ☐ wash [wáʃ] 動 洗う

- ⑭ **You don't send e-mails every Friday.**
  あなたは毎週金曜日にメールを送るわけではありません。

  - ☐ send [sénd] 動 送る
  - ☐ e-mail [íːméil] 名 電子メール
  - ☐ Friday 金曜日 [fráidei]

- ⑮ **You don't speak Spanish every day.**
  あなたは毎日スペイン語を話すわけではありません。

  - ☐ Spanish [spǽniʃ] 名 スペイン語

- ⑯ **I don't ride a bicycle every day.**
  私は毎日自転車に乗るわけではありません。

  - ☐ ride [ráid] 動 乗る
  - ☐ bicycle [báisikl] 名 自転車

STEP3 エクササイズで復習しよう！

次の日本語の意味を表すように、（　）の中の英単語を並べ替えてみよう。

1 あなたは新聞を読みません。（read／do／you／not／newspapers）.

2 私はペットを飼っていません。（don't／I／have／pets／any）.

3 あなたは中国語を話しません。（speak／you／don't／Chinese）.

4 私は毎朝ミルクを飲むわけではありません。
（drink／every／I／milk／don't）morning.

5 あなたはギターを演奏しません。（guitar／don't／you／the／play）.

次の日本語を英語にしてみよう。

1 あなたは毎晩テレビを見るわけではありません。

2 私はトム（Tom）を知りません。

3 あなたは夕食を作りません。

4 私は毎日スペイン語を話すわけではありません。

5 私は韓国語を勉強しません。

☆正解は464ページ☆

Section 13 一般動詞④ 疑問文と答え方

例文
Do you play the piano?（あなたはピアノを演奏しますか）
Yes, I **do**.（はい、私はします）
No, I **don't**.（いいえ、私はしません）

STEP1 文法ルールを学ぼう！

「あなたは〜しますか」とたずねる一般動詞の疑問文は、doを文頭に置き、文の最後に「?」をつけて作ります。

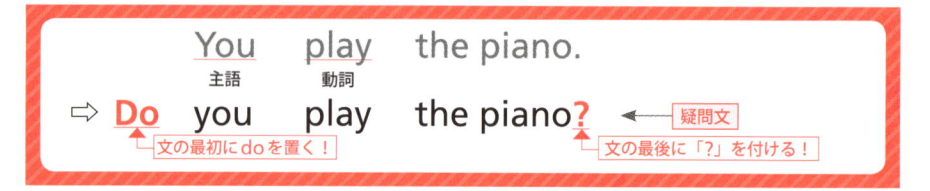

```
        You     play    the piano.
        主語    動詞
  ⇨ Do   you    play    the piano?          ← 疑問文
     ↑文の最初にdoを置く！          ↑文の最後に「?」を付ける！
```

答え方は、Yes, I do.（はい、私はします）やNo, I do not [don't].（いいえ、私はしません）です。

ただ、youには、「あなたは」だけでなく「あなたたちは」という意味もあるので、Yes, we do.やNo, we do not [don't].と答えることもできます。どちらにするかは、それまでの流れから判断しましょう。

これも覚えよう！　答え方の注意点

Do 〜 ? の疑問文の主語には、youだけでなく、they（彼ら）や〈these + 名詞〉など複数形の名詞も、なることができます。なお、主語がtheyの場合の答えはtheyですが、these boysなどのときもtheyを使って答えます。

例 **Do these boys** speak Spanish?
（これらの少年たちは、スペイン語を話しますか）
Yes, **they** do.（はい、話します）
No, **they** do not [don't].（いいえ、話しません）

STEP2 単語と例文で音読訓練しよう！ CD1 15

☐ ❶ **Do** you play the piano? ／ Yes, I do.

あなたはピアノを演奏しますか。／はい。

☐ ❷ **Do** you read comic books? ／ Yes, I do.

あなたは漫画を読みますか。／はい。

☐ comic book [kámik bùk] 名 漫画本

☐ ❸ **Do** you have any pencils? ／ Yes, I do.

あなたはえんぴつを持っていますか。／はい。

☐ pencil [pénsəl] 名 えんぴつ

☐ ❹ **Do** you know Bob? ／ No, I don't.

あなたはボブを知っていますか。／いいえ。

☐ ❺ **Do** you visit the place every year? ／ No, I do not.

あなたは毎年その場所を訪れますか。／いいえ。

☐ visit [vízit] 動 訪れる
☐ the [ðə] 冠 その (→P88)
☐ place [pléis] 名 場所

☐ ❻ **Do** you cook dinner every day? ／ No, I do not.

あなたは毎日夕食を作りますか。／いいえ。

☐ ❼ **Do** you study Japanese every week? ／ Yes, I do.

あなたは毎週日本語を勉強しますか。／はい。

☐ Japanese [dʒæpəníːz] 名 日本語
☐ week [wíːk] 名 週

☐ ❽ **Do** you use this machine? ／ No, I don't.

あなたはこの機械を使いますか。／いいえ。

☐ machine [məʃíːn] 名 機械

中学1年　一般動詞④

☐ ❾ **Do** they watch TV every night? ／ Yes, they do.

彼らは毎晩テレビを見ますか。／はい。

☐ ❿ **Do** they check the news every day? ／ No, they don't.

彼らは毎日ニュースをチェックしますか。／いいえ。

☐ check [tʃék] 動 チェックする
☐ news [njúːz] 名 ニュース

☐ ⓫ **Do** they meet Mike every month? ／ Yes, they do.

彼らは毎月マイクに会いますか。／はい。

☐ month [mʌ́nθ] 名 （暦の）月

☐ ⓬ **Do** they wash the dishes after dinner? ／ No, they don't.

彼らは夕食後皿を洗いますか。／いいえ。

☐ after [ǽftər] 前 ～の後で
☐ after dinner　夕食の後で

☐ ⓭ **Do** these boys help old people? ／ Yes, they do.

この少年たちお年寄りたちを助けますか。／はい。

☐ help [hélp] 動 助ける
☐ people [píːpl] 名 人々

☐ ⓮ **Do** these girls write e-mails? ／ No, they don't.

この少女たちはメールを書きますか。／いいえ。

☐ ⓯ **Do** those boys eat apple pie? ／ Yes, they do.

あの少年たちはアップルパイを食べますか。／はい。

☐ apple pie [ǽpl pài] 名 アップルパイ

☐ ⓰ **Do** those girls drink coffee? ／ No, they don't.

あの少女たちはコーヒーを飲みますか。／いいえ。

☐ coffee [kɔ́ːfi] 名 コーヒー

| 月 日 | 月 日 | 月 日 |

STEP3 エクササイズで復習しよう！

次の日本語の意味を表すように、（　）の中の英単語を並べ替えてみよう。

1 あなたはピアノを演奏しますか。（do／you／the／play／piano）？

2 あなたはこの機械を使いますか。（do／machine／this／you／use）？

3 彼らは英語を話しますか。（speak／they／do／English）？

4 彼らは毎晩テレビを見ますか。（watch／they／TV／do）every night？

5 あの少女たちはコーヒーを飲みますか。（those／do／girls／coffee／drink）．

次の日本語を英語にしてみよう。

1 あなたはトム（Tom）を知っていますか。はい。

2 あなたは毎晩ニュースをチェックしますか。いいえ。

3 あなたはえんぴつを持っていますか。はい。

4 彼らは毎週日本語を勉強しますか。いいえ。

5 あの少年たちはアップルパイを食べますか。はい。

☆正解は464ページ☆

Section 14 一般動詞⑤ 3人称単数が主語の文 1

例文
Mike likes football.（マイクはフットボールが好きです）
David plays the guitar.（デイビッドはギターを演奏します）

STEP1 文法ルールを学ぼう！

　英語には重要なルールがあります。それは、主語がIやyou以外の単数（1人もしくは1個）の場合は、一般動詞の最後にsをつけなければならないというルールです。例文を見てみましょう。

Mike	likes	football.
主語がIやyou以外の単数	動詞 + s	目的語
My sister	likes	these movies.
主語がIやyou以外の単数	動詞 + s	目的語

英文法には「人称」という考え方があります。
① I（私）やwe（私たち）のように、自分をさすもの＝**1人称**
② you（あなた；あなたたち）のように、相手をさすもの＝**2人称**
③ 自分と相手以外をさすもの＝**3人称**
　　（例：he、she、they、a pen、Mary、these boysなど）

	1人称	2人称	3人称
単数	I（私は）	you（あなたは）	**自分と相手以外のすべて** 例 he（彼は）、she（彼女は）、Mike（マイクは）、my sisiter（私の姉は）、this dog（この犬は）
複数	we（私たちは）	you（あなたたちは）	自分と相手以外のすべて 例 they（彼らは；彼女らは；それらは）、Mike and Tom（マイクとトムは）、these bags（これらのかばんは）

　このうち、赤字の部分（＝3人称単数）が主語になるとき**だけ**、動詞の最後にsをつけるのです。

STEP2 単語と例文で音読訓練しよう！

❶ Mike likes football.
マイクはフットボールが好きです。

- football [fútbɔ̀ːl] 名 フットボール

❷ My sister likes these movies.
私の姉はこれらの映画が好きです。

- movie [múːvi] 名 映画

❸ Jane likes spaghetti.
ジェーンはスパゲッティが好きです。

- spaghetti [spəgéti] 名 スパゲッティ

❹ She likes this magazine.
彼女はこの雑誌が好きです。

❺ This woman plays the organ.
こちらの女性はオルガンを演奏します。

- organ [ɔ́ːrgən] 名 オルガン

❻ That man plays the drum.
あちらの男性はたいこを演奏します。

❼ David plays the guitar.
デイビッドはギターを演奏します。

❽ Kate plays the flute.
ケイトはフルートを演奏します。

- ❾ **Nancy likes these actors.**
  ナンシーはこれらの俳優が好きです。

- ❿ **My brother likes that car.**
  私の兄はあの車が好きです。
  - my [mái] 代 私の (→P78)
  - brother [brʌ́ðər] 名 兄；弟

- ⓫ **My grandfather likes the team.**
  私の祖父はそのチームが好きです。
  - grandfather [grǽndfɑ̀:ðər] 名 祖父
  - team [tí:m] 名 チーム

- ⓬ **My grandmother likes this poem.**
  私の祖母はこの詩が好きです。
  - grandmother [grǽndmʌ̀ðər] 名 祖母
  - poem [póuəm] 名 詩

- ⓭ **Michael plays baseball.**
  マイケルは野球をします。

- ⓮ **My son plays the violin.**
  私の息子はバイオリンを演奏します。
  - son [sʌ́n] 名 息子
  - violin [vàiəlín] 名 バイオリン

- ⓯ **My boss plays tennis.**
  私の上司はテニスをします。
  - boss [bɔ́:s] 名 上司
  - tennis [ténis] 名 テニス

- ⓰ **George plays soccer.**
  ジョージはサッカーをします。

STEP3 エクササイズで復習しよう！

次の日本語の意味を表すように、（　）の中の英単語を並べ替えてみよう。

1 彼女はスパゲッティが好きです。(likes ／ she ／ spaghetti).

2 私の息子はフルートを演奏します (my ／ plays ／ son ／ flute ／ the).

3 マイケルはこの雑誌が好きです。(likes ／ Michael ／ magazine ／ this).

4 私の上司はこの映画が好きです。(boss ／ likes ／ movie ／ my ／ this).

5 ケイトはサッカーが好きです (likes ／ Kate ／ soccer).

次の日本語を英語にしてみよう。

1 トム（Tom）はジェーン（Jane）のことが好きです。

2 私の祖母はこの歌が好きです。

3 私の兄はテニスをします。

4 私の祖父はそのチームが好きです。

5 あの女性はバイオリンを演奏します。

☆正解は464ページ☆

✅ 重要ポイントをチェック！
代名詞
（だいめいし）

具体的な名詞の代わりとして使われる言葉を代名詞といいます。その中で、人を表す代名詞を人称代名詞といいます。これは英語学習をするうえで、とても大切です。その種類や使い方をチェックしましょう。

人称代名詞と所有代名詞

➡格　　↓日本語	主格 文の主語になるときの代名詞の形 〜は［が］	所有格 持ち主を表す。後ろに名詞がくる 〜の	目的格 動詞の後に置かれ目的語になる 〜を［に］	所有代名詞 1語で「だれだれのもの」を表す 〜のもの
私	I（私は）	my（私の）	me（私を）	mine（私のもの）
あなた	you（あなたは）	your（あなたの）	you（あなたを）	yours（あなたのもの）
彼	he（彼は）	his（彼の）	him（彼を）	his（彼のもの）
彼女	she（彼女は）	her（彼女の）	her（彼女を）	hers（彼女のもの）
それ	it（それは）	its（それの）	it（それを）	なし
私たち	we（私たちは）	our（私たちの）	us（私たちを）	ours（私たちのもの）
あなたたち	you（あなたたちは）	your（あなたたちの）	you（あなたたちを）	yours（あなたたちのもの）
彼［彼女］ら；それら	they（彼らは）	their（彼らの）	them（彼らを）	theirs（彼らのもの）
具体的な人物名（例：トム）	Tom（トムは）	Tom's（トムの）	Tom（トムを）	Tom's（トムのもの）

【例文】 I am Tom.（私はトムです）　This is my pen.（これは私のペンです）　I like him.（私は彼を好きです）　This book is hers.（この本は彼女のものです）

所有格について、注意することがあります。
　たとえばboysやstudentsのような、複数形の(e)sがついた名詞の場合、「's」をつけてboys'sではなく、「'」だけをつけて、boys'とします。
　そして、たとえばbookのような、生き物（人や動物）ではないもの（＝無生物）を表す名詞の場合は、「's」を付つけるのではなく、前置詞のofを使って〈of＋名詞〉とすることで「～の」という所有を表現できます。
【例】name **of** the city（都市の名前）　　title **of** the book（本のタイトル）
　　ただ、無生物であっても「's」をつけた形で使うものもあります。
【例】**today's** paper（今日の新聞）　　**nature's** gift（自然の贈り物）
　　　five **minutes'** walk（徒歩5分）

指示代名詞

Section4～7などで学習した、指示代名詞の**this**と**that** ／ **these**と**those**について、少し補足しておくことがあります。
◆距離だけでなく時間の遠近も表せる◆
　thisやtheseは、「比較的近くにあるもの」を指し、thatやthoseは、「比較的遠くにあるもの」を指すと解説しましたが、これは、空間的な近さや遠さだけでなく、時間的な遠近も表すことができます。
【例】I don't study Korean **these** days.（私は最近韓国語を勉強していない）
　　　I studied science in **those** days.（私はあのころ科学を勉強していた）
◆くり返しを避けることができる◆
　thatやthoseは、〈that [those] of ～〉という形で、前に出た〈the＋名詞〉を、繰り返し使うのをさけるために使われることもあります。
【例】The climate of Tokyo is milder than **that of** Russia.
　　　　　　　　　　　　　　（東京の気候は、ロシアの気候よりも温暖です）
この文は、この後Section66で学習する「比較」の文です（なのでまだわからなくてもあわてないで！）。このように、2つのものを比べるときによく使われます。この文では、主語the climate（気候）がthatにあたります。短い文の中で、the climateという単語を2回使うことをさけています。

Section 15 一般動詞⑥ 3人称単数が主語の文 2

例文
She cook**s** dinner every day.
（彼女は毎日夕食を作ります）

Mike eat**s** an apple every morning.
（マイクは毎朝リンゴを食べます）

STEP1 文法ルールを学ぼう！

前のセクションでは、主語が3人称単数のときは、一般動詞にsをつけるという学習をしました。一般動詞には、さまざまな種類がありますので、ここでは、いろいろな動詞を用いた例文を確認してみましょう。

She	cook**s**	dinner every night.
3人称単数の主語	動詞 + s	目的語
Mike	eat**s**	an apple every morning.
3人称単数の主語	動詞 + s	目的語

これも覚えよう！　人以外の「3人称単数」

1 3人称単数形の名詞は、人だけではありません。たとえば、a mouse（1匹のネズミ）、a car（1台の車）、this computer（このコンピュータ）、Japan（日本）などといった動物やものなども、3人称単数形の名詞と考えます。

2 3人称単数が主語で、その文が現在のことを言っている場合の動詞の形を、「3人称単数現在形」と言います。略して「3単現」と呼ぶことがあります。そして、主語が3人称単数の現在の文で、動詞につくsを、「3単現のs（エス）」と呼ぶこともあります。

これも覚えよう！　便利な副詞　動詞の頻度を表す副詞

現在形の文は、ふだんの習慣などを表現するのに良く使います。その習慣がどのぐらいよく行われるか（＝頻度）を表す便利な副詞があります。

- □ sometimes　ときどき
- □ often　しばしば
- □ usually　ふだん；ふつう
- □ always　いつも

be動詞の文ではbe動詞の後、一般動詞の文では動詞の前に置いて使います。

STEP2 単語と例文で音読訓練しよう！ 🎧 CD1 17

- ❶ **She cooks dinner every day.**
  彼女は毎日夕食を作ります。

- ❷ **Mike eats an apple every morning.**
  マイクは毎朝リンゴを食べます。

- ❸ **He visits this temple every week.**
  彼は毎週このお寺を訪れます。

  ☐ temple [témpl] 名 お寺

- ❹ **He skips breakfast every day.**
  彼は毎日朝食を抜きます。

  ☐ skip [skíp]
  動 （食事などを）抜く

- ❺ **She makes lunch every day.**
  彼女は毎日昼食を作ります。

  ☐ make [méik] 動 作る
  ☐ lunch [lʌ́ntʃ] 名 昼食

- ❻ **This student uses that dictionary.**
  この生徒はあの辞書を使います。

- ❼ **Kate speaks French every day.**
  ケイトは毎日フランス語を話します。

  ☐ French [fréntʃ]
  名 フランス語

- ❽ **My boss uses this desk every day.**
  私の上司は毎日この机を使います。

  ☐ desk [désk] 名 机

中学1年　一般動詞⑥

- ❾ **My father drinks some wine every night.**

  私の父は毎晩ワインを飲みます。

  - father [fάːðər] 名 父親
  - wine [wáin] 名 ワイン

- ❿ **My daughter takes a bath every night.**

  私の娘は毎晩お風呂に入ります。

  - bath [bǽθ] 名 入浴
  - daughter [dɔ́ːtər] 名 娘
  - take a bath お風呂に入る

- ⓫ **Jane meets her friend every week.**

  ジェーンは毎週友だちに会います。

  - her [hə́ːr] 代 彼女の（→P78）
  - mother [mʌ́ðər] 名 母親

- ⓬ **My left eye hurts.**

  私の左目が痛みます。

  - left [léft] 形 左の
  - eye [ái] 名 目
  - hurt [hə́ːrt] 動 痛みを感じる

- ⓭ **Tom writes a letter every Wednesday.**

  トムは毎週水曜日に手紙を書きます。

- ⓮ **John makes an apple pie every Sunday.**

  ジョンは毎週日曜日にアップルパイを作ります。

  - Sunday [sʌ́ndei] 名 日曜日

- ⓯ **Jim rides his bicycle every day.**

  ジムは毎日彼の自転車に乗ります。

  - his [híz] 代 彼の（→P78）

- ⓰ **Japan supports some countries.**

  日本はいくつかの国を支援しています。

  - Japan [dʒəpǽn] 名 日本
  - support [səpɔ́ːrt] 動 支援する

| 月 日 | 月 日 | 月 日 |

STEP3 エクササイズで復習しよう！

次の日本語の意味を表すように、（　）の中の英単語を並べ替えてみよう。

1 彼女は毎日朝食を抜きます。（skips / she / every / breakfast / day）．

2 私の娘はフランス語を話します。（my / speaks / daughter / French）．

3 彼女は毎日夕食を作ります。（dinner / makes / she / day / every）．

4 私の父は毎晩ワインを飲みます。（wine / drinks / father / my）every night.

5 私の友達は毎日この机を使います。（friend / uses / desk / my / this）every day.

次の日本語を英語にしてみよう。

1 ジェーン（Jane）は毎週友だちに会います。

2 日本はいくつかの国を支援しています。

3 私の母は毎月このお寺を訪れます。

4 マイク（Mike）は彼の車を毎朝運転します。

5 彼女は毎晩お風呂に入ります。

☆正解は464～5ページ☆

中学1年　一般動詞⑥

Section 16 一般動詞⑦ 動詞にsをつけるときのルール

例文
Judy **has** three cats.（ジュディは3匹のネコを飼っています）
Tom **studies** French every night.
（トムは毎晩フランス語を勉強します）

STEP1 文法ルールを学ぼう！

3人称単数の名詞が主語になった場合に、動詞にsをつけることは学習しましたが、そのつけ方にはいくつかの**ルール**があります。

【ルール①】　動詞の**語尾が**s、sh、ch、x、oのときは**es**をつける
　　　　　　　例 wash（洗う）→**washes**　watch（見る）→**watches**

【ルール②】　動詞の**語尾が子音字＋y**のときは**yをiに換えてes**をつける
　　　　　　　例 study（勉強する）→**studies**

【ルール③】　have（持つ）は**has**になる（例外）

I（1人称単数）　have　some friends.　← 1人称単数が主語の文
My son（3人称単数主語）　has（ルールにしたがって形を変える）　some friends.（目的語）　← 3人称単数が主語の文

これも覚えよう！　3単現のsの音

3単現のsは、単語の終わり方で**発音**が異なります。

【ルール①】　動詞が [p] [k] [f] [t] の音で終わったときのsは [s] の音です。
　　　　　　　□cooks（料理する）　□walks（歩く）
　　　　　　　□likes（好む）　　　□helps（助ける）

【ルール②】　動詞が [s] [z] [ʃ] [tʃ] [dʒ] で終わったときのsは [iz] の音です。
　　　　　　　□uses（使う）　　　□watches（見る）
　　　　　　　□washes（洗う）　　□teaches（教える）

【ルール③】　それ以外は [z] の音です。
　　　　　　　□plays（する）　　　□comes（来る）

> ただし、put（置く）の3単現putsの[ts]の音や、send（送る）の3単現sendsの[dz]の音は、2つの音が合わさって、「ツ」や「ヅ」のような音になります。

STEP2 単語と例文で音読訓練しよう！ 〔CD1 18〕

- ❶ **Judy has three cats.**
  ジュディは3匹のネコを飼っています。
  - three [θríː] 形 3つの

- ❷ **She watches this program every day.**
  彼女は毎日この番組を見ます。
  - program [próugræm] 名（テレビの）番組

- ❸ **Tom has a stomachache.**
  トムは腹が痛いです。
  - stomachache [stʌ́məkèik] 動 腹痛

- ❹ **Tom studies French every night.**
  トムは毎晩フランス語を勉強します。

- ❺ **The baby cries every morning.**
  その赤ちゃんは毎朝泣きます。
  - baby [béibi] 名 赤ん坊
  - cry [krái] 動 泣く

- ❻ **Mike tries everything.**
  マイクは何でも試します。
  - try [trái] 動 試みる
  - everything [évriθìŋ] 名 全てのこと

- ❼ **This machine has some switches.**
  この機械はいくつかのスイッチを持っています。
  - switch [swítʃ] 名 スイッチ

- ❽ **Jane watches this drama every afternoon.**
  ジェーンは毎日午後にこのドラマを見ます。
  - drama [drάːmə] 名 ドラマ
  - afternoon [æftərnúːn] 名 午後

中学1年 一般動詞⑦

☐ ❾ Tom washes his bike in the morning.
トムは朝自転車を洗います。

- ☐ bike [báik] 名 自転車

☐ ❿ My uncle teaches Spanish every day.
私のおじは毎日スペイン語を教えます。

- ☐ uncle [ʌ́ŋkl] 名 おじ
- ☐ teach [tíːtʃ] 動 教える

☐ ⓫ My aunt studies English every Wednesday.
私のおばは毎週水曜日に英語を勉強します。

- ☐ aunt [ǽnt] 名 おば

☐ ⓬ The little girl cries every night.
その小さな女の子は毎晩泣きます。

- ☐ little [lítl] 形 小さな

☐ ⓭ John tries something every day.
ジョンは毎日何かを試します。

- ☐ something [sʌ́mθiŋ] 代 何か

☐ ⓮ Jane goes to the library on Sundays.
ジェーンは日曜日に図書館へ行きます。

- ☐ library [láibrèri] 名 図書館
- ☐ on ～ （曜日）に
- ※ on Sundays （毎週）日曜に

☐ ⓯ Mr. White teaches English to us.
ホワイト氏は私たちに英語を教えます。

- ☐ teach ～ to… ～を…に教える
- ☐ Mr. [místər] 名 ～さん；～先生

☐ ⓰ Nancy goes to the park in the morning.
ナンシーは朝公園に行きます。

- ☐ go [góu] 動 行く
- ☐ go to ～ ～に行く
- ☐ park [páːrk] 名 公園
- ☐ in the morning 朝に

STEP3 エクササイズで復習しよう！

次の日本語の意味を表すように、（　）の中の英単語を並べ替えてみよう。

1 彼女は毎晩、テレビを見ます。（every / watches / she / TV / night）．

2 私の息子は中国語を勉強しています（my / studies / son / Chinese）．

3 私の上司は何でも試します。（tries / boss / my / everything）．

4 ジョンは私たちに英語を教えています。（English / John / teaches）to us.

5 その赤ちゃんは毎朝泣きます。（baby / cries / the）every morning.

次の日本語を英語にしてみよう。

1 ジェーンは毎日午後にこのドラマを見ます。

2 私のおばは毎朝公園に（to the park）行きます。

3 彼は毎朝この番組を見ます。

4 マイク（Mike）は朝に自転車を洗います。

5 彼女は日曜日に図書館へ行きます。

☆正解は465ページ☆

Section 17 一般動詞⑧ 3人称単数が主語の否定文

例文
He does not ride a taxi. （彼はタクシーに乗りません）
She does not watch this drama.
（彼女はこのドラマを見ません）

STEP1 文法ルールを学ぼう！

3人称単数の名詞が主語の<u>否定文</u>は、主語と一般動詞の間にdoes notを入れ、<u>動詞</u>はsのないもとの形＝<u>原形</u>にします。does notはdoesn'tと短縮できます。

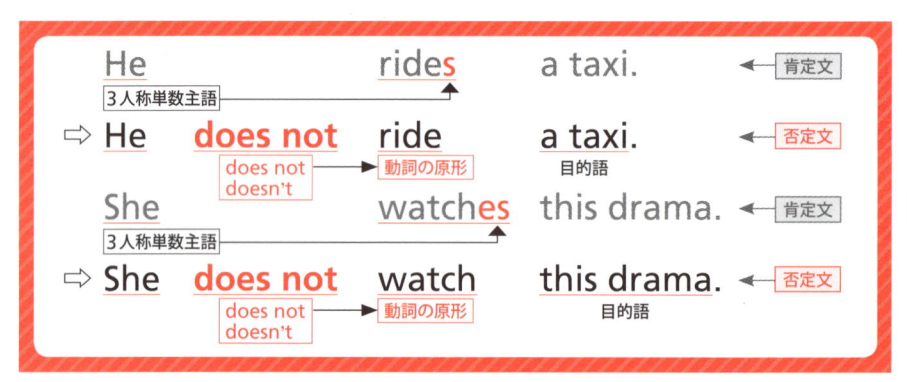

```
He              rides    a taxi.        ← 肯定文
3人称単数主語
⇒ He  does not  ride     a taxi.        ← 否定文
      does not  動詞の原形  目的語
      doesn't

She             watches  this drama.    ← 肯定文
3人称単数主語
⇒ She does not  watch    this drama.    ← 否定文
      does not  動詞の原形  目的語
      doesn't
```

これも覚えよう！　theについて

Section1と2で、「冠詞のaとan」について学びました。じつは冠詞にはもう1つ、<u>the</u>という単語があります。一般的にtheは、話をしている人と聞いている人の<u>両方が共通してわかっている</u>（理解・認識している）名詞につけて使います。
たとえば、Do you go to the station?（あなたはthe stationに行きますか）という疑問文について考えてみましょう。station（駅）という単語に、theが付いているということは、質問した人と質問された人の間に、<u>共通の</u>（具体的な）「●●駅」が<u>イメージできている</u>ということになります。つまり日本語にすると、「あなたは（われわれ2人が認識している）その駅に行きますか」というニュアンスになります（theは<u>「その」</u>と訳されることが多いです）。

STEP2 単語と例文で音読訓練しよう！ CD1 19

中学1年　一般動詞⑧

□ taxi [tǽksi] 名 タクシー

□ ❶ **He does not ride a taxi.**
彼はタクシーに乗りません。

□ ❷ **She does not watch this drama.**
彼女はこのドラマを見ません。

□ ❸ **Mike does not use this computer.**
マイクはこのコンピュータを使いません。

□ ❹ **Aki does not study French.**
アキはフランス語を勉強しません。

□ ❺ **My daughter does not play the violin.**
私の娘はバイオリンを演奏しません。

□ ❻ **My father does not like this musician.**
私の父はこのミュージシャンが好きではありません。

□ ❼ **James does not read novels.**
ジェームスは小説を読みません。

□ ❽ **Tom does not do his homework.**
トムは宿題をしません。

□ homework [hóumwà:rk] 名 宿題
□ do one's homework 宿題をする

☐ **❾ Janet doesn't buy such magazines.**

ジャネットはこのような雑誌を買いません。

☐ buy [bái] 動 買う
☐ such [sʌ́tʃ] 形 このような

☐ **❿ Brad doesn't clean his room.**

ブラッドは自分の部屋を掃除しません。

☐ clean [klíːn] 動 掃除する
☐ room [rúːm] 名 部屋

☐ **⓫ My aunt doesn't learn English.**

私のおばは英語を学びません。

☐ learn [lə́ːrn] 動 学ぶ

☐ **⓬ Mike doesn't study science.**

マイクは科学を勉強しません。

☐ science [sáiəns] 名 科学

☐ **⓭ Fred doesn't eat meat.**

フレッドは肉を食べません。

☐ meat [míːt] 名 肉

☐ **⓮ Nancy doesn't take the bus.**

ナンシーはバスに乗りません。

☐ take [téik] 動 (乗り物などに) 乗る
☐ bus [bʌ́s] 名 バス

☐ **⓯ Jane doesn't go to school on Saturdays.**

ジェーンは土曜日学校に行きません。

☐ go to school 学校に行く

☐ **⓰ Judy doesn't live in Japan.**

ジュディは日本に住んでいません。

☐ live [lív] 動 住む

| 月 日 | 月 日 | 月 日 |

STEP3 エクササイズで復習しよう！

次の日本語の意味を表すように、（　）の中の英単語を並べ替えてみよう。

1 私のおばはタクシーに乗りません。（a ／ does ／ ride ／ taxi ／ my ／ aunt ／ not）．

＿＿＿＿＿＿＿＿＿＿＿＿＿＿＿＿＿＿＿＿＿＿＿＿＿＿＿＿＿＿＿＿＿．

2 私の息子はこのコンピュータを使いません。
（my ／ doesn't ／ son ／ this ／ use ／ computer）．

＿＿＿＿＿＿＿＿＿＿＿＿＿＿＿＿＿＿＿＿＿＿＿＿＿＿＿＿＿＿＿＿＿．

3 私の父はバイオリンを演奏しません。
（doesn't ／ father ／ play ／ my ／ violin ／ the）．

＿＿＿＿＿＿＿＿＿＿＿＿＿＿＿＿＿＿＿＿＿＿＿＿＿＿＿＿＿＿＿＿＿．

4 ジョンは科学を勉強していません。（study ／ John ／ doesn't ／ science）．

＿＿＿＿＿＿＿＿＿＿＿＿＿＿＿＿＿＿＿＿＿＿＿＿＿＿＿＿＿＿＿＿＿．

5 彼女は肉を食べません。（eat ／ she ／ meat ／ doesn't）．

＿＿＿＿＿＿＿＿＿＿＿＿＿＿＿＿＿＿＿＿＿＿＿＿＿＿＿＿＿＿＿＿＿．

次の日本語を英語にしてみよう。

1 ジョン（John）は自分の部屋を掃除しません。

＿＿＿＿＿＿＿＿＿＿＿＿＿＿＿＿＿＿＿＿＿＿＿＿＿＿＿＿＿＿＿＿＿．

2 私の母はバスに乗りません。

＿＿＿＿＿＿＿＿＿＿＿＿＿＿＿＿＿＿＿＿＿＿＿＿＿＿＿＿＿＿＿＿＿．

3 私の父は小説を読みません。

＿＿＿＿＿＿＿＿＿＿＿＿＿＿＿＿＿＿＿＿＿＿＿＿＿＿＿＿＿＿＿＿＿．

4 彼は日本に住んでいません。

＿＿＿＿＿＿＿＿＿＿＿＿＿＿＿＿＿＿＿＿＿＿＿＿＿＿＿＿＿＿＿＿＿．

5 私の兄は土曜日学校に行きません。

＿＿＿＿＿＿＿＿＿＿＿＿＿＿＿＿＿＿＿＿＿＿＿＿＿＿＿＿＿＿＿＿＿．

中学1年　一般動詞⑧

☆正解は465ページ☆

Section 18 一般動詞⑨ 3人称単数の疑問文と答え方

例文
Does Mike read novels?（マイクは小説を読みますか）
Yes, he **does**.（はい、彼はします）
No, he **does not**.（いいえ、彼はしません）

STEP1 文法ルールを学ぼう！

3人称単数が主語の疑問文は、doesを文頭に置き、文の最後に「?」をつけて作ります。そして否定文のときと同じように、動詞は原形に戻します。

```
        Mike      reads     novels.    ← ふつうの文
        3人称単数
⇒ Does   Mike      read      novels?   ← 疑問文
  ↑文の最初にdoesを置く！  ↑動詞は原形にする！  目的語
```

答え方は、〈Yes, + 主語 + does.〉（はい、〈主語は〉します）や、〈No, + 主語 + does not [doesn't].〉（いいえ、〈主語は〉しません）です。主語が女性のときはshe、男性ならhe、動物や物ならitを使います。

これも覚えよう！　国と国語名／曜日の表現

1　例文にChinese（中国語）とありますが、国の名前はChina（中国）です。代表的な国名とその言語を表す単語を確認しましょう。

　□Japan　　日本　　　　→ **Japanese**　日本語
　□Korea　　韓国　　　　→ **Korean**　　韓国語
　□England　イングランド　→ **English**　　英語
　□China　　中国　　　　→ **Chinese**　　中国語

2　例文⑫に、「日曜日」を表すSundayに、複数形のsをつけたSundaysという表現があります。これは、〈every＋曜日〉と同様に、「毎週〜曜日」「〜曜日にはいつも」という意味を表します。

STEP2 単語と例文で音読訓練しよう！ CD1-20

❶ Does Mike read novels? / Yes, he does.
マイクは小説を読みますか。／はい。

❷ Does your daughter clean the kitchen? / No, she does not.
あなたの娘は台所を掃除しますか。／いいえ。

- your [júər] 代 あなたの；あなたたちの（→P78）
- kitchen [kítʃən] 名 台所

❸ Does Jane eat breakfast every day? / Yes, she does.
ジェーンは毎日朝食を食べますか。／はい。

❹ Does your mother cook dinner every day? / No, she does not.
あなたの母親は毎日夕食を作りますか。／いいえ。

❺ Does the girl sing? / Yes, she does.
その少女は歌いますか。／はい。

- sing [síŋ] 動 歌う

❻ Does Judy use this bag? / No, she doesn't.
ジュディはこのカバンを使いますか。／いいえ。

❼ Does the doctor examine you? / Yes, he does.
その医者はあなたを検査しますか。／はい。

- examine [igzǽmin] 動 検査する

❽ Does the dog bark? / No, it doesn't.
そのイヌはほえますか。／いいえ。

- bark [báːrk] 動 ほえる

- **❾ Does** the man live here? ／ Yes, he does.

  その男性はここに住んでいますか。／はい。

  - here [híər] 副 ここに

- **❿ Does** Jack wash the dishes after dinner? ／ No, he doesn't.

  ジャックは夕食後皿を洗いますか。／いいえ。

- **⓫ Does** your brother study Chinese every day? ／ Yes, he does.

  あなたの兄は毎日中国語を勉強しますか。／はい。

- **⓬ Does** Mike play soccer on Saturdays? ／ No, he doesn't.

  マイクは毎週土曜日にサッカーをしますか。／いいえ。

- **⓭ Does** Ruby cook lunch every day? ／ Yes, she does.

  ルビーは毎日昼食を作りますか。／はい。

- **⓮ Does** he go to the museum? ／ No, he doesn't.

  彼は美術館に行きますか。／いいえ。

  - museum [mjuːzíːəm] 名 美術館

- **⓯ Does** she come to the station? ／ Yes, she does.

  彼女は駅に来ますか。／はい。

  - come [kʌ́m] 動 来る
  - come to 〜に来る
  - station [stéiʃən] 名 駅

- **⓰ Does** Robert have a dream? ／ No, he doesn't.

  ロバートは夢を持っていますか。／いいえ。

  - dream [dríːm] 名 夢

STEP3 エクササイズで復習しよう！

次の日本語の意味を表すように、（　）の中の英単語を並べ替えてみよう。

1 彼女は小説を読みますか。(does／read／novels／she)？

2 その男性は歌を歌いますか。(man／does／sing／the)？

3 あの女性はこのカバンを使いますか。(does／bag／woman／use／this／that)？

4 この犬はほえますか。(bark／does／dog／this)？

5 その少年は夢を持っていますか。(boy／have／the／does／dream／a)？

次の日本語を英語にしてみよう。

1 ケイト（Kate）は毎日、台所を掃除するのですか。はい。

2 ホワイト氏（Mr. White）は毎年、日本を訪れるのですか。いいえ。

3 その医者はメアリー（Mary）を検査しますか。はい。

4 彼は毎朝駅に行きますか。いいえ。

5 彼女はここに住んでいますか。はい。

☆正解は465ページ☆

Section 19 現在進行形① 肯定文

例文
I **am** read**ing** a textbook now.
（私は今、教科書を読んでいるところです）
Mike **is** speak**ing** English now.
（マイクは今、英語を話しているところです）

STEP1 文法ルールを学ぼう！

「（今）～しているところです」という、今まさに何かをしているという状態を表すには、be動詞の現在形の後に、一般動詞にingをつけたものを置きます。このような表現を、現在進行形（げんざいしんこうけい）と呼びます。

I	am	studying	English	now.
主語	be動詞	一般動詞のing形	目的語	修飾語
They	are	learning	Japanese culture.	
主語	be動詞	一般動詞のing形	目的語	

これまで、Section10～18などで学習した、I play soccer.（私はサッカーをします）のような文は、現在形（げんざいけい）といいます。これは、「今まさにサッカーをしている」ということではなく、「サッカーをする習慣がある」「普段サッカーをする」ということです。つまり現在形とは、「今現在のこの瞬間」ということではないのです。一方現在進行形は、今真っ最中の動作のみを伝える表現ですので、まったく異なります。

これも覚えよう！

現在進行形は、〈be動詞＋一般動詞のing形〉で表しますが、もちろんここでもbe動詞は主語によって使い分けます。

主語	be動詞		意味
I	am	一般動詞+ing ～	[主語]は今、[動詞]しているところだ
you	are		
3人称単数	is		
複数	are		

STEP2 単語と例文で音読訓練しよう！ CD1 21

❶ I am reading a textbook now.
私は今、教科書を読んでいるところです。
- textbook [tékstbùk] 名 教科書
- now [náu] 副 今

❷ Mike is speaking English now.
マイクは今、英語を話しているところです。

❸ Nancy is walking now.
ナンシーは今歩いているところです。
- walk [wɔ́ːk] 動 歩く

❹ They are learning Japanese culture.
彼らは日本文化を学んでいるところです。
- Japanese [dʒæpəníːz] 形 日本の
- culture [kʌ́ltʃər] 名 文化

❺ My brother is listening to the radio now.
私の兄は今、ラジオを聴いているところです。
- radio [réidiòu] 名 ラジオ
- listen [lísn] 動 聴く
- listen to ~ ~を聴く

❻ They are building a new bridge now.
彼らは今、新しい橋を作っているところです。
- new [njúː] 形 新しい
- build [bíld] 動 (建造物を)作る
- bridge [brídʒ] 名 橋

❼ He is talking with a member of that team.
彼はあのチームの一員と話しているところです。
- talk [tɔ́ːk] 動 話す
- talk with ~と話す
- a member of ~ ~の一員

❽ Mike is brushing his teeth.
マイクは歯を磨いているところです。
- brush [brʌ́ʃ] 動 磨く
- teeth [tíːθ] 名 tooth (歯) の複数形

中学1年 現在進行形①

❾ We are watching a soccer game on TV now.
私たちは今、テレビでサッカーの試合を見ているところです。

- game [géim] 名 試合

❿ Jane is standing on the hill.
ジェーンは丘の上に立っているところです。

- stand [sténd] 動 立つ
- hill [híl] 名 丘

⓫ He is eating lunch in the cafeteria.
彼はカフェテリアで昼食をとっているところです。

- cafeteria [kæ̀fətíəriə] 名 カフェテリア

⓬ My father is drinking beer now.
私の父親は今ビールを飲んでいるところです。

- beer [bíər] 名 ビール

⓭ A group of children were playing.
子供たちが集団で遊んでいた。

- group [grúːp] 名 集団

⓮ The pie is burning.
パイがこげています。

- burn [bəːrn] 動 燃える；焦げる

⓯ The phone is ringing.
電話が鳴っています。

- ring [ríŋ] 動 鳴る

⓰ Technology is developing rapidly in this country.
この国では技術が急速に発達しています。

- technology [teknɑ́lədʒi] 名 技術
- develop [divéləp] 動 発達する
- rapidly [rǽpidli] 副 急速に

STEP3 エクササイズで復習しよう！

次の日本語の意味を表すように、（　）の中の英単語を並べ替えてみよう。

1 私は今、ラジオを聴いているところです。
（listening ／ to ／ radio ／ am ／ the ／ I）now.

2 彼らは英語を話しているところです。（they ／ speaking ／ English ／ are）.

3 彼は今、教科書を読んでいるところです。
（he ／ reading ／ textbook ／ is ／ a ／ now）.

4 彼らは今、新しい橋を作っているところです。
（a ／ are ／ they ／ bridge ／ building ／ now ／ new）.

5 その赤ちゃんは、ベッドの上で寝ています。
（the baby ／ on ／ bed ／ is ／ sleeping ／ the）.

次の日本語を英語にしてみよう。

1 マイクは歯を磨いているところです。

2 彼らはカフェテリアで昼食をとっているところです。

3 彼は今、テレビでサッカーの試合を見ているところです。

4 私の姉は今、歩いているところです。

5 私の父はビールを飲んでいるところです。

☆正解は465ページ☆

Section 20 現在進行形②
一般動詞のing形の作り方

例文
They are swimming in the sea.
（彼らは海で泳いでいるところです）

Jane is writing a letter to Mike.
（ジェーンはマイクに手紙を書いているところです）

STEP1 文法ルールを学ぼう！

be動詞の現在形 + 一般動詞のing形で「（今）〜しているところです」という現在進行形の文を作れます。一般動詞のing形は、Section 19で学んだように、現在形の動詞の最後にingをつけるのが基本ですが、いくつか注意すべきルールがあります。

【ルール①】eで終わっている動詞は、eをとってingをつける。
　　　　　　例 use（使う）→using

【ルール②】短い母音と子音字で終わっている単語は、子音字を重ねてからingをつける。
　　　　　　例 sit（座る）→sitting　run（走る）→running

He	is	sitting	on the chair now.
主語	be動詞	一般動詞のing形	修飾語
His mother	is	writing	a letter　to him.
主語	be動詞	一般動詞のing形	目的語　修飾語

これも覚えよう！

例文❹や❼の中のonは「（〜の）上に」、例文⓯の中のinは「（〜の）中で」という意味です。どちらも前置詞という品詞です。前置詞は後ろの名詞と一緒になって、意味のカタマリを作ることができます。on the chairは、「椅子の上に」、in the parkは「公園の中で」という意味です。

例文❽の中のwithも「〜と一緒に；〜と共に」という意味で、inやonと同じ前置詞です。with an Americanは「アメリカ人と一緒に」という意味です。

前置詞は英文の中によく出てきます。少しずつ覚えましょう（→P104にまとめがあります）。

STEP2 単語と例文で音読訓練しよう！ CD1 22

☐ ❶ **They are swimming in the sea.**

彼らは海で泳いでいるところです。

- ☐ swim [swím] 動 泳ぐ
- ☐ sea [síː] 名 海

☐ ❷ **Jane is writing a letter to Mike.**

ジェーンはマイクに手紙を書いているところです。

- ☐ write a letter to ～に手紙を書く

☐ ❸ **Emma is cutting a watermelon.**

エマはスイカを切っているところです。

- ☐ cut [kʌt] 動 切る

☐ ❹ **Those girls are skating on the ice.**

その少女たちは氷の上でスケートをしているところです。

- ☐ skate [skéit] 動 スケートをする
- ☐ ice [áis] 名 氷

☐ ❺ **My brother is driving his new car.**

私の兄は彼の新しい車を運転しているところです。

☐ ❻ **Rocky is using the machine now.**

ロッキーは今その機械を使っているところです。

☐ ❼ **He is sitting on the chair now.**

彼は今、（一時的に）いすに座っているところです。

- ☐ sit [sít] 動 座る
- ☐ chair [tʃéər] 名 いす

☐ ❽ **He is skating with his friends now.**

彼は今、友だちとスケートをしているところです。

❾ Tom's father is driving a large bus now.

トムの父親は今、大きなバスを運転しているところです。

- □ large [láːrdʒ] 形 大きな

❿ The gentleman is taking a note now.

その紳士は今、メモをとっているところです。

- □ gentleman [dʒéntlmən] 名 紳士
- □ take a note　メモをとる

⓫ Mike is sitting on the sofa.

マイクは（今一時的に）ソファに座っています。

- □ sofa [sóufə] 名 ソファ

⓬ They are running around the ground.

彼らはグラウンドの周りを走っているところです。

- □ run [rʌ́n] 動 走る
- □ around [əráund] 前 〜の周りを
- □ ground [gráund] 名 グラウンド

⓭ My sister is dancing to music now.

私の姉は音楽に合わせて踊っているところです。

- □ dance [dǽns] 動 踊る
- □ music [mjúːzik] 名 音楽
- □ dance to music　音楽に合わせて踊る

⓮ Those pupils are sitting on the grass.

それらの学生たちは芝生に座っているところです。

- □ pupil [pjúːpl] 名 学生
- □ grass [grǽs] 名 芝生

⓯ He is smoking in the living room.

彼は居間で喫煙しているところです。

- □ smoke [smóuk] 動 喫煙する
- □ living room [líviŋ rúːm] 名 居間

⓰ Mary is making a cake at the moment.

メアリーは今ケーキを作っているところです。

- □ cake [kéik] 名 ケーキ
- □ at the moment　今

STEP3 エクササイズで復習しよう！

次の日本語の意味を表すように、（　）の中の英単語を並べ替えてみよう。

1 私は今、ソファに座っています。
（sitting ／ on ／ sofa ／ am ／ I ／ the）now.

2 彼らは今、音楽に合わせて踊っているところです。
（they ／ music ／ dancing ／ are ／ to）now.

3 彼は今、公園を走っているところです。
（in ／ park ／ is ／ running ／ he ／ the）now.

4 彼は今、カフェテリアでタバコを吸っているところです。
（in ／ smoking ／ cafeteria ／ is ／ he ／ the）now.

5 マイクは新しい自動車を運転しています。
（driving ／ Mike ／ is ／ car ／ a ／ new）．

次の日本語を英語にしてみよう。

1 私の母は海で泳いでいるところです。

2 彼らは芝生の上で座っています。

3 彼は大きなバスを運転しているところです。

4 彼の母は彼に手紙を書いているところです。

5 彼女は氷の上でスケートをしているところです。

☆正解は465ページ☆

重要ポイントをチェック！③
前置詞

　前置詞は、ほかの品詞といっしょに、意味のカタマリを作ります。それは、形容詞や副詞の働きをします。ここでは、おもな前置詞と意味をまとめました。まだ出てきていないものもあります。一度に全部覚えようとするのではなく、例文学習の際などに意識することで身につけていきましょう。

時を表す前置詞

前置詞	意味	例（日本語訳）
at	（時刻）に	at 2 o'clock（2時に）
on	（曜日や特定の日づけ）に	on Sunday（日曜日に）
in	（年や季節や月）に	in 2012（2012年に）
before	〜の前に	before lunch（昼食の前に）
after	〜の後に	after lunch（昼食の後に）
from	〜から	from 8（8時から）
since	〜から；〜以来	since yesterday（昨日から）
for	〜の間	for a month（1カ月の間）
during	〜の間	during this winter（この冬の間）
by	〜までに	by next Friday（次の金曜日までに）
until [till]	〜まで(ずっと)	until next Friday（次の金曜日までずっと）

場所を表す前置詞

前置詞	意味	例（日本語訳）
at	〜で	at the station（駅で）
in	〜の中で	in the room（部屋の中で）
on	〜の上に	on the desk（机の上に）
above	〜の上に	above my head（私の頭の上に）

below	～の下に	below him（彼の下に）
under	～の下に	under the desk（机の下に）
by	～のすぐそばに	by the sea（海のすぐそばに）
near	～の近くに	near the station（駅の近くに）
between	(2つのもの)の間に	between Tom and John（トムとジョンの間に）
among	(3つ以上のもの)の間に	among the trees（木々の間に）
along	～にそって	along the river（川にそって）
across	～を横切って	across the street（通りを横切って）
from	～から	from Paris（パリから）

その他大切な前置詞

前置詞	意味	例（日本語訳）
to	～に	to her（彼女に）
about	～について	about the city（その都市について）
for	～のために	for you（あなたのために）
～ of …	…の～	friend of mine（私の友だち）
with	～と一緒に	with my mother（私の母と一緒に）
without	～なしで	without salt（塩なしで）
in	(言語)で	in English（英語で）
against	反対して	against war（戦争に反対して）
around	周りを	around the house（家の周りを）
over	～を越えて	over the wall（壁を越えて）
like	～に似て	like her mother（彼女の母に似て）
as	～として	as Juliet（ジュリエット(役)として）
into	～の中に	into the room（部屋の中に）
from ～ to …	～から…まで	from 6 to 9（6時から9時まで）

Section 21 現在進行形③ 否定文

例文
I am not watching a soccer game now.
（私は今、サッカーの試合を見ているところではありません）
She isn't cleaning the classroom.
（彼女は教室を掃除しているところではありません）

STEP1 文法ルールを学ぼう！

現在進行形〈be動詞の現在形 + 一般動詞のing形〉の否定文は、be動詞の後ろにnotを置いて作ります。Section8で学習したように、is not をisn't、are not をaren'tと短縮できます。

I	am	watching	a soccer game now.	←肯定文
I (主語)	am not (be動詞の後ろにnot)	watching (一般動詞のing形)	a soccer game now. (目的語 / 修飾語)	←否定文
She	is	cleaning	the classroom.	←肯定文
She (主語)	isn't (be動詞の後ろにnot)	cleaning (一般動詞のing形)	the classroom. (目的語)	←否定文

これも覚えよう！ 進行形にしない動詞

英語の一般動詞には、eat（食べる）、swim（泳ぐ）、study（勉強する）などの動作を表す動詞（動作動詞）と、know（知っている）やlove（愛している）などのように状態を表す動詞（状態動詞）があります。一般的に、状態を表す動詞は、進行形にできません。

例 「私は彼の兄を知りません」
　　○ I don't know his brother.
　　× I am not knowing his brother.

一瞬でその動作を始めたりやめたりできない動詞が状態動詞だと考えると、わかりやすいでしょう。

そのほか、主な状態動詞は以下のようなものです。
☐like　好きである　　☐see　見える　　☐hear　聞こえる
☐want　欲しがっている　☐have　持っている　☐need　必要としている

STEP2 単語と例文で音読訓練しよう！ 🎧CD1 23

- ❶ **I am not watching a soccer game now.**
  私は今、サッカーの試合を見ているところではありません。

- ❷ **She isn't cleaning the classroom.**
  彼女は教室を掃除しているところではありません。
  - classroom [klǽsrùːm] 名 教室

- ❸ **They are not sitting on the bench.**
  彼らはベンチに座ってはいません。
  - bench [béntʃ] 名 ベンチ

- ❹ **Janet is not sending an e-mail to Brad.**
  ジャネットはブラッドにメールを送っているところではありません。

- ❺ **They are not practicing baseball now.**
  彼らは今、野球を練習しているところではありません。

- ❻ **Ruby is not talking with Joe now.**
  ルビーは今、ジョーと話しているところではありません。

- ❼ **The boys are not reading English aloud now.**
  その少年たちは今、声を出して英語を読んでいません。
  - aloud [əláud] 副 声を出して

- ❽ **Ken is not listening to music.**
  ケンは音楽を聴いているところではありません。

中学1年 現在進行形③

❾ The ladies are not singing now.

その女性たちは今、歌を歌っていません。

- lady [léidi] 名 女性；婦人

❿ He isn't running along the street.

彼は通りに沿って走っているところではありません。

- along [əlɔ́ːŋ] 前 〜に沿って
- street [stríːt] 名 通り

⓫ They aren't swimming in the river.

彼らは川で泳いでいるところではありません。

- river [rívər] 名 川

⓬ My daughter isn't dancing.

私の娘は踊っているところではありません。

⓭ Lucy isn't watching a tennis match.

ルーシーはテニスの試合を見ているところではありません。

- tennis match [ténis mǽtʃ] 名 テニスの試合
- match [mǽtʃ] 名 試合

⓮ We aren't riding on the train.

私たちは電車に乗っているところではありません。

- train [tréin] 名 電車
- ride on 〜に乗る

⓯ The professor isn't talking on the phone.

その教授は電話で話しているところではありません。

- professor [prəfésər] 名 教授
- phone [fóun] 名 電話
- on the phone 電話で

⓰ He isn't smoking in the office.

彼はオフィスで喫煙しているところではありません。

- office [ɔ́ːfis] 名 オフィス

| 月 日 | 月 日 | 月 日 |

STEP3 エクササイズで復習しよう！

次の日本語の意味を表すように、（　）の中の英単語を並べ替えてみよう。

1 私は今、電話で話しているところではありません。
（talking ／ on ／ phone ／ am ／ I ／ the ／ not）now.

2 彼らは今、野球を練習しているところではありません。
（they ／ practicing ／ are ／ baseball ／ not）now.

3 彼らは今、歌を歌っているところではありません。
（aren't ／ singing ／ they）now.

4 彼女は教室を掃除しているところではありません。
（she ／ cleaning ／ isn't ／ classroom ／ the）．

5 彼は川に沿って走っているところではありません。
（running ／ he's ／ not ／ river ／ the ／ along）．

次の日本語を英語にしてみよう。

1 私は音楽を聴いているところではありません。

2 彼らは踊っているところではありません。

3 私の父はベンチに座ってはいません。

4 トム（Tom）はテニスの試合を見ているところではありません。

5 彼はオフィスで喫煙しているところではありません。

☆正解は465ページ☆

Section 22 現在進行形④ 疑問文と答え方

例文
Is she watching a movie now?
（彼女は今、映画を見ているところですか）
Yes, she is. （はい、見ているところです）
No, she is not. （いいえ、見ているところではありません）

STEP1 文法ルールを学ぼう！

現在進行形の疑問文は、be動詞の疑問文（Section9）と同じように、be動詞を文頭に置き、最後に「?」を置いて作ります。

```
She   is   watching   a movie   now.   ← ふつうの文
         be動詞を文の先頭に置く
↓
Is    she   watching   a movie   now?   ← 疑問文
be動詞  主語  一般動詞のing形  目的語   修飾語
```

これに答える場合は、〈Yes, 主語 + be動詞.〉（はい、しているところです）、または〈No, 主語 + be動詞 + not.〉（いいえ、しているところではありません）とします。

これも覚えよう！　不規則に変化して、複数形になる名詞

名詞を複数形にするには、単語の最後にsをつけるのが基本ですが、中にはそうではなく、不規則に変化する名詞もあります。こういったものは、つづりと発音を丸ごと覚えてしまいましょう。主なものをいくつかあげます。

【単数形】	【複数形】	【単数形】	【複数形】
□child（子ども）-	children	□woman（女性）-	women
□man（男性）-	men	□foot（足）-	feet
□tooth（歯）-	teeth	□leaf（葉）-	leaves
□knife（ナイフ）-	knives	□fish（魚）-	fish
□sheep（ヒツジ）-	sheep		

STEP2 単語と例文で音読訓練しよう！ CD1 24

☐ ❶ **Is** she watch**ing** a movie now**?** ／ Yes, she is.
彼女は今、映画を見ているところですか。／はい。

☐ ❷ **Is** John play**ing** the guitar**?** ／ Yes, he is.
ジョンはギターを演奏しているところですか。／はい。

☐ ❸ **Is** the couple watch**ing** the screen**?** ／ No, they aren't.
そのカップルはスクリーンを見ているところですか。／いいえ。
☐ couple [kʌ́pl] 名 カップル
☐ screen [skríːn] 名 スクリーン

☐ ❹ **Is** Lucy read**ing** your e-mail**?** ／ No, she isn't.
ルーシーはメールを読んでいるところですか。／いいえ。

☐ ❺ **Is** he runn**ing** along the shore**?** ／ Yes, he is.
彼は岸に沿って走っているところですか。／はい。
☐ shore [ʃɔ́ːr] 名 岸

☐ ❻ **Is** Paul rid**ing** a bicycle now**?** ／ Yes, he is.
ポールは今、自転車に乗っているところですか。／はい。

☐ ❼ **Is** your father look**ing** at the map**?** ／ No, he isn't.
あなたの父親は地図を見ているところですか。／いいえ。
☐ look [lúk] 動 見る
☐ look at ～ ～を見る

☐ ❽ **Is** the director talk**ing** with them**?** ／ Yes, he is.
その監督は彼らと話しているところですか。／はい。
☐ director [diréktər] 名 監督

中学1年 現在進行形④

● 111

❾ Is Emma cleaning the bathroom? / Yes, she is.

エマは浴室を掃除しているところですか。／はい。

- bathroom [bǽθrùːm]
  名 浴室

❿ Is Mike smoking in the smoking area? / No, he isn't.

マイクは喫煙所で喫煙していますか。／いいえ。

- smoking [smóukiŋ]
  名 喫煙
- smoking area [smóukiŋ ɛ́əriə] 名 喫煙所

⓫ Are the ladies singing now? / No, they aren't.

その女性たちは今、歌を歌っていますか。／いいえ。

⓬ Are they swimming in the lake? / Yes, they are.

彼らは湖で泳いでいるところですか。／はい。

- lake [léik] 名 湖

⓭ Are Tom and John riding on the bus? / No, they aren't.

トムとジョンはバスに乗っているところですか。／いいえ。

- and [ǽnd] 接 〜と…

⓮ Are they practicing table tennis now? / No, they aren't.

彼らは今、卓球の練習をしていますか。／いいえ。

- table tennis [téibl tènis]
  名 卓球

⓯ Are those children sitting on the bench? / No, they aren't.

それらの子供たちはベンチに座っていますか。／いいえ。

- children [tʃíldrən]
  名〔複〕子供たち

⓰ Are they discussing the matter? / Yes, they are.

彼らはそのことを討論していますか。／はい。

- discuss [diskʌ́s]
  動 討論する
- matter [mǽtər]
  名 事（柄）

STEP3 エクササイズで復習しよう！

次の日本語の意味を表すように、（　）の中の英単語を並べ替えてみよう。

1 あなたのおばは今、映画を見ているところですか。はい。
（the ／ movie ／ is ／ aunt ／ watching ／ your）now?（she ／, ／ yes ／ is）.

2 彼らは今、そのことを討論しているところですか。いいえ。
（they ／ discussing ／ are ／ matter ／ the）now?（they ／, ／ aren't ／ no）.

3 彼は今、自転車に乗っているところですか。はい。
（he ／ a ／ riding ／ is ／ bicycle）now?（yes ／ is ／ he ／,）.

4 あなたの娘は浴室を掃除しているところですか。いいえ。
（daughter ／ cleaning ／ is ／ your ／ bathroom ／ the）?（she's ／, ／ no ／ not）.

5 彼は地図を見ているところですか。はい。
（looking ／ he ／ is ／ the ／ map ／ at）?（yes ／ is ／, ／ he）.

次の日本語を英語にしてみよう。

1 その子どもたちは卓球の練習をしているところですか。はい。

2 彼らはスクリーンを見ているところですか。いいえ。

3 あなたのおじは湖で泳いでいるところですか。はい。

4 トム（Tom）は岸に沿って走っているところですか。いいえ。

5 その監督は彼らと話しているところですか。はい。

☆正解は465〜6ページ☆

Section 23 過去形① be動詞の肯定文

例文
I **was** very happy yesterday.
（私は昨日、とても幸せでした）

They **were** very excited then.
（彼らはそのとき、とても興奮していました）

STEP1 文法ルールを学ぼう！

これまで学習してきた動詞は、be動詞も一般動詞も、「現在」や「今」のことについて表現するものでした。ここからは、「過去」のことがらを表現する「過去形」について学習します。

「〜です」を表すbe動詞の過去形「〜でした」は、amとisは**was**、areは**were**で表現できます。

過去形の文では、yesterday（昨日）やthen（そのとき）などをはじめとする、過去を表すさまざまな言葉が使われます（Section24の「これも覚えよう！」で詳しく説明します）。

I	am	very happy.	← 現在
I	**was**	very happy yesterday.	← 過去
主語	過去形のbe動詞	補語　　修飾語	
They	are	very excited.	← 現在
They	**were**	very excited then.	← 過去
主語	過去形のbe動詞	補語　　修飾語	

🖊 これも覚えよう！　主語の存在を表すbe動詞

be動詞は、Section1〜9で学んだ「〜です」という意味だけでなく、「〜があります」や「〜がいます」という意味を表すこともあります。その場合、be動詞の後に、場所を表す言葉が置かれます。これは、〈前置詞 + 名詞〉の形であることが多いです。

例 The books **are** in the box.（その本は箱の中に**ある**）
　　 The cat **was** on the table.（そのネコはテーブルの上に**いた**）

STEP2 単語と例文で音読訓練しよう！ CD1 25

❶ I was very happy yesterday.
私は昨日、とても幸せでした。

- yesterday [jéstərdèi] 名 昨日

❷ That man was very cheerful last night.
あの男性は昨晩、とても陽気でした。

- cheerful [tʃíərfəl] 形 陽気な
- last [lǽst] 形 この前の
- last night 昨晩

❸ The girl was very friendly.
その女の子はとても親しみやすかったです。

- friendly [fréndli] 形 親しみやすい

❹ Lucy was asleep then.
ルーシーはそのとき、眠っていました。

- then [ðén] 副 そのとき

❺ The couple was very sad last year.
そのカップルは昨年、とても悲しみました。

❻ Bob was a lawyer three years ago.
ボブは3年前に弁護士でした。

- ago [əgóu] 副 ～前に

❼ I was 6 years old then.
私はそのとき、6歳でした。

❽ His answer was very clear.
彼の答えはとてもはっきりしていました。

- answer [ǽnsər] 名 答え
- clear [klíər] 形 はっきりした

中学1年 過去形①

- ❾ **The dictionary was very expensive.**

  その辞書はとても高価でした。

- ❿ **The lady was ill then.**

  その女性はそのとき病気でした。

  ☐ ill [íl] 形 病気の

- ⓫ **Our manager was in the office.**

  私たちのマネージャーはオフィスにいました。

  ☐ our [áuər] 代 私たちの（→P78）
  ☐ manager [mǽnidʒər] 名 マネージャー

- ⓬ **They were very excited then.**

  彼らはそのとき、とても興奮していました。

  ☐ excited [iksáitid] 形 興奮して

- ⓭ **The workers were very busy last month.**

  その労働者たちは先月、とても忙しかった。

  ☐ worker [wə́:rkər] 名 労働者

- ⓮ **They were very polite.**

  彼らはとてもていねいでした。

  ☐ polite [pəláit] 形 ていねいな

- ⓯ **Those children were very quiet then.**

  それらの子どもたちはそのとき、とても静かでした。

  ☐ quiet [kwáiət] 形 静かな

- ⓰ **The boy and the dog were in the park two hours ago.**

  その少年とイヌは2時間前、公園にいました。

  ☐ hour [áuər] 名 1時間

| 月 日 | 月 日 | 月 日 |

STEP3 エクササイズで復習しよう！

中学1年 過去形①

次の日本語の意味を表すように、（　）の中の英単語を並べ替えてみよう。

1 その女性はとてもていねいでした。(the / polite / was / lady / very).

2 彼らはとても親しみやすかったです。(friendly / they / very / were).

3 その赤ちゃんはそのとき眠っていました。(baby / was / the / asleep) then.

4 その労働者たちはそのときとても陽気でした。
(workers / the / very / were / cheerful) then.

5 彼は去年とてもお金持ちでした。(last / he / was / very / year / rich).

次の日本語を英語にしてみよう。

1 その辞書はとても高価でした。

2 私たちのマネージャーはオフィスにいました。

3 彼女の答えはとてもはっきりしていました。

4 彼はそのとき病気でした。※「そのとき」は文の最後に

5 彼らは2時間前、公園にいました。※「2時間前」は文の最後に

☆正解は466ページ☆

Section 24 過去形② be動詞の否定文と疑問文

例文
My answer **was not** correct.（私の答えは正しくありませんでした）
Was my answer correct?（私の答えは正しかったですか）
Yes, it **was**.（はい、そうでした）
No, it **was not**.（いいえ、そうではありませんでした）

STEP1 文法ルールを学ぼう！

be動詞の過去形の否定文と疑問文の作り方は、現在形と同じです。
「～ではありませんでした」という否定文は、was[were]の後ろにnotを入れます。was notはwasn't、were notはweren'tと短縮できます。
「～でしたか」という疑問文は、was [were]を文のはじめに置きます。

My answer	was	correct.	← 肯定文
⇨ My answer（主語）	was not（過去形のbe動詞 + not）	correct.（補語）	← 否定文
My answer	was	correct.	
⇨ Was（過去形のbe動詞）	my answer（主語）	correct?（補語）	← 疑問文

答え方は〈Yes, 主語 + was [were].〉（はい、そうでした）、〈No, 主語 + was[were] + not.〉（いいえ、そうではありませんでした）です。

これも覚えよう！　過去を表す言葉

英語にも日本語と同じように、過去を表すさまざまな言葉があります。ここでは、last ～（この前の～）や、～ ago（～前）を用いた表現を、確認してみましょう。なおこれらは、英語では文の最後に置くのが基本です。

- ☐ last night　昨晩
- ☐ last month　先月
- ☐ last Sunday　先週の日曜日
- ☐ an hour ago　1時間前
- ☐ a week ago　1週間前
- ☐ three years ago　3年前
- ☐ last week　先週
- ☐ last year　去年
- ☐ last June　去年の6月
- ☐ two days ago　2日前（おととい）
- ☐ two months ago　2ヵ月前

STEP2 単語と例文で音読訓練しよう！

❶ My answer was not correct.
私の答えは正しくありませんでした。
- correct [kərékt] 形 正しい

❷ The dog was not hungry.
そのイヌは空腹ではありませんでした。

❸ He wasn't a teacher two years ago.
彼は2年前、先生ではありませんでした。

❹ My father wasn't very tall.
私の父はそれほど背が高くありませんでした。

❺ These computers were not new.
これらのコンピュータは新しくありませんでした。

❻ The tables were not very expensive.
そのテーブルはそれほど高価ではありませんでした。

❼ Their ideas weren't great.
彼らの考えはすばらしいものではありませんでした。
- their [ðéər] 代 彼ら（彼女）らの；それらの
- idea [aidíːə] 名 考え方

❽ The dogs weren't faithful.
そのイヌたちは忠実ではありませんでした。
- faithful [féiθfəl] 形 忠実な

中学1年 過去形②

☐ ❾	**Was** your teacher strict? ／ No, he was not.	☐ strict [stríkt] 形 厳しい
	あなたの先生は厳しかったですか。／いいえ。	
☐ ❿	**Was** his attitude good then? ／ No, it wasn't.	☐ attitude [ǽtitjùːd] 名 態度
	彼の態度はそのとき良かったですか。／いいえ。	
☐ ⓫	**Was** Aki in the supermarket? ／ Yes, she was.	☐ supermarket [súːpərmàːrkit] 名 スーパーマーケット
	アキはスーパーにいましたか。／はい。	
☐ ⓬	**Was** Jake in the building? Yes, he was.	☐ building [bíldiŋ] 名 建物
	ジェイクはその建物にいましたか。／はい。	
☐ ⓭	**Was** her bag brown? ／ No, it wasn't.	☐ brown [bráun] 形 茶色の
	彼女のかばんは茶色でしたか。／いいえ。	
☐ ⓮	**Were** the cats alive? ／ Yes, they were.	☐ alive [əláiv] 形 生きている
	そのネコたちは生きていましたか。／はい。	
☐ ⓯	**Were** those girls smart? ／ Yes, they were.	☐ smart [smáːrt] 形 利口な
	あれらの少女たちは利口でしたか。／はい。	
☐ ⓰	**Were** these boys very tough? ／ No, they weren't.	☐ tough [tʎf] 形 たくましい
	これらの少年はとてもたくましかったですか。／いいえ。	

STEP3 エクササイズで復習しよう！

次の日本語の意味を表すように、（　）の中の英単語を並べ替えてみよう。

1 その男性は背が高くありませんでした。(the ／ tall ／ was ／ man ／ not).

2 彼の答えは正しくありませんでした。(answer ／ his ／ correct ／ wasn't).

3 私の犬はそのとき、忠実ではありませんでした。
（dog ／ wasn't ／ my ／ faithful）then.

4 あなたの母は厳しかったのですか。はい。
(mother ／ was ／ your ／ strict) ? (she ／ , ／ was ／ yes).

5 あれらの少女は、スーパーにいたのですか。いいえ。
(were ／ those ／ in ／ supermarket ／ the ／ girls) ? (they ／ no ／ weren't ／ ,).

次の日本語を英語にしてみよう。

1 あなたの考えはすばらしいものではありませんでした。

2 そのネコたちは茶色でしたか。いいえ。

3 そのイヌは生きていましたか。はい。

4 あれらの少年たちは利口でしたか。いいえ。

5 ジュディ（Judy）の態度は良かったですか。はい。

☆正解は466ページ☆

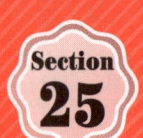

Section 25 過去形③ 一般動詞の肯定文　規則動詞

例文
I visit**ed** Rome last year.（私は昨年、ローマを訪れました）
She cook**ed** dinner yesterday.
　　　　　　　　　　　　　　（彼女は昨日夕食を作りました）

STEP1 文法ルールを学ぼう！

　一般動詞にも過去形があり、規則に従って作るものと、原形から不規則に変化するものがあります。ここではまず、規則に従って過去形にするもの＝規則動詞（きそくどうし）を学習します。

【ルール①】 動詞の語尾にedをつける
　　例 cook（料理する）→cook**ed**

【ルール②】 eで終わっている動詞はdだけをつける
　　例 use（使う）→use**d**

【ルール③】 語尾が子音字＋yの単語は、yをiに変えてからedをつける
　　例 study（勉強する）→stud**ied**

【ルール④】 最後の1文字を重ねて、edをつけるものもあります。
　　例 stop（止める）→stop**ped**

なお、一般動詞の過去形は、何が主語になっても形は変わりません（heやsheなどが主語になっても最後にsはつかない！ということです）。

　She　cooks　dinner.　　　　　← 現在
⇒ She　**cooked**　dinner　yesterday.　← 過去
　　　　動詞の過去形　　　　過去を表すことば

これも覚えよう！　過去形の発音

動詞の過去形の「ed（d）」の発音は、3種類あります。
1　前の音が[f][ʃ][tʃ][p][s][k]のときは、[t]の音
2　前の音が[t][d]のときは、[id]の音
3　それ以外は、[d]の音

STEP2 単語と例文で音読訓練しよう！ CD1 27

❶ I visited Rome last year.
私は昨年、ローマを訪れました。
- Rome [róum] 名 ローマ

❷ She cooked dinner yesterday.
彼女は昨日夕食を作りました。

❸ I stayed at this hotel last week.
私は先週、このホテルに滞在しました。
- stay [stéi] 動 滞在する
- hotel [houtél] 名 ホテル
- at [ət] 前 （位置・地点）で；に

❹ Lucy smiled at me.
ルーシーは私にほほえみました。
- smile [smáil] 動 ほほえむ

❺ We watched a Korean drama last night.
私たちは昨晩、韓国ドラマを見ました。
- Korean drama 熟 韓国ドラマ

❻ The baby touched a beautiful dish.
その赤ちゃんはきれいなお皿に触りました。
- touch [tʌ́tʃ] 動 触る

❼ The earthquake happened last year.
その地震は昨年起こりました。
- earthquake [ə́ːrθkwèik] 名 地震
- happen [hǽpən] 動 起こる

❽ The young man learned many things.
その若者は多くのことを学びました。
- many [méni] 形 たくさんの
- thing [θíŋ] 名 こと；もの

中学1年 過去形③

❾ We exchanged some books the other day.

私たちは先日数冊の本を交換しました。

- exchange [ikstʃéindʒ] 動 交換する
- the other day 先日

❿ I studied science in those days.

あのころ私は科学を学んでいました。

- in those days あのころ

⓫ He earned a lot of money last year.

彼は昨年、たくさんのお金を稼ぎました。

- earn [ə́ːrn] 動 稼ぐ
- a lot of たくさんの
- money [mʌ́ni] 名 お金

⓬ I carried the heavy bags to my room.

私は私の部屋にその重いかばんを運びました。

- carry [kǽri] 動 運ぶ
- heavy [hévi] 形 重い

⓭ They listened to their teacher carefully.

彼らは先生の言うことを注意深く聞きました。

- carefully [kéərfəli] 副 注意深く

⓮ Brad failed his driving test.

ブラッドは運転免許試験に落ちました。

- fail [féil] 動 (試験に)落ちる
- driving test 運転免許試験

⓯ The child shouted for help.

その子供は助けを求めてさけびました。

- shout [ʃáut] 動 さけぶ
- help [hélp] 名 助け

⓰ They compared the two signatures.

彼らはその2つのサインを比べました。

- compare [kəmpéər] 動 比べる
- signature [sígnətʃər] 名 サイン

| 月 日 | 月 日 | 月 日 |

中学1年 過去形③

STEP3 エクササイズで復習しよう！

次の日本語の意味を表すように、（　）の中の英単語を並べ替えてみよう。

1 その男性は昨日、駅まで歩きました。
(the ／ to ／ walked ／ man ／ station ／ the) yesterday.

2 私の父は先週、このホテルに滞在しました。
(father ／ my ／ stayed ／ last ／ this ／ at ／ hotel) week.

3 彼女は多くのことを学びました。(many ／ she ／ learned ／ things) .

4 私の母は3日前、韓国ドラマを見ました。
(mother ／ days ／ watched ／ my ／ drama ／ Korean ／ three ／ a) ago.

5 彼らは先生の言うことを注意深く聞きました。
(to ／ teacher ／ listened ／ the ／ they) carefully.

次の日本語を英語にしてみよう。

1 マイク（Mike）は昨年、たくさんのお金をかせぎました。※「昨年」は文の最後に

2 私は私の部屋にその重いかばんを運びました。

3 これらの子どもたちは数冊の本を交換しました。

4 彼らは私にほほえみました。

5 その地震は先月起こりました。※「先月」は文の最後に

☆正解は466ページ☆

●125

Section 26 過去形④ 一般動詞の肯定文　不規則動詞

例文
I **had** a good computer then.
（私はそのとき、よいコンピュータを持っていました）
Many people **knew** the actor.
（多くの人々がその俳優を知っていました）

STEP1 文法ルールを学ぼう！

一般動詞のうち、過去形になるときにその形が不規則に変化するもの＝**不規則動詞**について学習しましょう。不規則動詞はその名のとおり、変化が不規則ですので、1つ1つつづりと発音を覚える必要があります。例文のhave [has]→had以外で、よく使われる代表的なものをいくつかまとめてみました。例文も一緒に見てみましょう。

	I	have	a good computer.	←現在
⇨	I	**had**	a good computer.	←過去
	She	has	a good computer.	←現在
⇨	She	**had**	a good computer.	←過去

【不規則動詞の過去形の例】

bring [bríŋ]（持ってくる）	→brought [brɔ́:t]	buy [bái]（買う）	→bought [bɔ́:t]
catch [kǽtʃ]（つかまえる）	→caught [kɔ́:t]	come [kʌ́m]（来る）	→came [kéim]
cut [kʌ́t]（切る）	→cut [kʌ́t]	eat [í:t]（食べる）	→ate [éit]
find [fáind]（見つける）	→found [fáund]	forget [fərgét]（忘れる）	→forgot [fərgát]
get [gét]（手に入れる）	→got [gát]	give [gív]（与える）	→gave [géiv]
go [góu]（行く）	→went [wént]	make [méik]（作る）	→made [méid]
read [rí:d]（読む）	→read [réd]	say [séi]（言う）	→said [séd]
see [sí:]（見える）	→saw [sɔ́:]	sit [sít]（座る）	→sat [sǽt]
speak [spí:k]（話す）	→spoke [spóuk]	stand [stǽnd]（立つ）	→stood [stúd]
take [téik]（取る）	→took [túk]	teach [tí:tʃ]（教える）	→taught [tɔ́:t]
tell [tél]（話す）	→told [tóuld]	write [ráit]（書く）	→wrote [róut]

STEP2 単語と例文で音読訓練しよう！ CD1-28

☐ ❶ **I had a good computer then.**
私はそのとき、よいコンピュータを持っていました。

☐ ❷ **I lost my hat.**
私は帽子をなくしました。
- ☐ lose [lúːz] 動 なくす
- ☐ hat [hǽt] 名 帽子

☐ ❸ **The boys grew up fast.**
少年たちは速く成長しました。
- ☐ grow up 成長する
- ☐ fast [fǽst] 副 速く

☐ ❹ **Jake made a mistake.**
ジェイクはまちがいをおかしました。
- ☐ mistake [mistéik] 名 まちがい

☐ ❺ **The man sold the computer to Mary.**
その男性はメアリーにコンピュータを売りました。
- ☐ sell [sél] 動 売る

☐ ❻ **We heard a big sound.**
私たちは大きな音を聞きました。
- ☐ hear [híər] 動 聞く；耳にする
- ☐ sound [sáund] 名 音

☐ ❼ **Bill said, "Thank you".**
ビルは「ありがとう」と言いました。
- ☐ say [séi] 動 言う
- ☐ thank you ありがとう

☐ ❽ **I saw a black cloud from here.**
私はここから黒い雲を見ました。
- ☐ see [síː] 動 見る
- ☐ black [blǽk] 形 黒い
- ☐ cloud [kláud] 名 雲
- ☐ from [frʌ́m] 前 ～から

❾ He drank a cup of coffee.

彼は1杯のコーヒーを飲みました。

☐ a cup of　1杯の〜

❿ She ate some sandwiches at this cafeteria.

彼女はこのカフェテリアでサンドウィッチをいくつか食べました。

☐ sandwich [sǽndwitʃ] 名 サンドウィッチ

⓫ My family had a large dog.

私の家族は大きなイヌを飼っていました。

☐ family [fǽməli] 名 家族

⓬ They sang a famous song together.

彼らは一緒に有名な歌を歌いました。

☐ together [təgéðər] 副 一緒に

⓭ I saw the clear skies and the ocean.

私は澄んだ空と海を見ました。

☐ sky [skái] 名 空
☐ ocean [óuʃən] 名 海

⓮ John woke up in the middle of the night.

ジョンは真夜中に目を覚ましました。

☐ wake up　目を覚ます
☐ middle [mídl] 名 真中

⓯ The typhoon hit the area yesterday.

台風が昨日このあたりを襲いました。

☐ typhoon [taifú:n] 名 台風
☐ hit [hít] 動 打つ；襲う

⓰ A fire broke out on the second floor.

火は2階から出火しました。

☐ fire [fáiər] 名 火
☐ second [sékənd] 形 第2の
☐ floor [fló:r] 名 床；階

STEP3 エクササイズで復習しよう！

次の日本語の意味を表すように、（　）の中の英単語を並べ替えてみよう。

1 その子供は速く成長しました。（the ／ fast ／ grew up ／ child）.

2 私の父はメアリーにコンピュータを売りました。
（father ／ my ／ computer ／ sold ／ to ／ the ／ Mary）.

3 その男性は今朝、公園に行きました。
（man ／ to ／ the ／ park ／ the ／ went）this morning.

4 私の家族は大きなイヌを飼っていました。
（had ／ my ／ large ／ a ／ family ／ dog）.

5 私はこのカフェテリアでサンドウィッチをいくつか食べました。
（some ／ ate ／ sandwiches ／ I）at this cafeteria.

次の日本語を英語にしてみよう。

1 私はここから黒い雲を見ました。

2 彼らは一緒に有名な歌を歌いました。

3 彼は（つば付の）帽子をなくしました。

4 彼は「ありがとう」と言いました。

5 私たちは昨日、大きな音を聞きました。※「昨日」は文の最後に

☆正解は466ページ☆

Section 27 過去形⑤ 一般動詞の否定文

例文
She did not bring an umbrella.
（彼女は傘を持ってきませんでした）
We didn't forget his name.
（私たちは彼の名前を忘れませんでした）

STEP1 文法ルールを学ぼう！

「〜しませんでした」という過去における否定は、〈did not + 動詞の原形〉で表せます。否定文の動詞は、規則動詞も不規則動詞も原形に戻すのがポイントです。もちろん、3人称単数の主語のときでも原形です。なお、did notはdidn'tに短縮できます。

She		brought an umbrella.	←肯定文
She	did not	bring	an umbrella. ←否定文
主語	↑主語と動詞の間にdid notを置く！	動詞の原形	目的語
We		forget his name.	←肯定文
We	didn't	forget	his name. ←否定文
主語	↑主語と動詞の間にdid notを置く！	動詞の原形	目的語

現在形の否定文では、主語によってdo notとdoes notを使い分けましたが、過去形では主語が何であっても、did not [didn't]を使います。

> すべての主語 + did not [didn't] + 動詞の原形 〜．

これも覚えよう！ 「原形」と「現在形」

動詞の形を表す文法用語として、「原形」と「現在形」とがあります。
たとえばstudy（勉強する）の場合、原形はstudyですが、現在形は、studyと（主語が3人称単数形の場合の）studiesという2種類があることを覚えておきましょう。また、be動詞の現在形はam/is/areですが、原形はbeです。あわせて覚えておきましょう。

STEP2 単語と例文で音読訓練しよう！

❶ She did not bring an umbrella.
彼女は傘を持ってきませんでした。

- bring [bríŋ] 動 持ってくる
- umbrella [ʌmbrélə] 名 傘

❷ I did not swim in the pool.
私はプールで泳ぎませんでした。

- pool [púːl] 名 プール

❸ I didn't find the map.
私はその地図を見つけませんでした。

- find [fáind] 動 見つける

❹ She didn't know him.
彼女は彼を知りませんでした。

❺ I didn't write a letter to her.
私は彼女に手紙を書きませんでした。

❻ The cat did not catch a mouse.
そのネコはネズミを捕まえませんでした。

- catch [kǽtʃ] 動 捕まえる
- mouse [máus] 名 ネズミ

❼ Mary did not buy the table.
メアリーはテーブルを買いませんでした。

❽ My son did not run to the park.
私の息子は公園まで走りませんでした。

中学1年 過去形⑤

- ❾ **We didn't forget his name.**
  私たちは彼の名前を忘れませんでした。
  - ☐ forget [fərgét] 動 忘れる
  - ☐ name [néim] 名 名前

- ❿ **They did not come back again.**
  彼らは再び戻ってはきませんでした。
  - ☐ come back 戻ってくる
  - ☐ again [əgén] 副 再び

- ⓫ **The boys didn't understand English.**
  その少年たちは英語を理解しませんでした。
  - ☐ understand [ʌ̀ndərstǽnd] 動 理解する

- ⓬ **The music band did not perform the concert.**
  その音楽隊はコンサートを行いませんでした。
  - ☐ band [bǽnd] 名 楽団
  - ☐ perform [pərfɔ́ːrm] 動 行う
  - ☐ concert [kánsərt] 名 コンサート

- ⓭ **His lesson didn't end at seven.**
  彼のレッスンは7時に終わりませんでした。
  - ☐ end [énd] 動 終わる

- ⓮ **The old woman didn't sit on the chair.**
  そのおばあさんはいすに座りませんでした。

- ⓯ **He didn't read the weekly magazine this morning.**
  彼は今朝、その週刊誌を読みませんでした。
  - ☐ weekly [wíːkli] 形 毎週の

- ⓰ **I didn't meet my brother at the station.**
  私は駅へ兄を迎えに行きませんでした。
  - ☐ meet [míːt] 動 (人など を)出むかえる

STEP3 エクササイズで復習しよう！

次の日本語の意味を表すように、（　）の中の英単語を並べ替えてみよう。

1 彼はその地図を見つけませんでした。
（the ／ find ／ did ／ he ／ not ／ map）.

2 その少年は昨日、傘を持ってきませんでした。
（boy ／ umbrella ／ an ／ did ／ bring ／ the ／ not）yesterday.

3 彼は今朝、その週刊誌を読みませんでした。
（he ／ magazine ／ the ／ weekly ／ didn't ／ read）this morning.

4 私は彼女の名前を忘れませんでした。
（didn't ／ I ／ her ／ forget ／ name）.

5 その老人は再び戻ってはきませんでした。
（old ／ didn't ／ back ／ again ／ the ／ man ／ come）.

次の日本語を英語にしてみよう。

1 彼らは英語を理解しませんでした。

2 彼はユカ（Yuka）に手紙を書きませんでした。

3 その音楽隊はコンサートを行いませんでした。

4 そのネコはネズミを捕まえませんでした。

5 その若者はいすに座りませんでした。

☆正解は466ページ☆

Section 28 過去形⑥ 一般動詞の疑問文と答え方

例文
Did you draw the map?（あなたは地図を描きましたか）
Yes, I did.（はい、描きました）
No, I did not.（いいえ、描きませんでした）

STEP1 文法ルールを学ぼう！

「〜しましたか」という一般動詞の過去形を用いた疑問文は、〈Did + 主語 + 動詞の原形〜？〉で表せます。否定文と同じで、規則動詞も不規則動詞も原形にします。

現在形の疑問文（→Section13・18）では、主語によってdoとdoesを使い分けましたが、過去形の疑問文では、主語が何であってもdidを使います。

Did + すべての主語 + 動詞の原形 〜？

```
        You    drew    the map.     ← ふつうの文
⇒ Did   you    draw    the map?    ← 疑問文
        主語   動詞の原形  目的語
```

答え方は、〈Yes, 主語 + did.〉（はい、しました）、〈No, 主語 + did not [didn't].〉（いいえ、しませんでした）とします。

✏ これも覚えよう！　aとanに関する注意点

たとえばumbrella（傘）は [ʌ] という母音で始まるため、冠詞はaではなくanがつきます（→P130）。ですが、たとえばuniversity（大学）という単語の場合、最初の文字はuですが、発音は [u] ではなく [ju] です。そして [j] は母音ではなく子音ですから、冠詞はanではなくaを使います。

なお、Section17でふれた冠詞のtheは、後にくる名詞の最初の音が母音でも子音でも使うことができます。

| 月 日 | 月 日 | 月 日 |

中学1年 過去形⑥

STEP2 単語と例文で音読訓練しよう！ CD1 30

☐ ❶ **Did** you draw the map**?** ／ No, I didn't.
あなたは地図を描きましたか。／いいえ。

☐ draw [drɔ́ː] 動 描く

☐ ❷ **Did** you love this guy**?** ／ No, I didn't.
あなたはこの男を愛しましたか。／いいえ。

☐ love [lʌ́v] 動 愛する
☐ guy [gái] 名 男

☐ ❸ **Did** you take a trip to Europe**?** ／ No, I didn't.
あなたはヨーロッパに旅行しましたか。／いいえ。

☐ take a trip 旅行する
☐ Europe [júərəp] 名 ヨーロッパ

☐ ❹ **Did** you trust that foolish man**?** ／ Yes, I did.
あなたはあのおろかな男を信頼したのですか。／はい。

☐ foolish [fúːliʃ] 形 おろかな
☐ trust [trʌ́st] 動 信頼する

☐ ❺ **Did** you respect your parents**?** ／ Yes, I did.
あなたは両親を尊敬していましたか。／はい。

☐ respect [rispékt] 動 尊敬する
☐ parents [péərənts] 名〔複〕両親
※単数形parentは「親」

☐ ❻ **Did** you print the pamphlets**?** ／ No, I didn't.
あなたはパンフレットを印刷しましたか。／いいえ。

☐ print [prínt] 動 印刷する
☐ pamphlet [pǽmflət] 名 パンフレット

☐ ❼ **Did** Mike attend the class**?** ／ Yes, he did.
マイクは授業に出席しましたか。／はい。

☐ attend [əténd] 動 出席する
☐ class [klǽs] 名 授業

☐ ❽ **Did** Kana graduate from a university**?** ／ Yes, she did.
カナは大学を卒業しましたか。／はい。

☐ graduate [grǽdʒuèit] 動 卒業する
☐ university [jùːnəváːrsəti] 名 大学

● 135

☐ ❾ **Did** Tom break the window? ／ No, he didn't.

☐ break [bréik] 動 壊す
☐ window [wíndou] 名 窓

トムはその窓を壊しましたか。／いいえ。

☐ ❿ **Did** your mother close the door? ／ No, she didn't.

☐ close [klóuz] 動 閉める
☐ door [dɔ́ːr] 名 ドア

あなたのお母さんはドアを閉めましたか。／いいえ。

☐ ⓫ **Did** your grandfather retire? ／ No, he didn't.

☐ retire [ritáiər] 動 退職する

あなたのおじいさんは退職しましたか。／いいえ。

☐ ⓬ **Did** Jane take this medicine? ／ No, she didn't.

☐ take [téik] 動 (薬などを)飲む
☐ medicine [médəsin] 名 薬

ジェーンはこの薬を飲みましたか。／いいえ。

☐ ⓭ **Did** George finish the work? ／ Yes, he did.

☐ finish [fíniʃ] 動 終える
☐ work [wɔ́ːrk] 名 仕事

ジョージは仕事を終えましたか。／はい。

☐ ⓮ **Did** Aki add salt and pepper? ／ Yes, she did.

☐ add [ǽd] 動 加える
☐ salt [sɔ́ːlt] 名 塩
☐ pepper [pépər] 名 コショウ

アキは塩とコショウを加えましたか。／はい。

☐ ⓯ **Did** that company build the bridge? ／ Yes, it did.

☐ company [kʌ́mpəni] 名 会社

あの会社がその橋を作ったのですか。／はい。

☐ ⓰ **Did** the boys speak many languages? ／ Yes, they did.

☐ language [lǽŋgwidʒ] 名 言語

その少年たちは多くの言語を話しましたか。／はい。

STEP3 エクササイズで復習しよう！

次の日本語の意味を表すように、（　）の中の英単語を並べ替えてみよう。

1 彼は多くの言語を話しましたか。はい。
(many / he / speak / did / languages) ? (yes / did / he / ,).

2 その技術者たちは作業を終えましたか。いいえ。
(did / the / the work / finish / engineers / yesterday) ? (not / did / , / no / they).

3 彼は大学を卒業しましたか。はい。
(graduate / from / did / he / a / university) ? (yes / , / did / he).

4 あなたは授業に出席しましたか。いいえ。
(class / did / you / attend / the) ? (no / didn't / I / ,).

5 彼女はパンフレットを印刷しました。はい。
(pamphlets / did / the / she / print) ? (she / , / did / yes).

次の日本語を英語にしてみよう。

1 彼は両親を尊敬していましたか。はい。

2 あなたの弟はその窓を壊しましたか。いいえ。

3 あなたはこの薬を飲みましたか。はい。

4 あなたのお父さんは退職しましたか。いいえ。

5 その少年はドアを閉めましたか。はい。

☆正解は466〜7ページ☆

Section 29 過去進行形① 肯定文

例文
I **was** study**ing** English then.
（私はそのとき、英語を勉強していました）
They **were** fix**ing** this machine.
（彼らはこの機械を修理しているところでした）

STEP1 文法ルールを学ぼう！

ここでは、「（そのとき）～していました」という、過去のある時点で進行していた動作を表す「過去進行形」について学びましょう。

現在進行形が〈be動詞の現在形 + 一般動詞のing形〉なのに対して、過去進行形は〈be動詞の過去形 + 一般動詞のing形〉で作ります。

I		studied	English.	← 過去形
I	was	studying	English then.	← 過去進行形
主語	be動詞の過去形	一般動詞のing形	目的語	
They		fixed	this machine.	← 過去形
They	were	fixing	this machine.	← 過去進行形
主語	be動詞の過去形	一般動詞のing形	目的語	

なお、Section25などで学んだ過去形は、「～した」という、すでに終わったことを表しており、「そのとき～していた」という意味はありません。

もちろん、wasとwereは主語によって使い分けます。

主語	be動詞		意味
I	was	一般動詞+ing～	[主語]はそのとき [動詞]していました
you	were		
3人称単数	was		
複数	were		

そして、過去進行形も現在進行形と同じように、「ふつうは進行形にしない動詞」があります（→Section21）。

これも覚えよう！ 「そのときに」を表す語句

過去進行形の文では、**at that time**や**then**という語句がよく使われます。これらはいずれも、「（過去の）そのときに」という意味です。

STEP2 単語と例文で音読訓練しよう！ 🎧 CD1 31

☐ ❶ **I was study**ing **English then.**
　私はそのとき英語を勉強していました。

☐ ❷ **They were fix**ing **this machine.**
　彼らはこの機械を修理しているところでした。
　☐ fix [fíks] 動 修理する

☐ ❸ **He was sleep**ing **on the bed.**
　彼はベッドの上で眠っていました。
　☐ sleep [slíːp] 動 眠る
　☐ bed [béd] 名 ベッド

☐ ❹ **He was star**ing **at something.**
　彼は何かをじっと見ていました。
　☐ stare at 〜　〜をじっと見る

☐ ❺ **Her eyes were shin**ing **then.**
　彼女の目はそのとき輝いていた。
　☐ shine [ʃáin] 動 輝く

☐ ❻ **The office worker was check**ing **some papers.**
　その事務職員は書類をチェックしているところでした。
　☐ office worker [ɔ́ːfis wə̀ːrkər] 名 事務職員
　☐ papers [péipərz] 名〔複〕書類

☐ ❼ **The company was us**ing **a lot of electricity.**
　その会社はたくさんの電気を使っているところでした。
　☐ electricity [ilektrísəti] 名 電気

☐ ❽ **Suzy was spend**ing **a lot of money on clothes.**
　スージーは服にたくさんのお金を費やしているところでした。
　☐ spend [spénd] 動 費やす
　☐ clothes [klóuz] 名 服

中学1年　過去進行形①

❾ My teacher was teaching chemistry to us.
私の先生は私たちに化学を教えているところでした。

- chemistry [kémɪstri] 名 化学

❿ John was talking on the phone.
ジョンは電話で話をしているところでした。

⓫ Sally was thinking about the test.
サリーはそのテストについて考えているところでした。

- think about ~ ~について考える
- test [tést] 名 テスト

⓬ They were washing some dishes.
彼らは皿を洗っているところでした。

⓭ Tom and Nancy were looking at each other.
トムとナンシーはお互いを見ているところでした。

- each other お互い

⓮ Those men were fighting against each other.
それらの男たちはお互いに戦っているところでした。

- men [mén] 名〔複〕男たち
- fight [fáit] 動 戦う
- against [əgénst] 前 ~に対して

⓯ The business person was greeting his boss.
そのビジネスマンは、彼の上司にあいさつしているところでした。

- business [bíznɪs] 名 職業
- business person 会社で働く人

⓰ Some students were asking me some questions.
何人かの生徒たちが私に質問をしているところでした。

- ask [ǽsk] 動 質問する
- question [kwéstʃən] 名 質問

STEP3 エクササイズで復習しよう！

次の日本語の意味を表すように、（　）の中の英単語を並べ替えてみよう。

1 私はそのとき、そのテストについて考えているところでした。
（the ／ test ／ about ／ was ／ I ／ thinking) then.

2 彼女は何かをじっと見ているところでした。
（staring ／ was ／ something ／ she ／ at）.

3 私たちは皿を洗っているところでした。
（some ／ washing ／ were ／ dishes ／ we）.

4 彼らはお互いを見ているところでした。
（at ／ other ／ they ／ looking ／ each ／ were）.

5 私の先生は、私たちに英語を教えているところでした。
（teaching ／ teacher ／ English ／ was ／ my）to us.

次の日本語を英語にしてみよう。

1 それらの男たちはお互いに争っているところでした。

2 その事務職員は書類をチェックしているところでした。

3 私の兄はベッドの上で眠っているところでした。

4 その生徒は電話で話をしているところでした。

5 私はこの機械を修理しているところでした。

☆正解は467ページ☆

Section 30 過去進行形② 否定文

例文
I **was not** eat**ing** lunch.
（私は昼食を食べているところではありませんでした）
They **were not** look**ing** at each other.
（彼らはお互いを見ているところではありませんでした）

STEP1 文法ルールを学ぼう！

「（そのとき）～していませんでした」という、過去進行形の否定文は、現在進行形と同じように、過去形のbe動詞の後ろにnotを置いて作ります。なお、was notとwere notは、wasn'tやweren'tと短縮できます。

主語	be動詞の過去形 + not	一般動詞のing形		
I	was	eating	lunch.	←肯定文
I	was not	eating	lunch.	←否定文
The girls	were	looking	at each other.	←肯定文
The girls	were not	looking	at each other.	←否定文

これも覚えよう！ 接続詞について

接続詞は単語と単語、文と文など、**さまざまなものをつなげる**重要な品詞です。

□ **and**　～と…；～そして
例 Are Ken and Aki riding on the bus?（ケンとアキはバスに乗っていますか）

□ **or**　～または；～それとも
例 Which do you like, coffee or tea?（コーヒーもしくは紅茶どちらが好きですか）

□ **but**　～、しかし
例 Tom is old, but he swims very fast.（トムは年を取っている、しかしとても速く泳ぐ）

□ **so**　～、それで（だから）
例 I didn't study, so I failed the exam.（私は勉強しなかった、それで試験に落ちた）

□ **for**　～、なぜなら
例 I didn't go out, for it rained.（私は外出しなかった、なぜなら雨が降っていたからだ）

STEP2 単語と例文で音読訓練しよう！ CD1 32

❶ I was not eating lunch.

私は昼食を食べているところではありませんでした。

❷ He was not writing to his father.

- write to ~ ~に手紙を書く

彼は彼の父へ手紙を書いていませんでした。

❸ He wasn't lying on the sofa.

- lie [lái] 動 横たわる

彼はソファの上で横たわっていませんでした。

❹ My brother was not thinking about his job.

- job [dʒáb] 名 仕事

私の兄は彼の仕事について考えていませんでした。

❺ My boss was not meeting his client.

- client [kláiənt] 名 顧客

私の上司は彼の顧客に会っていませんでした。

❻ Jane wasn't typing on her computer.

- type [táip] 動 タイプする

ジェーンはコンピュータをタイプしていませんでした。

❼ My secretary wasn't sending e-mails then.

- secretary [sékrətèri] 名 秘書

私の秘書はそのとき、メールを送っていませんでした。

❽ Jim wasn't taking these pills.

- pill [píl] 名 丸薬

ジムはこれらの丸薬を飲んでいませんでした。

中学1年 過去進行形②

❾ The officer wasn't checking the documents.

その役人は書類をチェックしていませんでした。

- document [dάkjumənt] 名 書類

❿ The actress wasn't waving her hand.

その女優は彼女の手を振っていませんでした。

- wave [wéiv] 動 (手を)振る
- hand [hǽnd] 名 手

⓫ They were not looking at each other.

彼らはお互いを見ていませんでした。

⓬ We weren't talking about our problem.

私たちは私たちの問題について話していませんでした。

- talk about ~ ~について話す
- problem [prάbləm] 名 問題

⓭ They weren't repairing this machine.

彼らはこの機械を修理していませんでした。

- repair [ripɛ́ər] 動 修理する

⓮ Those dogs weren't barking at that time.

あれらのイヌたちはそのとき、ほえていませんでした。

- time [táim] 名 時

⓯ The players weren't shaking hands with their fans.

その選手たちはファンと握手をしていませんでした。

- shake [ʃéik] 動 振る
- shake hands with ~ ~と握手する
- fan [fǽn] 名 ファン

⓰ The children weren't complaining about the matter.

その子供たちはそのことについて不平を言っていませんでした。

- complain about ~ ~について不平を言う

| 月 日 | 月 日 | 月 日 |

STEP3 エクササイズで復習しよう！

次の日本語の意味を表すように、（　）の中の英単語を並べ替えてみよう。

1 私はそのとき彼へ手紙を書いていませんでした。
（him ／ to ／ was ／ I ／ not ／ writing）then.

------

2 私の秘書はそのとき、メールを送っていませんでした。
（an e-mail ／ sending ／ was ／ secretary ／ my ／ not）then.

------

3 その役人はそのとき、書類をチェックしていませんでした。
（officer ／ checking ／ wasn't ／ the ／ documents ／ the）at that time.

------

4 その女優はファンと握手していませんでした。
（actress ／ hands ／ fans ／ shaking ／ wasn't ／ the ／ her ／ with）.

------

5 彼女は自分の仕事について考えていませんでした。
（thinking ／ job ／ about ／ wasn't ／ she ／ her）.

次の日本語を英語にしてみよう。

1 私たちは私たちの問題について話していませんでした。

------

2 彼らはこの機械を修理していませんでした。

------

3 ジェーン（Jane）はそのことについて不平を言っていませんでした。

------

4 彼はベッドの上に横たわっていませんでした。

------

5 その男性は手を振っていませんでした。

☆正解は467ページ☆

Section 31 過去進行形③ 疑問文と答え方

例文
Was Nancy talking with Tom?
（ナンシーはトムと話をしていましたか）
Yes, she was. （はい、話をしていました）
No, she wasn't. （いいえ、話をしていませんでした）

STEP1 文法ルールを学ぼう！

「（そのとき）～していましたか」という過去進行形の疑問文は、現在進行形の疑問文と同じように、wasやwereを文の最初に置いて作ります。
wasとwereは、主語によって使い分けます。

be動詞	主語		意味
Was	Iもしくは3人称単数	一般動詞+ing ～？	[主語]は[動詞]していましたか。
Were	youもしくは複数		

The man was wearing a mask. ← ふつうの文
↓ be動詞の過去形を文の先頭に置く！
Was the man wearing a mask? ← 疑問文
(be動詞の過去形) (主語) (一般動詞のing形) (目的語)

答え方は〈Yes, 主語 + was [were].〉（はい、していました）や〈No, 主語 + was [were] + not.〉（いいえ、していませんでした）などがあります。もちろん、was notとwere notは、短縮したwasn'tやweren'tでもいいですね。

これも覚えよう！　場所と時の順番

たとえばin the room（部屋の中で）とat that time（そのとき）のように、場所と時を表す言葉を文末で使う場合は、一般的に、場所を表す語句→時を表す語句の順番で書きましょう。

例 He studied English in his room yesterday. （彼は昨日、彼の部屋で英語を勉強しました）
　　　　　　　　　　　場所　　　　時
My pen was on the table then. （私のペンは、そのとき机の上にありました）
　　　　　　　場所　　　　時

STEP2 単語と例文で音読訓練しよう！ 🎧 CD1 33

❶ Was Nancy talking with Tom? / Yes, she was.
ナンシーはトムと話をしていましたか。／はい。

❷ Was John wearing a mask? / No, he was not.
ジョンはマスクを身につけていましたか。／いいえ。

- wear [wέər] 動 身につける
- mask [mǽsk] 名 マスク

❸ Were you waiting for him? / No, we weren't.
あなた方は彼を待っていましたか。／いいえ。

- wait for ~ ～を待つ

❹ Was he writing English sentences? / Yes, he was.
彼は英文を書いていましたか。／はい。

- sentence [séntəns] 名 文

❺ Was Mike teaching biology to you? / Yes, he was.
マイクはあなたたちに生物を教えていましたか。／はい。

- biology [baiɑ́lədʒi] 名 生物学

❻ Was Ken checking these words? / Yes, he was.
ケンはこれらの単語をチェックしていましたか。／はい。

- word [wə́:rd] 名 単語

❼ Were the tourists looking at a map? / Yes, they were.
旅行者たちは地図を見ていましたか。／はい。

- tourist [túərist] 名 旅行者

❽ Was he knocking on the door then? / Yes, he was.
彼はそのときドアをノックしていましたか。／はい。

中学1年 過去進行形③

☐ **❾ Was Bill eating a hamburger? ／ Yes, he was.**

ビルはハンバーガーを食べていましたか。／はい。

☐ hamburger [hǽmbə̀ːrgər] 名 ハンバーガー

☐ **❿ Were those pupils singing a popular song? ／ Yes, they were.**

それらの生徒たちは人気のある歌を歌っていましたか。／はい。

☐ **⓫ Was the doctor examining the child? ／ No, he wasn't.**

その医者はその子供を検査していましたか。／いいえ。

☐ **⓬ Were the boys riding the boats? ／ No, they were not.**

その少年たちはボートに乗っていましたか。／いいえ。

☐ boat [bóut] 名 ボート

☐ **⓭ Was your mother using this soap then? ／ Yes, she was.**

あなたの母親はそのときこの石けんを使っていましたか。／はい。

☐ soap [sóup] 名 石けん

☐ **⓮ Were they discussing the serious problem? ／ Yes, they were.**

彼らはその深刻な問題について討論していましたか。／はい。

☐ serious [síəriəs] 形 深刻な

☐ **⓯ Was Bob talking about today's meeting? ／ Yes, he was.**

ボブは今日の会議について話していましたか。／はい。

☐ meeting [míːtiŋ] 名 会議

☐ **⓰ Were the farmers working in a large area? ／ No, they weren't.**

農業従事者たちは広い場所で仕事をしていましたか。／いいえ。

☐ work [wə́ːrk] 動 働く
☐ farmer [fɑ́ːrmər] 名 農業従事者
☐ area [έəriə] 名 区域；場所

STEP3 エクササイズで復習しよう！

次の日本語の意味を表すように、（　）の中の英単語を並べ替えてみよう。

1 あなたはそのとき、人気のある歌を歌っていましたか。はい。
(a ／ song ／ were ／ you ／ popular ／ singing) then?（I ／, ／ yes ／ was,）.

2 その男性はハンバーガーを食べていましたか。いいえ。
(the ／ man ／ was ／ a ／ eating ／ hamburger) then?（ no ／ he ／, ／ wasn't）.

3 彼らはあなたを待っていましたか。はい。
(you ／ for ／ were ／ waiting ／ they)？（they ／, ／ were ／ yes）.

4 デイビッドはそのときあなたに生物を教えていましたか。いいえ。
(David ／ teaching ／ was ／ to ／ biology ／ you) then?（no ／ he ／ wasn't ／,）.

5 彼らはその会議について話をしていましたか。はい。
(talking ／ meeting ／ about ／ they ／ were ／ the)？(they ／, ／ yes ／ were).

次の日本語を英語にしてみよう。

1 彼女はそのときこの石けんを使っていましたか。はい。

2 トム（Tom）はこれらの単語をチェックしていましたか。いいえ。

3 彼らは広い場所で仕事をしていましたか。はい。

4 その医者はその赤ちゃんを検査していましたか。いいえ。

5 あなたたちはその深刻な問題について討論していましたか。はい。

☆正解は467ページ☆

中学1年　過去進行形③

Section 32 疑問詞① What 〜？

例文
- **What is that?** （あれは何ですか）
- **What do you want?** （あなたは何がほしいですか）
- **What occurred yesterday?** （昨日何が起こりましたか）

STEP1 文法ルールを学ぼう！

whatは「何」を表す疑問詞です。「〜は何ですか」は、What is 〜？です。what isはwhat'sと短縮できます。「〜」の部分が複数の場合は、What are 〜？とします。答え方は、単数の場合はIt is 〜 . と言い、複数の場合はThey are 〜 . などと言います。

What	is	that?	＝［主語］は何ですか。
what	be動詞	主語	※be動詞を過去形にすると「何でしたか」になる。

また、「何を（〜していますか）」と言いたい場合は、whatの後ろにdo you 〜？などの疑問文を置きます。

What do you want? ＝［主語］は何を［動詞］しますか。
主語　動詞の原形
※didを使うと「〜しましたか」になる。

また、whatはそれ自体が「何が」という意味の主語になることがあります。その場合、〈What ＋ 動詞 〜 ？〉という語順になります。

What occurred yesterday? ＝何が［動詞］しますか。
動詞

✏ これも覚えよう！　What 〜？への答え方

whatを使った疑問文には、yesやnoでは答えられません。きちんとした文ではなく、「何」にあたる部分だけで答えることもできます。たとえば、What do you want?という問いに対しては、A pen.とだけ答えてもいいのです。

STEP2 単語と例文で音読訓練しよう！ CD1 34

❶ What is that? / It's a dog.
あれは何ですか。／イヌです。

❷ What are those birds? / They're ducks.
あれらの鳥は何ですか。／アヒルです。
- bird [báːrd] 名 鳥
- duck [dʌ́k] 名 アヒル

❸ What was the topic?
話題は何でしたか。
- topic [tápik] 名 話題

❹ What was on the notebook?
ノートの上に何がありましたか。
- notebook [nóutbùk] 名 ノート

❺ What are you eating? / I'm eating an apple.
あなたは何を食べていますか。／リンゴを食べています。

❻ What are you washing in the garden?
あなたは庭で何を洗っているところですか。
- garden [gáːrdn] 名 庭

❼ What is he doing in the park?
彼は公園で何をしているところですか。
- do [dúː] 動 する

❽ What do you want? / I want a pen.
あなたは何がほしいですか。／ペンがほしいです。

❾ What do the kids drink? ／ They drink water.

その子供たちは何を飲みますか。／水を飲みます。

- kid [kíd] 名 子供

❿ What do you usually do after school?

あなたはふだん、放課後何をしますか。

- after school　放課後
- usually [júːʒuəli] 副 ふだんは

⓫ What did you see in the zoo? ／ I saw a panda

あなたは動物園で何を見ましたか。／パンダを見ました。

- zoo [zúː] 名 動物園

⓬ What did she buy in that drugstore?

彼女はそのドラッグストアで何を買いましたか。

- drugstore [drʌ́gstɔ̀ːr] 名 ドラッグストア

⓭ What did people do in the church ?

人々は教会で何をしましたか。

- church [tʃə́ːrtʃ] 名 教会

⓮ What do these animals eat in the wild?

これらの動物は、野性では何を食べますか。

- wild [wáild] 形 野性の状態

⓯ What occurred yesterday?

昨日何が起こりましたか。

- occur [əkə́ːr] 動 起こる

⓰ What impressed you?

何があなたを感動させましたか。

- impress [imprés] 動 感動させる

| 月 日 | 月 日 | 月 日 |

STEP3 エクササイズで復習しよう！

次の日本語の意味を表すように、（　）の中の英単語を並べ替えてみよう。

1 これらの動物たちは何ですか。（animals ／ these ／ what ／ are）？

....

2 彼は何を食べていますか。（is ／ what ／ he ／ eating）？

....

3 あなたはふだん放課後何をしますか。
（do ／ what ／ usually ／ do ／ you）after school?

....

4 彼は教会で何をしましたか。（in ／ he ／ do ／ the ／ did ／ church ／ what）？

....

5　芝生の上に何がありましたか。（what ／ grass ／ on ／ was ／ the）？

....

次の日本語を英語にしてみよう。

1 彼は庭で何を洗っているところですか。

....

2 あなたは動物園で何を見ましたか。

....

3 タケシ（Takeshi）はあのドラッグストアで何を買いましたか。

....

4 話題は何でしたか。

....

5 昨晩何が起こりましたか。

....

☆正解は467ページ☆

中学 **1** 年 疑問詞①

Section 33 疑問詞② What time ～?

例文
What time is it now? （今何時ですか）
What time does the movie start?
（その映画は何時に始まりますか）

STEP1 文法ルールを学ぼう！

時刻や時間をたずねるwhat timeについて学習しましょう。〈what time + 主語と動詞のある疑問文 ～?〉で「[主語]は何時に[動詞]しますか」という意味です。Section13、18、28、31などで学習した疑問文の最初にwhat timeをつけると考えるとわかりやすいですね。

What time is it now? ←時刻をたずねる決まり文句
〔答えの例〕It's soon.（正午です）／ It is five thirty.（5時半です）

What time does the movie start? ←主語と動詞のある疑問文
　　　　　　　主語　　　動詞
〔答えの例〕The movie starts at three.（映画は3時に始まります）

これも覚えよう！　時刻を表す言葉

What time is it now? は、現在の時刻をたずねる決まり文句です。時刻は、Itを主語にして、It's five thirty.（5時30分です）のように、It'sの後には、時→分の順番で数字を並べます。なお、「5時（ちょうど）」のようなときは、It is five o'clock.と、o'clock（～時）を使って表現したり、o'clockを省略して、たんにIt's five.などと言ったりします。

また、「午前×時」や「午後◎時」などと言いたい場合は、時刻を表す数字の後ろに、以下のような言葉をつけて表現します。

　□in the morning　　午前の　　□in the afternoon　　午後の
　□a.m.　　　　　　　午前　　　□p.m.　　　　　　　　午後

そして、「×時に～します」と言いたい場合は、I get up（私は起きる）のような、「[主語]は[動詞]します」という文の後に、〈at + 時刻を表す数字〉を続けます。「朝の7時に起きる」という場合は、I get up at 7 (o'clock).と言います。

STEP2 単語と例文で音読訓練しよう！

❶ What time is it now? ／ It's noon.
今何時ですか。／正午です。
- noon [núːn] 名 正午

❷ What time was he listening to the radio?
彼は何時にラジオを聴いていましたか。
- radio [réidiòu] 名 ラジオ

❸ What time were they discussing the next event?
彼らは次の行事について何時に討論していましたか。
- next [nékst] 形 次の
- event [ivént] 名 行事

❹ What time do you usually go to bed?
あなたはふだん、何時に寝ますか。
- go to bed 寝る

❺ What time do you get up in the morning?
あなたは朝何時に起きますか。
- get up 起きる

❻ What time do you usually take a walk?
あなたはふだん、何時に散歩しますか。
- take a walk 散歩する

❼ What time does the movie start?
その映画は何時に始まりますか。
- start [stάːrt] 動 始まる

❽ What time does the stadium open?
そのスタジアムは何時に開きますか。
- stadium [stéidiəm] 名 スタジアム
- open [óupən] 動 開く

❾ **What time** does school begin?	☐ begin [bigín] 動 始まる
学校は何時に始まりますか。	

❿ **What time** does the train leave?	☐ leave [líːv] 動 出発する
その電車は何時に出発しますか。	

⓫ **What time** does the plane arrive?	☐ plane [pléin] 名 飛行機 ☐ arrive [əráiv] 動 到着する
その飛行機は何時に到着しますか。	

⓬ **What time** did they come to the party?	☐ party [páːrti] 名 パーティ
彼らは何時にそのパーティに来ましたか。	

⓭ **What time** did you send this package?	☐ package [pǽkidʒ] 名 荷物
あなたは何時にこの荷物を送りましたか。	

⓮ **What time** did Jane finish her work?	☐ finish [fíniʃ] 動 終える
ジェーンは何時に仕事を終えましたか。	

⓯ **What time** did the nurse take a rest?	☐ take a rest 休憩する
その看護師は何時に休憩しましたか。	

⓰ **What time** did the president meet you?	☐ president [prézədənt] 名 社長
その社長は何時にあなたに会いましたか。	

STEP3 エクササイズで復習しよう！

次の日本語の意味を表すように、（　）の中の英単語を並べ替えてみよう。

1 今何時ですか。（time / it / what / is）now?

----

2 その映画は何時に始まりますか。
（time / does / what / movie / the / start）?

----

3 その飛行機は何時に到着しましたか。
（did / what / arrive / plane / time / the）?

----

4 その電車は何時に出発しますか。
（does / time / train / what / the / leave）?

----

5 あなたは朝何時に起きますか。
（what / the / in / time / you / up / morning / do / get）?

次の日本語を英語にしてみよう。

1 彼らは何時にそのパーティに来ましたか。

----

2 学校は何時に始まりますか。

----

3 彼女は何時に仕事を終えましたか。

----

4 あなたはふだん、何時に寝ますか。

----

5 彼は何時にあなたに会いましたか。

☆正解は467ページ☆

単語 まとめてチェック！ 国・曜日・月・序数

【国の名前】

☐ Japan	[dʒəpǽn]		日本
☐ America	[əmérikə]		アメリカ
☐ England	[íŋglənd]		イギリス
☐ Canada	[kǽnədə]		カナダ
☐ Australia	[ɔːstréiljə]		オーストラリア
☐ New Zealand	[njúː zíːlənd]		ニュージーランド
☐ Brazil	[brəzíl]		ブラジル
☐ Germany	[dʒə́ːrməni]		ドイツ
☐ Italy	[ítəli]		イタリア
☐ France	[frǽns]		フランス
☐ South Korea	[sáuθ kəríːə]		韓国
☐ China	[tʃáinə]		中国
☐ India	[índiə]		インド

【曜日】

☐ Sunday	[sándei]		日曜日
☐ Monday	[mándei]		月曜日
☐ Tuesday	[tjúːzdei]		火曜日
☐ Wednesday	[wénzdei]		水曜日
☐ Thursday	[θə́ːrzdei]		木曜日
☐ Friday	[fráidei]		金曜日
☐ Saturday	[sǽtərdi]		土曜日

【暦の月】

☐ January	[dʒǽnjuèri]		1月
☐ February	[fébruèri]		2月
☐ March	[máːrtʃ]		3月
☐ April	[éiprəl]		4月
☐ May	[méi]		5月
☐ June	[dʒúːn]		6月
☐ July	[dʒuːlái]		7月
☐ August	[ɔ́ːgəst]		8月
☐ September	[septémbər]		9月
☐ October	[aktóubər]		10月
☐ November	[nouvémbər]		11月
☐ December	[disémbər]		12月

【序数】

P56では、「1、2、3…」などの数(基数)を表す英語表現を学びました。ここでは、順序を表す言葉(序数)を学びましょう。序数は、1と2と3以外は、基数にthをつけるだけで基本的にはOKです。アルファベットで書く場合は、つづりが変化するものもありますので、確認しておきましょう(注意しておきたいものは、赤字で示しました)。品詞は、形容詞です。いちばん身近なところでは、日付を表したりするのに良く使います。たとえば「7月4日」と言う場合は、前のページの「暦の月の名前」と合わせて、July fourth(4th)といいます。また、序数+anniversaryで「〜周年」と言い表せます。これもよく使います。なお、基数と序数などといった「数」を表す形容詞を、「数詞」といいます。

基数	序数	発音記号	意味
1	1st / first	[fə́ːrst]	1番目の
2	2nd / second	[sékənd]	2番目の
3	3rd / third	[θə́ːrd]	3番目の
4	4th / fourth	[fɔ́ːrθ]	4番目の
5	5th / fifth	[fifθ]	5番目の
6	6th / sixth	[síksθ]	6番目の
7	7th / seventh	[sévənθ]	7番目の
8	8th / eighth	[éitθ]	8番目の
9	9th / ninth	[náinθ]	9番目の
10	10th / tenth	[ténθ]	10番目の
11	11th / eleventh	[ilévənθ]	11番目の
12	12th / twelfth	[twélfθ]	12番目の
13	13th / thirteenth	[θə̀ːrtíːnθ]	13番目の
14	14th / fourteenth	[fɔ̀ːrtíːnθ]	14番目の
15	15th / fifteenth	[fìftíːnθ]	15番目の
16	16th / sixteenth	[sìkstíːnθ]	16番目の
17	17th / seventeenth	[sèvəntíːnθ]	17番目の
18	18th / eighteenth	[èitíːnθ]	18番目の
19	19th / nineteenth	[nàintíːnθ]	19番目の
20	20th / twentieth	[twéntiəθ]	20番目の
21	21st / twenty-first	[twéntifə́ːrst]	21番目の
30	30th / thirtieth	[θə́ːrtiəθ]	30番目の
40	40th / fortieth	[fɔ́ːrtiəθ]	40番目の
50	50th / fiftieth	[fíftiəθ]	50番目の
60	60th / sixtieth	[síkstiəθ]	60番目の
70	70th / seventieth	[sévəntiəθ]	70番目の
80	80th / eightieth	[éitiəθ]	80番目の
90	90th / ninetieth	[náintiəθ]	90番目の
100	100th / one hundredth	[wʌ́nhʌ́ndrədθ]	100番目の

Section 34 疑問詞③ Who ～？

例文
Who is he? （彼はだれですか）
Who gave the speech? （だれがスピーチをしましたか）

STEP1 文法ルールを学ぼう！

「だれ？」と、人についてたずねたい場合は、疑問詞のwhoを使います。whatと同じように、〈who ＋ 疑問文の語順 ～？〉という形で使うほか、whoを主語にして、「だれが～しますか」と言いたい場合は〈who ＋ 動詞 ～？〉という語順になります。

He is Tom.（彼はトムです） ← ふつうの文
⇨ He is ＊＊＊ ← 「トム」の部分がわからない＝「だれ？」＝who
⇨ **Who is he?**
　↑　↑ 疑問文の語順になる

John gave the speech.（ジョンがスピーチをしました） ← ふつうの文
⇨ ＊＊＊ gave the speech. ← 「ジョン」の部分がわからない＝「だれ？」＝who
⇨ **Who gave the speech?** ← 主語がwhoの場合、3人称単数扱いになるので、動詞にsをつける
　　　　動詞（Whoのあとの語順はそのまま）

✏これも覚えよう！　Who ～？への答え方

Who gave the speech?（だれがスピーチをしましたか）への答えとして、John gave the speech.と答えても、もちろん間違いではないですが、人の名前とdidを使って、John did.のように答えるといいでしょう。現在の話の場合はdoやdoesを使えばOKです。

STEP2 単語と例文で音読訓練しよう！ 🎧CD1 36

- ❶ **Who is he? ／ He is Tom.**
  彼はだれですか。／彼はトムです。

- ❷ **Who gave the speech?**
  だれがスピーチをしましたか。
  - □ give a speech スピーチをする
  - □ speech [spíːtʃ] 名 スピーチ

- ❸ **Who won the contest?**
  だれがコンテストで勝ちましたか。
  - □ win [wín] 動 勝つ
  - □ contest [kántest] 名 コンテスト

- ❹ **Who lives in this village?**
  だれがこの村に住んでいますか。
  - □ village [vílidʒ] 名 村

- ❺ **Who wrote this short story?**
  だれがその短編小説を書きましたか。
  - □ short [ʃɔ́ːrt] 形 短い
  - □ short story 短編小説

- ❻ **Who was in the ballpark?**
  だれがその野球場にいましたか。
  - □ ballpark [bɔ́ːlpɑ̀ːrk] 名 野球場

- ❼ **Who is standing on the hill?**
  だれがその丘の上に立っていますか。
  - □ hill [híl] 名 丘

- ❽ **Who was talking to your father?**
  だれがあなたの父親に話かけていましたか。
  - □ talk to ～ ～に話しかける

- ❾ **Who** was thinking about this plan?
  だれがこの計画について考えていましたか。
  - plan [plǽn] 名 計画

- ❿ **Who** was the strange man looking at?
  奇妙な男性はだれを見ていましたか。
  - strange [stréindʒ] 形 奇妙な

- ⓫ **Who** were the policemen looking for?
  その警察官たちはだれを探していましたか。
  - look for ~ ~を探す
  - policemen [pəlíːsmən] 名〔複〕警察官たち

- ⓬ **Who** did you call last night?
  あなたは昨晩だれに電話をしたのですか。
  - call [kɔ́ːl] 動 電話する

- ⓭ **Who** did you give this card to?
  あなたはだれにこのカードをあげましたか。
  - card [káːrd] 名 カード

- ⓮ **Who** did Tom send the message to?
  トムはだれにメッセージを送りましたか。
  - message [mésidʒ] 名 メッセージ

- ⓯ **Who** did the man take to the hospital?
  その男性はだれを病院に連れて行きましたか。
  - take [téik] 動 (人を) 連れて行く

- ⓰ **Who** did you choose as your leader?
  あなたがたはだれをリーダーに選びましたか。
  - choose [tʃúːz] 動 選ぶ
  - leader [líːdər] 名 リーダー

STEP3 エクササイズで復習しよう！

次の日本語の意味を表すように、（　）の中の英単語を並べ替えてみよう。

1 あの男性はだれですか。(man / is / who / that) ?

2 だれがこの村に住んでいますか。(in / who / this / lives / village) ?

3 あなたは昨晩だれに電話したのですか。(did / who / you / call) last night?

4 だれがその丘の上に立っていますか。
(on / hill / who / standing / is / the) ?

5 だれがここでスピーチしましたか。(who / speech / gave / the) here?

次の日本語を英語にしてみよう。

1 だれがその野球場にいたのですか。

2 だれが昨日風呂に入りましたか。

3 彼らはだれをリーダーに選びましたか。

4 彼女はだれを病院に連れて行きましたか。

5 その警官たちはだれを探していましたか。

☆正解は467〜8ページ☆

Section 35　疑問詞④
Whose ～？

例文
- **Whose** key is this?（これはだれのかぎですか）
- **Whose** songs do you like?（あなたはだれの歌が好きですか）
- **Whose** towel is long?（だれのタオルが長いですか）

STEP1　文法ルールを学ぼう！

「だれの？」と、人の所有物についてたずねたい場合は、疑問詞の whose を使います。

〈Whose＋疑問文の語順～？〉で「～はだれのものですか」を、また、〈Whose＋名詞＋疑問文の語順～？〉で「～はだれの[名詞]ですか」を表します。

This is **my** key.
This is ＊＊＊.
⇨ **Whose** is this?　　←　この部分が分からない
　　　　　　　　　　　　←　疑問文の語順になる

I like ＊＊＊**'s** songs.
⇨ **Whose** songs do you like?　←　だれのsongsが好きなのかわからない
　　　　　　名詞　　　　　　　　　←　疑問文の語順になる

This is ＊＊ key.
⇨ **Whose** key　is　this?　　←　だれのkeyかが分からない
　　　　　　　動詞　主語　←　疑問文の語順

これに対する答えとして、「それは～のものです」と、具体的に言いたい場合は、持ち主の名前に **'s** をつけて、たとえば It's Tom's. のように、「だれだれのもの」と表現します（→Section4）。

これも覚えよう！　Whose＋名詞の注意点

whose の後ろに置かれる名詞は、単数形と複数形のどちらでも大丈夫ですが、whose a pen や whose the books のように、冠詞の a（an）や the などに置かないように注意しましょう。

STEP2 単語と例文で音読訓練しよう！ CD1 37

❶ Whose key is this?
これはだれのかぎですか。

☐ key [kíː] 名 かぎ

❷ Whose coat is that?
あれはだれのコートですか。

☐ coat [kóut] 名 コート

❸ Whose rackets are these?
これらはだれのラケットですか。

☐ racket [rǽkit] 名 ラケット

❹ Whose dresses are those?
あれらはだれのドレスですか。

☐ dress [drés] 名 ドレス

❺ Whose voice was that?
あれはだれの声だったのですか。

☐ voice [vɔ́is] 名 声

❻ Whose camera are you using?
あなたはだれのカメラを使っていますか。

☐ camera [kǽmərə] 名 カメラ

❼ Whose pants are you wearing?
あなたはだれのズボンをはいているのですか。

☐ pants [pǽnts] 名 ズボン

❽ Whose songs do you like?
あなたはだれの歌が好きですか。

中学1年 疑問詞④

- ❾ **Whose question did you answer?**
  - ☐ answer [ǽnsər] 動 答える

  あなたはだれの質問に答えましたか。

- ❿ **Whose party did you join?**
  - ☐ join [dʒɔ́in] 動 参加する

  あなたはだれのパーティーに参加しましたか。

- ⓫ **Whose pencil did you use?**

  あなたはだれのえんぴつを使いましたか。

- ⓬ **Whose eraser did you borrow?**
  - ☐ borrow [bárou] 動 借りる

  あなたはだれの消しゴムを借りましたか。

- ⓭ **Whose house did the carpenters build?**

  その大工たちはだれの家を立てましたか。

- ⓮ **Whose towel is long?**
  - ☐ towel [táuəl] 名 タオル

  だれのタオルが長いですか。

- ⓯ **Whose projects are interesting ?**
  - ☐ project [prɑ́dʒekt] 名 企画

  だれの企画がおもしろいですか。

- ⓰ **Whose dictionary was under the desk?**
  - ☐ under [ʌ́ndər] 前 〜の下に

  机の下にだれの辞書がありましたか。

STEP3 エクササイズで復習しよう！

次の日本語の意味を表すように、（　）の中の英単語を並べ替えてみよう。

1 これはだれの辞書ですか。（is / this / whose / dictionary）？

2 あなたはだれのカメラを使っているのですか。
（you / camera / whose / using / are）？

3 あれらはだれのラケットですか。（those / rackets / whose / are）？

4 彼はだれの質問に答えましたか。（question / answer / whose / he / did）？

5 だれの企画がおもしろいですか。（interesting / whose / projects / are）？

次の日本語を英語にしてみよう。

1 これらはだれのドレスですか。

2 あれはだれの声だったのですか。

3 彼はだれのズボンをはいているのですか。

4 あなたはだれの消しゴムを借りましたか。

5 だれのタオルが椅子の下にあるのですか。

☆正解は468ページ☆

Section 36 疑問詞⑤ How 〜?

例文
How is he?（彼の様子はどうですか）
How many bottles do you have?
（あなたは何本のびんを持っていますか）
How many books are in the box?
（何冊の本が箱の中にありますか）

STEP1 文法ルールを学ぼう！

「どう？」と、人やものの様子についてたずねたい場合は、疑問詞のhowを使います。

```
He is fine.（彼は元気です）
He is ＊＊.  ←彼の様子がわからない  ⇨ How is he?
                                      動詞 主語 ← 疑問文の語順
```

また、howは、後ろに形容詞（や副詞）をくっつけて、「どのくらい」と、ものの程度をたずねることもできます。

```
I have ＊＊ bottles.  ← いくつなのかがわからない
⇨ How many bottles do you have?
   いくつの  複数形の名詞    主語    動詞 ← 疑問文の語順
```

〈how＋形容詞［副詞］＋名詞の複数形〉を主語にした疑問文も作れます。

```
＊＊＊      books are in the box. ← 何冊なのかがわからない
⇨ How many  books are in the box?
   how 形容詞  複数形の名詞 ↑語順はそのまま
        ここからここまでが主語
```

🖉 これも覚えよう！　いろいろなhow＋形容詞［副詞］

☐ how much＋数えられない名詞　どのくらいの量の［名詞］
☐ how much　いくら　　　　　　　☐ how old　何歳
☐ how long　どのくらいの長さ［時間］　☐ how often　どのくらいよく
☐ how far　どのくらいの距離

STEP2 単語と例文で音読訓練しよう！

❶ How is he? / He's fine.
彼（の様子）はどうですか。／元気です。

❷ How is the weather in Tokyo?
東京の天気はどうですか。
- weather [wéðər] 名 天気

❸ How many bottles do you have?
あなたは何本のびんを持っていますか。
- bottle [bάtl] 名 びん

❹ How many uniforms does the school have?
その学校はいくつの制服を持っていますか。
- uniform [júːnəfɔːrm] 名 制服

❺ How many festivals do we have in a year?
1年にいくつのお祭りがありますか。
- festival [féstəvəl] 名 お祭り

❻ How many languages do people speak in India?
インドでは人々は何ヵ国語を話しますか。
- India [índiə] 名 インド

❼ How many stamps did you collect?
あなたはいくつの切手を集めましたか。
- stamp [stǽmp] 名 切手
- collect [kəlékt] 動 集める

❽ How many countries did you visit?
あなたは何ヵ国を訪れましたか。

中学1年 疑問詞⑤

169

☐ ❾ **How many workers did you employ?**

あなたは何人の労働者を雇いましたか。

☐ employ [implɔ́i] 動 雇う

☐ ❿ **How many people did you meet yesterday?**

あなたは昨日、何人の人に会いましたか。

☐ ⓫ **How many vases did the kid break?**

その子どもはいくつの花びんを壊しましたか。

☐ vase [véis] 名 花瓶

☐ ⓬ **How many books are you reading at a time?**

あなたは一度に何冊の本を読んでいるのですか。

☐ at a time 一度に

☐ ⓭ **How many books are in the box?**

何冊の本が箱の中にありますか。

☐ box [báks] 名 箱

☐ ⓮ **How many dictionaries are beside the desk?**

何冊の辞書が机の隣にありますか。

☐ beside [bisáid] 前 〜の隣に

☐ ⓯ **How many people came to the concert?**

何人の人々がそのコンサートに来ましたか。

☐ ⓰ **How many magicians performed on stage?**

ステージで何人のマジシャンが演じましたか。

☐ perform [pərfɔ́ːrm] 動 演じる
☐ magician [mədʒíʃən] 名 マジシャン
☐ stage [stéidʒ] 名 ステージ

STEP3 エクササイズで復習しよう！

次の日本語の意味を表すように、（　）の中の英単語を並べ替えてみよう。

1 沖縄（Okinawa）の天気はどうですか。
（the ／ is ／ Okinawa ／ how ／ weather ／ in）？

2 あなたはいくつの切手を集めましたか。
（collect ／ how ／ stamps ／ did ／ many ／ you）？

3 彼らはいくつの制服を持っていますか。
（have ／ how ／ uniforms ／ do ／ they ／ many）？

4 あなたのおじさんは何人の労働者を雇いましたか。
（employ ／ workers ／ many ／ uncle ／ how ／ did ／ your）？

5 何人の人々がそのコンサートに来ましたか。
（concert ／ people ／ the ／ many ／ how ／ to ／ came）？

次の日本語を英語にしてみよう。

1 （あなたの）お姉さんはどんな様子ですか。

2 彼はいくつの花びんを壊しましたか。

3 1年にいくつのお祭りがありますか。

4 何冊の辞書が机の隣にありますか。

5 ステージで何人のマジシャンが演じましたか。

☆正解は468ページ☆

Section 37 疑問詞⑥ where/when/why/howの使い方

例文
When is your birthday?（あなたの誕生日はいつですか。）
Where is your bag?（あなたのかばんはどこですか）
Why do you like Tom?（なぜあなたはトムが好きなのですか）
How do you go to school?
（どのようにしてあなたは学校へ行きますか）

STEP1 文法ルールを学ぼう！

ここでは、when、where、why、howという4つの疑問詞を学びます。
- when　いつ（時）　　　□where　どこ（場所）
- why　なぜ（理由）　　□how　　どのように（方法）

いずれも、what（Section32）やwho（Section34）と同じように、〈疑問詞＋疑問文の語順〜？〉という形で使うことができます。

My birthday is ✳✳✳. ← いつなのかがわからない

⇒ **When** is your birthday?（あなたの誕生日はいつですか）
　 Where is your bag?（あなたのかばんはどこですか）
　 Why do you like Tom?（あなたはなぜトムが好きなのですか）
　 How do you go to school?
　　　　　疑問文の語順　　（あなたはどのように学校へ行きますか）

🖊 これも覚えよう！　自己紹介でゼッタイ使うHow old 〜？

Section36で紹介したHow＋形容詞[副詞]の中でも、「何歳ですか？」と、年齢をたずねる How old 〜? は、とてもよく使われます。これに対する答えとしては、（Section 1 や23の例文にも出てきましたが）、I'm 12 years old.（私は12歳です）のように、〈主語＋be動詞＋[年齢] years old.〉という形がよく使われます。

🖊 これも覚えよう！　疑問詞まとめて何と呼ぶ？

ここまで学習してきた疑問詞のうち、代表的な疑問詞は、what、who、when、where、why、howの6つです。これらは、それぞれの頭文字をひとつずつとり、5W1Hと呼ぶことがあります。

STEP2 単語と例文で音読訓練しよう！ 🎧CD1 39

☐ ❶ **When** is your birthday? ／ It's May 7th.

あなたの誕生日はいつですか。／5月7日です。

☐ birthday [bèːrθdèi] 名 誕生日
☐ May [méi] 動 5月

☐ ❷ **When** did you enter college?

あなたはいつ大学に入学しましたか。

☐ enter [éntər] 動 入学する
☐ college [kálidʒ] 名 大学

☐ ❸ **When** do you usually take a vacation?

あなたはふだん、いつ休暇をとりますか。

☐ vacation [veikéiʃən] 名 休暇
☐ take a vacation 休暇をとる

☐ ❹ **When** was the famous photographer in the studio?

有名な写真家はいつそのスタジオにいましたか。

☐ photographer [fətágrəfər] 名 写真家
☐ studio [stjúːdiòu] 名 スタジオ

☐ ❺ **Where** is your bag? ／ It's on the table.

あなたのかばんはどこですか。／テーブルの上です。

☐ ❻ **Where** did you see those comedians?

あなたはどこでそのコメディアンたちを見ましたか。

☐ comedian [kəmíːdiən] 名 コメディアン

☐ ❼ **Where** did the customers pay?

お客さんはどこで支払いをしましたか。

☐ customer [kʌ́stəmər] 名 お客さん
☐ pay [péi] 動 支払いをする

☐ ❽ **Where** did the actor change his clothes?

その俳優はどこで着替えましたか。

☐ change [tʃéindʒ] 動 変える

中学1年 疑問詞⑥

❾ **Why** do you like Tom? ／ Because he is gentle.

なぜあなたはトムが好きなのですか。／やさしいからです。

- because [bikɔ́:z] 接 なぜなら

❿ **Why** are you afraid of that dog?

なぜあなたはあのイヌを怖がるのですか。

- be afraid of ～ ～を怖がる

⓫ **Why** did the interviewer ask such a question?

なぜインタビューをする人はそのような質問をしたのですか。

- interviewer [íntərvjùːər] 名 インタビューをする人
- such [sʌ́tʃ] 形 このような

⓬ **Why** are you doing volunteer activities?

なぜあなたはボランティア活動をしているのですか。

- volunteer [vùləntíər] 名 ボランティア
- activity [æktívəti] 名 活動

⓭ **How** do you go to school? ／ I go to school **by** bus.

どのようにしてあなたは学校へ行きますか。／バスで行きます。

⓮ **How** did you come here alone?

どのようにして1人でここに来たのですか。

- alone [əlóun] 副 1人で

⓯ **How** do you use this?

これはどうやって使うのですか。

⓰ **How** did they know about this?

彼らはどのようにしてこれについて知ったのですか。

STEP3 エクササイズで復習しよう！

次の日本語の意味を表すように、（　）の中の英単語を並べ替えてみよう。

1 彼はふだん、いつ休暇をとりますか。
(he / vacation / when / does / a / usually / take) ?

2 あなたはどこでそのコメディアンに会いましたか。
(where / you / the / see / did / comedian) ?

3 なぜ彼女はあのイヌを怖がるのですか。
(she / afraid / that / dog / why / of / is) ?

4 彼らはどのようにして学校へ行きますか。
(do / to / how / school / they / go) ?

5 その女の人はどこで着替えましたか。
(the / where / change / did / woman / clothes / her) ?

次の日本語を英語にしてみよう。

1 彼女の誕生日はいつですか。

2 そのスタジオはどこですか。

3 あなたはなぜビートルズ（The Beatles）が好きなのですか。

4 彼はどのようにして1人でここに来たのですか。

5 彼らはいつ大学に入学しましたか。

☆正解は468ページ☆

単語 > まとめてチェック！ 身体・家族 ✓

身体や家族に関する名詞を、まとめて覚えてしまいましょう！

身体

☐ body	[bádi]	身体	
☐ head	[héd]	頭	
☐ hair	[héər]	髪	
☐ face	[féis]	顔	
☐ ear	[íər]	耳	
☐ eye	[ái]	目	
☐ eyebrow	[áibràu]	眉毛	
☐ eyelid	[áilìd]	まぶた	
☐ eyelash	[áilæʃ]	まつげ	
☐ cheek	[tʃíːk]	ほほ	
☐ nose	[nóuz]	鼻	
☐ mouth	[máuθ]	口	
☐ lip	[líp]	唇	
☐ tooth	[túːθ]	歯	
		※〔複〕teeth	
☐ neck	[nék]	首	
☐ shoulder	[ʃóuldər]	肩	
☐ elbow	[élbou]	ひじ	
☐ arm	[áːrm]	腕	
☐ hand	[hǽnd]	手	
☐ finger	[fíŋgər]	指	
☐ fist	[físt]	こぶし	
☐ chest	[tʃést]	胸	
☐ heart	[háːrt]	心臓	
☐ back	[bǽk]	背中	
☐ waist	[wéist]	腰	
☐ hip	[híp]	尻	
☐ leg	[lég]	脚	
☐ knee	[níː]	ひざ	
☐ foot	[fút]	足	
		※足首から先	
☐ toe	[tóu]	つま先	
☐ heel	[híːl]	かかと	

家族

☐ family	[fǽməli]	家族	
☐ parent	[péərənt]	親	
☐ father	[fáːðər]	父	
☐ dad	[dǽd]	おとうさん	
☐ mother	[mʌ́ðər]	母	
☐ mam	[máːmə]	おかあさん	
☐ son	[sʌ́n]	息子	
☐ daughter	[dɔ́ːtər]	娘	
☐ brother	[brʌ́ðər]	兄；弟	
☐ sister	[sístər]	姉；妹	
☐ grandfather	[grǽndfàːðər]	祖父	
☐ grandpa	[grǽndpa]	おじいさん	
☐ grandmother	[grǽndmÀðər]	祖母	
☐ grandma	[grǽndma]	おばあさん	
☐ grandparent	[grǽndpèərənt]	祖父；祖母	
☐ uncle	[ʌ́ŋkl]	叔父	
☐ aunt	[ǽnt]	叔母	
☐ nephew	[néfjuː]	おい	
☐ niece	[níːs]	めい	
☐ cousin	[kʌ́zn]	いとこ	
☐ brother-in-law	[brʌ́ðər-in-lɔ́ː]	義理の兄弟	
☐ sister-in-law	[sístər-in-lɔ́ː]	義理の姉妹	
☐ father-in-law	[fáːðər-in-lɔ́ː]	義理の父	
☐ mother-in-law	[mʌ́ðər-in-lɔ́ː]	義理の母	
☐ husband	[hʌ́zbənd]	夫	
☐ wife	[wáif]	妻	
☐ great grandfather	[gréit-grǽndfàːðər]	ひいおじいさん	
☐ great grandmother	[gréit-grǽndmÀðər]	ひいおばあさん	

中学2年

▼この章で学習すること

Section38〜41　未来を表す形
①will .... 178　②willの否定文と疑問文 182
③be going to .... 186　④be going toの否定文と疑問文 190

Section42〜51　助動詞
①can .... 196　②canの否定文と疑問文 200
③canとbe able to .... 204　④be able toの否定文と疑問文 208
⑤must .... 212　⑥mustの否定文と疑問文 216
⑦mustとhave to .... 220　⑧have toの否定文と疑問文 224
⑨Will you/Shall I/Shall we 〜? ... 228　⑩Would you like 〜? 232

Section52〜54　命令文
①命令 .... 238　②禁止 242
③誘い 246

Section55〜57　基本構文
①There is 〜．とThere are 〜． ...... 250　②There is[are] 〜．の否定文 254
③There is[are] 〜．の疑問文 258

Section58〜61　不定詞
①名詞的用法「〜すること」 .... 262　②副詞的用法1「〜するために」 266
③副詞的用法2「〜して」 .... 270　④形容詞的用法「〜するための」 274

Section62〜63　動名詞
①〜ing＝〜すること .... 278　②動名詞と不定詞 282

Section64〜70　比較
①AはBと同じくらい〜だ（原級比較） 288
②原級比較の否定文 .... 292　③AはBより〜だ（比較級） 296
④erをつけない比較級の表現 .... 300　⑤3つ以上の比較（最上級） 304
⑥estをつけない最上級の表現 .... 308　⑦疑問詞whichと比較級 312

重要ポイントをチェック！　　代名詞 ..... 194／形容詞変化表 ..... 316／5つの文型 318
熟語まとめてチェック！　①......236／②......286／③......317
会話表現まとめてチェック！　③......237

Section 38 未来を表す形① will

例文
I will attend the conference. （私は会議に出席するつもりです）
It will be rainy tomorrow. （明日は雨が降るでしょう）

STEP1 文法ルールを学ぼう！

　未来のことは、willを使って表現できます。willは、「～だろう」という、未来に対する予想や、「～するつもりである」という、未来に対する意志を表します（主語が3人称のときは一般的に「～だろう」という予想のみを表します）。willの後ろには動詞の原形が置かれます。なお、天気の様子について言いたい場合はitを主語にします（ほかにも、距離や時間などをばくぜんと表す主語としても使われます）。このときのitは日本語には訳さないのがふつうです。

| It (主語) | will (助動詞) | be (動詞の原形) | rainy tomorrow. |
| I (主語) | will (助動詞) | be (動詞の原形) | a good teacher in the future. |

　このwillのように、動詞にさまざまな意味を加える働きをする品詞を助動詞といいます。助動詞にはいくつか種類があり、共通のルールがあります。

【ルール①】　助動詞は、肯定文と否定文では主語と動詞の間に置く
【ルール②】　主語によって形が変化することはない
【ルール③】　助動詞の後ろの動詞はいつも原形になる

これも覚えよう！

〈主語(人称代名詞)＋will〉はそれぞれ、短縮形があります。これは実際の会話でもとてもよく使われますので、覚えてしまいましょう。

- □ I will → I' ll
- □ you will → you' ll
- □ he will → he' ll
- □ she will → she' ll
- □ we will → we' ll
- □ they will → they' ll
- □ it will → it' ll

STEP2 単語と例文で音読訓練しよう！ 🎧 CD1 40

❶ I will attend the conference.
私は会議に出席するつもりです。

- conference [kάnfərəns] 名 会議

❷ I will be a good teacher in the future.
私は将来、良い先生になるつもりです。

- future [fjúːtʃər] 名 将来
- in the future 将来は

❸ I will marry Ken next June.
私はケンと次の6月に結婚するつもりです。

- marry [mǽri] 動 結婚する
- June [dʒúːn] 名 6月

❹ It will be rainy tomorrow.
明日は雨が降るでしょう。

❺ It will be dark soon.
すぐに暗くなるでしょう。

- dark [dάːrk] 形 暗い
- soon [súːn] 副 すぐに

❻ It will be sunny this weekend.
この週末は天気がよいでしょう。

- sunny [sʌ́ni] 形 天気がよい
- weekend [wíːkénd] 名 週末

❼ It will be cloudy before long.
やがて曇るでしょう。

- cloudy [kláudi] 形 曇っている
- before long やがて

❽ I'll miss you.
さみしくなります。

- miss [mís] 動 (人が)いないのをさびしく思う

中学2年 未来を表す形①

☐ **❾ He will graduate from this university.**

彼はこの大学を卒業するでしょう。

☐ **❿ The soldiers will fight in that country.**

その兵隊たちはあの国で戦うでしょう。

☐ soldier [sóuldʒər]
動 兵隊

☐ **⓫ Those students will behave positively.**

あれらの生徒たちは積極的にふるまうでしょう。

☐ behave [bihéiv]
動 ふるまう
☐ positively [pázətivli]
副 積極的に

☐ **⓬ Mary will complain about their service.**

メアリーは彼らのサービスについて不平を言うでしょう。

☐ service [sá:rvis]
名 サービス

☐ **⓭ Tom will help old people in this community.**

トムはこの地域のお年寄りを助けるでしょう。

☐ community [kəmjú:nəti]
名 地域社会

☐ **⓮ Many students will work hard in this area in the future.**

多くの生徒たちは将来、この地域で一生懸命働くでしょう。

☐ hard [há:rd]
副 一生懸命に

☐ **⓯ You will realize the importance of health.**

あなたは健康の重要性を理解するでしょう。

☐ realize [rí:əlàiz]
動 理解する
☐ importance [impɔ́:rtəns]
形 重要性
☐ health [hélθ] 名 健康

☐ **⓰ This new road will connect Chiba and Ishikawa.**

この新しい道路は千葉を石川をつなぐでしょう。

☐ connect [kənékt]
動 つなぐ

| 月 日 | 月 日 | 月 日 |

STEP3 エクササイズで復習しよう！

次の日本語の意味を表すように、（　）の中の英単語を並べ替えてみよう。

1 私はトムと、次の6月に結婚するつもりです。
（will ／ Tom ／ I ／ next ／ marry）June.

2 明日は晴れるでしょう。（will ／ be ／ tomorrow ／ it ／ sunny）

3 彼らはすぐに戻ってくるでしょう。（will ／ back ／ they ／ be ／ soon）

4 その少年は一生懸命働くでしょう。（work ／ boy ／ will ／ the ／ hard）

5 その女性は、彼の態度について不平を言うでしょう。
（about ／ woman ／ attitude ／ his ／ the ／ will ／ complain）

次の日本語を英語にしてみよう。

1 彼らはこの地域のお年寄りを助けるでしょう。

2 私たちはこのホテルに滞在するつもりです。

3 その兵士たちはあの国で戦うでしょう。

4 この週末は雨が降るでしょう。

5 彼は積極的にふるまうでしょう。

☆正解は468ページ☆

中学2年　未来を表す形①

Section 39 未来を表す形② willの否定文と疑問文

例文
She will not help me.（彼女は私を助けてくれないでしょう）
Will she help me?（彼女は私を助けてくれるでしょうか）
　Yes, she will.（はい、助けてくれるでしょう）
　No, she won't.（いいえ、助けてくれないでしょう）

STEP1 文法ルールを学ぼう！

　未来に関することを、「～しないでしょう」や「～しません」という否定文にするときは、willの後ろにnotを置いて、〈will not + 動詞の原形〉とします。will notはwon'tと短縮することができます。
　「～するでしょうか」や「～するつもりですか」という疑問文にするときは、〈Will + 主語 + 動詞の原形 ～?〉という形をとります。

```
She will          help me.  ←肯定文
主語 助動詞
She will not      help me.  ←否定文
     ↑willの後ろにnotを入れる。短縮形のwon'tでもOK!
She will help me.
主語  └─ willを文の最初に置く
↓
Will she help me?  ←疑問文
          動詞の原形
```

　答え方は、〈Yes, 主語 + will.〉や〈No, 主語 + will not [won't].〉が基本形です。

✏️ これも覚えよう！　時を表す重要な語句

　willとよく一緒に使う、時を表す言葉があります。よく使うものをまとめましたので、しっかり覚えておきましょう。

□ in the future	将来は	□ tomorrow	明日
□ the day after tomorrow	明後日	□ next week	来週
□ next year	来年	□ next month	来月

STEP2 単語と例文で音読訓練しよう！ CD1 41

☐ ❶ She will not help me.
彼女は私を助けてくれないだろう。

☐ ❷ It won't be stormy next week.
来週は嵐にならないでしょう。

☐ stormy [stɔ́ːrmi] 形 嵐の

☐ ❸ It won't be cool this weekend.
今週末は涼しくならないでしょう。

☐ cool [kúːl] 形 涼しい

☐ ❹ He won't win the 100 meter dash.
彼は100m走で勝たないでしょう。

☐ meter [míːtər] 名 メートル
☐ dash [dǽʃ] 名 短距離走

☐ ❺ This mountain will not erupt soon.
この山はすぐには噴火しないでしょう。

☐ mountain [máuntən] 名 山
☐ erupt [irʌ́pt] 動 噴火する

☐ ❻ My boss will not be satisfied with her answer.
私の上司は彼女の答えに満足しないでしょう。

☐ satisfied [sǽtisfàid] 形 満足している
☐ be satisfied with 〜 〜に満足する

☐ ❼ The fat man won't go on a diet.
その太った男はダイエットをしないでしょう。

☐ fat [fǽt] 形 太っている
☐ go on a diet ダイエットをする

☐ ❽ Jake won't apologize to her.
ジェイクは彼女に謝らないでしょう。

☐ apologize [əpάlədʒàiz] 動 わびる
☐ apologize to 〜 〜に謝罪する

中学2年 未来を表す形②

☐ ❾ **Will** she help me? ／ No, she won't.

彼女は私を助けてくれるだろうか。／いいえ。

☐ ❿ **Will** it be snowy tomorrow? ／ No, it won't.

明日は雪になるでしょうか。／いいえ。

☐ snowy [snóui] 形 雪の降る

☐ ⓫ **Will** Jane buy her own clothes? ／ Yes, she will.

ジェーンは彼女自身の服を買うでしょうか。／はい。

☐ own [óun] 形 自分自身の

☐ ⓬ **Will** Mr.Smith buy this land? ／ Yes, he will.

スミスさんはこの土地を買うでしょうか。／はい。

☐ land [lænd] 名 土地

☐ ⓭ **Will** he be in the classroom in an hour? ／ No, he won't.

彼は1時間後には教室にいるでしょうか。／いいえ。

☐ in an hour 1時間後に

☐ ⓮ **Will** she study English this weekend? ／ No, she won't.

彼女は今週末、英語を勉強するでしょうか。／いいえ。

☐ ⓯ **Will** the teacher help these rude students? ／ No, he won't.

その教師はこれらの無作法な生徒を助けるでしょうか。／いいえ。

☐ rude [rú:d] 形 無作法な

☐ ⓰ **Will** Tom make this contract with them? ／ Yes, he will.

トムは彼らと契約をするでしょうか。／はい。

☐ contract [kɑ́ntrækt] 名 契約

| 月 日 | 月 日 | 月 日 |

STEP3 エクササイズで復習しよう！

次の日本語の意味を表すように、（　）の中の英単語を並べ替えてみよう。

1　私の父は明日、忙しくないでしょう。
（will／busy／father／be／tomorrow／my／not）

2　彼女は、あなたに謝らないでしょう。
（will／not／you／apologize／she／to）

3　明日は雪にならないでしょう。（won't／snowy／it／be／tomorrow）

4　明日は雨が降るでしょうか。はい。
（rain／it／will／tomorrow）？（it／,／will／yes）

5　その少年は彼自身の服を買うでしょうか。
（will／own／buy／boy／his／clothes／the）？

次の日本語を英語にしてみよう。

1　彼は私たちを助けてくれないだろう。

2　彼はこれらの無作法な男たちを助けないでしょう。

3　私の姪はダイエットをしないでしょう。

4　彼は彼女の答えに満足するでしょうか。いいえ。

5　今週末は涼しくなるでしょうか。はい。

☆正解は468ページ☆

Section 40 未来を表す形③ be going to

例文
It is going to be snowy tomorrow.
（明日は雪が降りそうです）
I am going to be free the day after tomorrow.
（私は明後日はひまでしょう）

STEP1 文法ルールを学ぼう！

willを使って未来を表現することは、Section38と39で学習しました。ここではもう1つの未来を表す表現 be going to を学びましょう。

be going toはwillと同様に、主語と動詞の間に置きます。be動詞は主語に合わせて形を変え、toの後ろの動詞は、主語が何であれ原形にします。つまり、〈主語＋be going to＋動詞の原形〉という形です。

It will be snowy tomorrow.

It is going to be snowy tomorrow.
主語 → be動詞　　動詞の原形

これも覚えよう！　willとbe going toのちがい

willが「その場で決めた意志」や「話し手の推量」を表すのに対し、be going toは「すでに決まっている予定」や「何かの根拠に基づく判断」を表します。

例 ①「明日は雪になるでしょう」という文を英語で表現する場合
　　It'll be snowy tomorrow. ←話し手の推量
　　It's going to be snowy tomorrow. ←（たとえば、「急に冷え込んできたから」のような）根拠に基づく判断

②I'll answer the phone. ←その場で決めた意志
（〈電話が鳴って〉私が出ます）

③I'm going to go to America next year. ←すでに決まっている予定
（私は来年アメリカに行くつもりです〈その準備をしています〉）

月 日　月 日　月 日

STEP2 単語と例文で音読訓練しよう！ 🎧CD1 42

- **❶ It is going to be snowy tomorrow.**
  明日は雪が降りそうです。
  - snowy [snóui] 形 雪が降っている

- **❷ I am going to be free the day after tomorrow.**
  私は明後日はひまでしょう。
  - the day after tomorrow 明後日

- **❸ The girl is going to practice the piano.**
  その女の子はピアノを練習する予定です。

- **❹ He's going to be in Japan in a month.**
  彼は1ヶ月後には、日本にいるでしょう。
  - in a month 1ヶ月後に

- **❺ My boss is going to be interested in him.**
  私の上司は彼に興味を持ちそうです。
  - be interested in ～ ～に興味を持つ

- **❻ This volcano is going to erupt soon.**
  この火山はすぐに噴火しそうです。
  - volcano [vɑlkéinou] 名 火山

- **❼ They are going to discuss the issue.**
  彼らはその問題について話し合う予定です。
  - issue [íʃuː] 名 問題

- **❽ My niece is going to study Spanish this weekend.**
  私のめいは今週末スペイン語を勉強する予定です。
  - niece [níːs] 名 めい

中学 **2** 年　未来を表す形③

- ❾ **Hiroshi is going to go to Thailand.**

  ヒロシはタイに行く予定です。

  - Thailand [táilænd] 名 タイ

- ❿ **I'm going to help these good boys.**

  私はこれらの良い少年たちを助けるつもりです。

- ⓫ **She's going to write to her favorite actor.**

  彼女はお気に入りの俳優に手紙を書くつもりです。

  - favorite [féivərit] 形 お気に入りの

- ⓬ **She's going to tell the truth to John.**

  彼女はジョンに真実を告げるつもりです。

  - truth [trúːθ] 名 真実

- ⓭ **They're going to go abroad this year.**

  彼らは今年、外国に行く予定です。

  - abroad [əbrɔ́ːd] 副 外国に

- ⓮ **My nephew is going to go to Africa this summer.**

  私のおいは今年の夏、アフリカに行く予定です。

  - nephew [néfjuː] 名 おい
  - Africa [ǽfrikə] 名 アフリカ
  - summer [sʌ́mər] 名 夏

- ⓯ **The sick man is going to eat breakfast tomorrow.**

  その病気の男は、明日朝食を食べる予定です。

- ⓰ **Our company is going to have offices in that country.**

  私たちの会社は、あの国で事務所を持つ予定です。

  - office [ɔ́ːfis] 名 事務所

| 月 日 | 月 日 | 月 日 |

STEP3 エクササイズで復習しよう！

次の日本語の意味を表すように、（　）の中の英単語を並べ替えてみよう。

1 私の息子は、明日はひまでしょう。
（going ／ son ／ be ／ tomorrow ／ my ／ free ／ is ／ to）

2 彼女は明日、朝食を食べる予定です。
（going ／ she ／ eat ／ is ／ to ／ breakfast ／ tomrrow）

3 私の上司は、彼らを手伝う予定です。
（is ／ boss ／ assist ／ them ／ my ／ to ／ going）

4 明日は雨が降りそうです。（rain ／ it ／ going ／ tomorrow ／ is ／ to）．

5 私の娘は今年の夏、タイに行く予定です。
（is ／ Thailand ／ daughter ／ my ／ going ／ to ／ go ／ to）this summer.

次の日本語を英語にしてみよう。

1 私は今年、外国に行く予定です。

2 私の父はギターを練習する予定です。

3 私のおいは彼らに真実を語るつもりです。

4 この火山はすぐに噴火しそうです。

5 彼は1ヶ月後には、アフリカにいるでしょう。

☆正解は468ページ☆

Section 41　未来を表す形④
be going to の否定文と疑問文

例文
It isn't going to snow soon.（すぐには雪は降りそうにない）
Is it going to be warm tomorrow?（明日は暖かくなりそうですか）
　Yes, it is.（はい、なるでしょう）
　No, it isn't.（いいえ、ならないでしょう）

STEP1 文法ルールを学ぼう！

「～しそうにない」「～するつもりは［予定］はない」というbe going toの否定文は、be動詞の後ろにnotを置き、〈be動詞 + not going to〉という形にします。

「～しそうですか」「～するつもり［予定］ですか」というbe going toの疑問文は、be動詞を文頭に置き、〈be動詞 + 主語 + going to〉とします。

```
It   is          going to   snow    soon.  ←肯定文
It   is not      going to   snow    soon.  ←否定文
         be動詞の後ろにnotを入れる
It   is going to be warm tomorrow.  ←肯定文
     be動詞を文の先頭に置く
Is it going to be warm tomorrow?  ←疑問文
```

答えるときは、〈Yes, 主語 + be動詞.〉や〈No, 主語 + be動詞 + not.〉とするのが基本です。

これも覚えよう！　will → be going to

学校の定期テストや高校入試問題では、助動詞のwillとbe going toの書きかえ問題がよく出されます。疑問文や否定文の書きかえもできるように、練習しておきましょう。

例　会議は明日行われる予定ですか。
　　Will the meeting take place tomorrow?
　→ Is the meeting going to take place tomorrow?

STEP2 単語と例文で音読訓練しよう！

❶ It isn't going to snow soon.
すぐには雪は降りそうにない。

- snow [snóu] 動 雪が降る

❷ It's not going to rain heavily tomorrow.
明日激しい雨は降りそうにない。

- heavily [hévili] 副 激しく
- rain [réin] 動 雨が降る

❸ It's not going to be windy this evening.
今晩は風は強くなりそうにない。

- windy [wíndi] 形 風が強い
- evening [íːvniŋ] 名 夜

❹ He is not going to be excited.
彼は興奮しないでしょう。

❺ Mike isn't going to exercise today.
マイクは今日運動しないでしょう。

- exercise [éksərsàiz] 動 運動する

❻ They aren't going to agree with this plan.
彼らはこの計画に同意するつもりはありません。

- agree [əgríː] 動 同意する
- agree with ~ ～に同意する

❼ My boss isn't going to be interested in this program.
私の上司はこのプログラムに興味を持たないでしょう。

- program [próugræm] 名 プログラム

❽ The nervous boy isn't going to eat breakfast tomorrow.
その緊張した少年は明日、朝食を食べないでしょう。

- nervous [nə́ːrvəs] 形 緊張した

中学2年 未来を表す形④

⑨ Is it going to be warm tomorrow? ／ No, it isn't.
明日は暖かくなりそうですか。／いいえ。

- warm [wɔ́ːrm] 形 暖かい

⑩ Are you going to go out for lunch? ／ Yes, we are.
あなたたちは昼食に出かけるつもりですか。／はい。

- go out for ～ ～のために外出する

⑪ Is Mike going to go to the concert? ／ No, he isn't.
マイクはコンサートに行くつもりですか。／いいえ。

⑫ Are they going to go to London? ／ No, they aren't.
彼らはロンドンに行く予定ですか。／いいえ。

- London [lʌ́ndən] 名 ロンドン

⑬ Is Akemi going to have a baby this February? ／ Yes, she is.
明美は今年の2月に赤ちゃんを生む予定ですか。／はい。

- February [fébruèri] 名 2月

⑭ Are your parents going to travel to America? ／ Yes, they are.
あなたの両親はアメリカ旅行をする予定ですか。／はい。

- America [əmérikə] 名 アメリカ
- travel [trǽvəl] 動 旅行する

⑮ Is the student going to go to Australia this winter? ／ Yes, he is.
その学生はこの冬、オーストラリアに行く予定ですか。／はい。

- Australia [ɔːstréiljə] 名 オーストラリア
- winter [wíntər] 名 冬

⑯ Are you going to attend tomorrow's lesson? ／ No, I'm not.
あなたは明日の授業に出席する予定ですか。／いいえ。

- attend [əténd] 動 出席する

| 月 日 | 月 日 | 月 日 |

STEP3 エクササイズで復習しよう！

次の日本語の意味を表すように、（　）の中の英単語を並べ替えてみよう。

1 今晩は風は強くなりそうにない。
（not ／ be ／ to ／ it's ／ windy ／ evening ／ going ／ this）

　　　　　　　　　　　　　　　　　　　　　　　　　　　　　　　　．

2 彼女は今日は、ここに来そうにない。
（going ／ she ／ come ／ isn't ／ to ／ here ／ today）

　　　　　　　　　　　　　　　　　　　　　　　　　　　　　　　　．

3 あなたは会議に出席するつもりですか。はい。
（are ／ attend ／ you ／ meeting ／ the ／ going ／ to）？（I ／ am ／ yes ／ , ）．

4 彼らは明日、コンサートに行く予定ですか。
（concert ／ they ／ going ／ tomorrow ／ are ／ to ／ go ／ to ／ the）？

5 すぐには雨は降りそうにない。（rain ／ it ／ going ／ isn't ／ to）soon.

次の日本語を英語にしてみよう。

1 彼女は来年、オーストラリアに行く予定ですか。はい。

　　　　　　　　　　　　　　　　　　　　　　　　　　　　　　　　．

2 あなたは明日、図書館へ行く予定ですか。いいえ。

　　　　　　　　　　　　　　　　　　　　　　　　　　　　　　　　．

3 明日は激しく雨が降りそうですか。はい。

　　　　　　　　　　　　　　　　　　　　　　　　　　　　　　　　．

4 私は昼食に出かけるつもりはありません。

　　　　　　　　　　　　　　　　　　　　　　　　　　　　　　　　．

5 私の両親はロンドンに行く予定はありません。

　　　　　　　　　　　　　　　　　　　　　　　　　　　　　　　　．

☆正解は469ページ☆

重要ポイントをチェック！
代名詞（形容詞・副詞）

IやyouやsheなどのI人称代名詞やthisやthatなどの指示代名詞については、これまで、例文やまとめコーナー（78ページ）などで学習してきました。ですが代名詞にはほかにも重要な単語や使い方があります。

☐ **one**
oneは、前に出てきた〈a [an] +名詞〉を、繰り返して使うのを避けるために使われることがあります。
【例】 Do you have <u>a pen</u>? ／ Yes, I have <u>one</u>.
（ペンを持っていますか／はい、<u>1本</u>持っています）
☆このやりとりでは、a penがoneにあたります。

☐ **another**（もう1つのもの）　**the other**（〈2つあるうちの〉もう一方のもの）
　others（ほかのいくつか）　　**the others**（残り全部）
【例】 This apple is good. Give me <u>another</u>.（このリンゴはおいしい。もう1つください）

☐ **some**（いくつ[いくら]か；何人か）
「〜のうちのいくつか[いくらか；何人か]」という意味の、〈some of 〜〉という形でよく使われます。〈some of +複数名詞〉なら複数扱い、〈some of +不可算名詞〉なら単数扱いです。また、疑問文では、〈any of 〜〉にします。
【例】 I know <u>some of</u> those children.（私はあの子供たちの何人かを知っている）
　　　Do you know <u>any of</u> those kids?（あの子たちの中の何人かを知ってますか）
☆否定文でもanyを使います。〈not 〜 any〉という形で「1つも〜ない」という意味です。
【例】 I do<u>n't</u> know <u>any of</u> those girls.（私はあの少女たちの中の1人も知らない）

☐ **somebody**（だれか）　**someone**（だれか）　**something**（何か）
不特定の人やものを表し、単数扱いになります。
【例】 <u>Someone is</u> knocking on the door.（だれかがドアをノックしている）
☆疑問文や否定文で使う場合は、anybodyやanyone（だれか；だれも）、anything（何か；何も）を使います。
【例】 I don't know <u>anything</u> about Mr. Smith.（私はスミスさんのことは何も知らない）
☆なお、このnot 〜 anythingやnot 〜 anybodyは、nothingやnobodyを使っても同じ意味を表せます。

☐ **everybody** ／ **everyone**（だれでも；みんな）　**everything**（何でも）
これも単数扱いです。
【例】 <u>Everybody likes</u> Sally.（みんなサリーが好きです）

□ all（すべて）
「〜のうちのすべて」という意味の、〈all of 〜〉という形で使われます。someと同様に、〈all of ＋ 複数名詞〉なら複数扱い、〈all of ＋不可算名詞〉なら単数扱いです。

【例】 I know **all of** those children.（私はあの子供たちの全員を知っている）

□ both（両方） either（どちらか一方）
2つのものや2人の人物について使います。「〜の両方」は〈both of 〜〉、「〜のどちらか一方」は〈either of 〜〉という形でよく使われます。

□ each（それぞれ）
「〜のそれぞれ」という意味の、〈each of 〜〉という形でよく使われ、後ろの名詞が何であっても単数扱いです。

【例】 **Each of** the students **has** his or her dictionary.
（生徒たちはそれぞれ自分の辞書を持っている）

□ no one（だれも〜ない）
nobodyと同じように使います。どちらも代名詞なので、文の主語や目的語として用います。

【例】 No one in my family didn't get up early this morning.
（私の家族のだれも今朝は早く起きませんでした）

□ none（だれも〜ない）
no oneと同じ意味です。一般的に、〈none of 〜〉という形で使われ、後ろの動詞は複数形扱いになります。

【例】 **None of** them **know** his address.（だれも彼の住所を知りません）

ここまで学習してきた代名詞のうち、all、some、bothなどは形容詞として名詞の直前に置けます（【例】：all students、some girls、both parents）。また、eachも形容詞として使えますが、後ろに続く名詞は単数名詞です。

□ every
形容詞everyは、〈every＋単数名詞〉という形で用います。また、それが主語になる場合の動詞は単数扱いにします。everyには代名詞としての働きはないので注意が必要です。

【例】 **Every door is** open.（全てのドアは開いています）

□ hereとthere
比較的近い場所を表すhere（ここに）と少し遠い場所を指すthere（そこに）は両方とも、場所を表す重要な副詞です。come to hereのように、名詞とともに使うtoのような前置詞を前に置くことはできません。

【例】 We **went there** by taxi.（私たちは、タクシーでそこへ行きました）

Section 42 助動詞① can

例文
I can swim fast. (私は速く泳ぐことができる)
You can use this car every morning.
(あなたは毎朝この車を使ってもよい)

STEP1 文法ルールを学ぼう！

Section38で学習したwillと同じように、canも助動詞で、大きく2つの意味があります。

1つは「〜できる」と、能力を表すもの、もう1つは「〜してもよい」と許可を表すものです。使い方のルールはwillと同じです。

【ルール①】 助動詞は、肯定文と否定文では主語と動詞の間に置く
【ルール②】 主語によって形が変化することはない
【ルール③】 助動詞の後ろの動詞はいつも原形になる

| I (主語) | can (助動詞) | swim (動詞の原形) | fast. ←能力 |
| You (主語) | can (助動詞) | take (動詞の原形) | a break for an hour. ←許可 |

canにはもう1つ、「〜でありうる」という、可能性を表す意味もあります。否定文や疑問文で、That can't be true. (本当のはずがない) や Can it be true? (それは本当だろうか) のように使われることが多いです。

また、助動詞mayにも「〜かもしれない」という、同じような意味があります。She may be sick. (彼女は病気かもしれない) のように使われます。

📝 これも覚えよう！ 「許可」のcanとmay

canの「許可」を表す用法は、mayという助動詞でほとんど同じように表現できます。なお、許可を求めるMay I 〜 ? は、同様の意味を持つCan I 〜 ? よりもていねいな言い方です。

You can take a break for an hour. → You may take a break for an hour.
You can't use this car. → You may not use this car.
Can I smoke in this area? → May I smoke in this area?

| 月 日 | 月 日 | 月 日 |

STEP2 単語と例文で音読訓練しよう！ CD1 44

❶ I can swim fast.
私は速く泳ぐことができる。

❷ We can relax here.
私たちはここでくつろぐことができる。
- relax [rilǽks] 動 くつろぐ

❸ This animal can jump very high.
この動物はとても高く跳ぶことができる。
- jump [dʒʌ́mp] 動 跳ぶ
- high [hái] 副 高く

❹ Mike can speak three different languages.
マイクは3つの異なった言語を話すことができる。
- different [dífərənt] 形 異なった

❺ The beautiful bird can fly fast.
その美しい鳥は速く空を飛ぶことができる。
- bird [bə́ːrd] 名 鳥
- fly [flái] 動 飛ぶ

❻ They can dance to music very well.
彼らはとても上手に音楽に合わせて踊ることができる。
- well [wél] 副 上手に

❼ The girl can skate very well.
その少女はとても上手にスケートをすることができる。

❽ Tom can carry these heavy bags at the same time.
トムはこれらの重いカバンを同時に運ぶことができる。
- same [séim] 形 〜と同じ
- at the same time 同時に

中学2年 助動詞①

❾ The cute girl can act in front of many people.

そのかわいい少女は、多くの人々の前で演じることができる。

- act [ǽkt] 動 演じる
- front [fránt] 名 最前部
- in front of ～ ～の前で

❿ The man can use this machine effectively.

その男性はこの機械を効率的に使うことができる。

- effectively [iféktivli] 副 効率的に

⓫ You can learn Japanese history in this university.

あなたはこの大学で日本史を学ぶことができる。

- history [hístəri] 名 歴史
- Japanese history 日本史

⓬ You can use this car every morning

あなたは毎朝この車を使ってもよい。

⓭ You can take a break for an hour.

あなたは1時間休けいしてもよい。

- break [bréik] 名 休けい
- take a break 休けいする
- for an hour 1時間の間

⓮ You can go home now.

あなたは今帰宅してもよいです。

- go home 帰宅する

⓯ You can come into this room with your dog.

あなたは犬を連れてこの部屋に入ってもよい。

- come into ～ ～に入る

⓰ Smoking can cause lung cancer.

喫煙は肺ガンを引き起こす可能性があります。

- cause [kɔ́ːz] 動 原因となる
- lung [lʌ́ŋ] 名 肺
- cancer [kǽnsər] 名 ガン

STEP3 エクササイズで復習しよう！

次の日本語の意味を表すように、（　）の中の英単語を並べ替えてみよう。

1 彼はこの機械を効率的に使うことができます。
（machine ／ this ／ he ／ can ／ effectively ／ use）.

2 彼女はとても高く跳ぶことができます。（can ／ she ／ jump ／ high ／ very）.

3 私の父は、とても上手にスケートをすることができます。
（father ／ can ／ my ／ well ／ skate ／ very）.

4 彼はとても速く泳ぐことができる。（fast ／ swim ／ can ／ very ／ he）.

5 あなたは2時間休けいしてもよい。
（can ／ a ／ you ／ break ／ hours ／ take ／ for ／ two）.

次の日本語を英語にしてみよう。

1 あなたたちは、ここでくつろぐことができる。

2 彼は3つの異なった言語を話すことができる。

3 マイク（Mike）は2つの重い箱を同時に運ぶことができる。

4 あなたは犬を連れてこの部屋に入ってもよい。

5 この動物は、とても速く走ることができる。

☆正解は469ページ☆

Section 43 助動詞② canの否定文と疑問文

例文
I cannot speak Chinese.（私は中国語を話せません）
Can you speak Chinese?（あなたは中国語を話せますか）
Yes, I can.（はい、話せます）／No, I can't.（いいえ、話せません）

STEP1 文法ルールを学ぼう！

　canの否定文や疑問文の作り方は、willの場合と同じです。
　否定文は、〈cannot ＋ 動詞の原形〉で作ります。cannotはcan'tと短縮できます（can notと離して書くことはできません）。なお、canの否定文には「～できません」という意味以外に、「～してはいけない」という禁止の意味もあります。
　疑問文は、〈Can ＋ 主語 ＋ 動詞の原形 ～?〉です。
　canの疑問文は、「～できますか」と能力をたずねるとき以外に、Can I use a telephone?（電話を使ってもいいですか）のように、「～してもいいですか」と、許可を求めるときにも使われます。
　さらに、Can you open the window?（その窓を開けてもらえますか）のように、Can you ～?で、「～してもらえますか」と、相手に何かを依頼するときにも使われます。

I	can	speak	Chinese.	←肯定文
I	**cannot** (cannnot [can't])	**speak** (動詞の原形)	Chinese.	←否定文
You	can	speak	Chinese.	←肯定文
Can (can)	you (主語)	**speak** (動詞の原形)	Chinese?	←疑問文

（canを文の最初に）

　疑問文への答え方としては、「はい、できます」は〈Yes, 主語 ＋ can.〉、「いいえ、できません」は〈No, 主語 ＋ cannot [can't].〉が基本です。

STEP2 単語と例文で音読訓練しよう！ 〔CD1 45〕

☐ ❶ **I cannot speak Chinese.**
私は中国語を話すことができません。

☐ ❷ **The child can't ski well.**
その子どもは上手にスキーをすることができません。

☐ ski [skíː] 動 スキーをする

☐ ❸ **David can't swim very fast.**
デイビッドはそれほど速く泳げません。

☐ ❹ **Penguins can't jump high.**
ペンギンは高く跳ぶことができません。

☐ penguin [péŋgwin] 名 ペンギン

☐ ❺ **I cannot agree with your opinion.**
私は、あなたの意見に賛成できません。

☐ opinion [əpínjən] 名 意見

☐ ❻ **We cannot get to the museum by train.**
私たちは電車で美術館に到着できません。

☐ get to ～ ～に到着する
☐ by train 電車で

☐ ❼ **You cannot use this car.**
あなたはこの車を使うことはできません。

☐ ❽ **You cannot smoke in this area.**
あなたはこの場所で喫煙できません。

中学2年 助動詞②

- ❾ **Can** you speak Chinese? ／ No, I can't.

  あなたは中国語を話せますか。／いいえ。

- ❿ **Can** she teach English to elementary school students? ／ No, she cannot.

  彼女は小学生に英語を教えられますか。／いいえ。

  - □ elementary school [èləméntəri skúːl]
    名 小学校

- ⓫ **Can** he repair this motorcycle by himself? ／ Yes, he can.

  彼は自分でこのオートバイを修理できますか。／はい。

  - □ motorcycle [móutərsàikl]
    名 オートバイ
  - □ himself [himsélf]
    代 彼自身

- ⓬ **Can** you calm down? ／ No, I cannot.

  落ち着いてもらえますか。／いいえ。

  - □ calm down 落ち着く

- ⓭ **Can** you open the window? ／ Sure.

  その窓を開けてもらえますか。／もちろん。

- ⓮ **Can** I use the telephone? ／ Yes, you can.

  電話を使ってもいいですか。／はい。

  - □ telephone [téləfòun]
    名 電話

- ⓯ **Can** I ask you a question? ／ Yes, you can.

  あなたに質問してもいいですか。／はい。

- ⓰ **Can** I talk to you for a minute? ／ No, you can't.

  私はあなたと少しの間話させてもらえますか。／いいえ。

  - □ for a minute 少しの時間

| 月 日 | 月 日 | 月 日 |

STEP3 エクササイズで復習しよう！

次の日本語の意味を表すように、（　　）の中の英単語を並べ替えてみよう。

1 ペンギンは高く跳ぶことができません。（jump／penguins／can't／high）．

2 マイクは日本語を話すことができません。（cannot／Mike／Japanese／speak）．

3 あなたはこの場所で喫煙してはいけません。
（this／smoke／can't／you／area／in）．

4 私はあなたに3つの質問をしてもいいですか。はい。
（I／ask／questions／can／you／three）？（can／you／yes／,）．

5 あなたは小学生に英語を教えることができますか。
（English／you／to／school／teach／can／students／elementary）？

次の日本語を英語にしてみよう。

1 彼はこのオートバイを修理することができますか。はい。

2 電話を使ってもいいですか。いいえ。

3 私たちはあなたと少しの間、話させてもらえますか。はい。

4 彼らは私の意見に賛成することができません。

5 私たちは電車でその美術館に到着できません。

☆正解は469ページ☆

Section 44 助動詞③ canとbe able to

例文
I **am able to** swim fast. （私は速く泳げます）
We **are able to** understand his plans.
（私たちは、彼の計画を理解できます）

STEP1 文法ルールを学ぼう！

「～できる」という能力は、be able to を使うことでも表現できます。be動詞の部分は、主語に合った形に変化させて文を作ります。

| I | **am** (be動詞) | **able to** | swim (動詞の原形) | fast. |
| We | **are** (be動詞) | **able to** | understand (動詞の原形) | his plans. |

	主語	be動詞	～できる	
現在	I	am	able to	動詞の原形
	you, 複数	are		
	3人称単数	is		
過去	I, 3人称単数	was	able to	
	you, 複数	were		
未来	すべての主語	will be abe to		

これも覚えよう！　canの過去形

「～することができた」と、過去の状態を表現したい場合は、canの過去形couldを用いて表現します。「～することができなかった」はcould notで表現します。couldの後ろに置かれる動詞は、canのときと同じように、動詞の原形です。

STEP2 単語と例文で音読訓練しよう！ CD1 46

☐ ❶ **I am able to swim fast.**
私は速く泳げます。

☐ ❷ **We are able to understand his plans.**
私たちは、彼の計画を理解できます。

☐ ❸ **I am able to speak a few languages.**
私は2～3種類の言語を話せます。
☐ a few 2～3の

☐ ❹ **Jim is able to drive a car safely.**
ジムは安全に車を運転できます。
☐ safely [séifli] 副 安全に

☐ ❺ **This insect is able to jump high.**
この昆虫は、高く跳べる。
☐ insect [ínsekt] 名 昆虫

☐ ❻ **The large eagle is able to fly fast.**
その大きなワシは、速く飛ぶことができる。
☐ eagle [íːgl] 名 ワシ

☐ ❼ **The workers are able to use this vending machine.**
その労働者たちは、この自動販売機を使うことができる。
☐ vending machine [véndiŋ məʃíːn] 名 自動販売機

☐ ❽ **The young man is able to play the bass.**
その若い男性は、ベースを演奏できる。
☐ bass [béis] 名 ベース

中学2年 助動詞③

- ❾ **The girl is able to make a speech in front of many people.**

  その少女は、多くの人々の前でスピーチできる。

  - make a speech スピーチをする

- ❿ **The expert is able to read five books in a week.**

  その専門家は、週に5冊の本を読むことができる。

  - expert [ékspəːrt] 名 専門家

- ⓫ **Mike was able to swim at high speed.**

  マイクは、とても速く泳げた。

  - at a ~ speed ~の速さで
  - high [hái] 形 高い

- ⓬ **The man was able to buy an expensive watch.**

  その男性は、高価な腕時計を買うことができた。

- ⓭ **The dancers were able to dance to music very well.**

  そのダンサーたちは、とても上手に音楽に合わせて踊れた。

- ⓮ **We were able to make a delicious apple pie.**

  私たちは、おいしいアップルパイを作れた。

- ⓯ **They will be able to find work.**

  彼らは仕事を見つけられるでしょう。

- ⓰ **You will be able to get a high score on this test.**

  あなたはこのテストで、高得点を取れるでしょう。

  - get [gét] 動 手に入れる
  - score [skɔ́ːr] 名 スコア

| 月 日 | 月 日 | 月 日 |

STEP3 エクササイズで復習しよう！

次の日本語の意味を表すように、（　）の中の英単語を並べ替えてみよう。

1. 彼女は安全に運転することができます。
   (able ／ safely ／ is ／ drive ／ to ／ she)．

2. この昆虫は高く跳ぶことができます。
   (insect ／ is ／ able ／ this ／ to ／ high ／ jump)．

3. 私の父はベースを演奏することができた。
   (father ／ able ／ my ／ to ／ was ／ play ／ bass ／ the)．

4. 彼らはこの自動販売機を使うことができる。
   (vending ／ are ／ to ／ they ／ machine ／ use ／ this ／ able)．

5. 彼はこのテストで高得点を取ることができるでしょう。
   (able ／ score ／ a ／ in ／ he ／ will ／ get ／ to ／ this ／ be ／ high ／ test)．

次の日本語を英語にしてみよう。

1. 彼は仕事を見つけられるでしょう。

2. 私はおいしいアップルパイを作ることができる。

3. トム（Tom）は、多くの人々の前でスピーチをすることができる。

4. その男性は、高価なカメラを買うことができます。

5. その大きなワシは、とても速く飛ぶことができます。

☆正解は469ページ☆

中学 2 年　助動詞 ③

Section 45　助動詞④
be able to の否定文と疑問文

例文
Tom is not able to swim fast.（トムは速く泳げません）
Is he able to swim fast?（彼は速く泳げますか）
Yes, he is.（はい、できます）／ No, he isn't.（いいえ、できません）

STEP1 文法ルールを学ぼう！

　be able toを用いた否定文と疑問文の作り方は、be動詞の文と同じです。

　「～できない」という否定文は、be動詞の後ろにnotを置き、〈be動詞 + not able to〉とします。

　「～できますか」という疑問文は、be動詞を文の最初に置いて作ります。

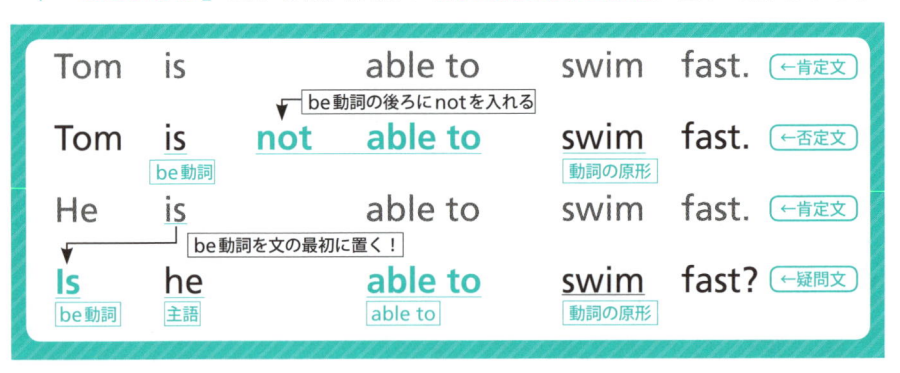

Tom	is		able to	swim	fast.	←肖定文
Tom	is	not	able to	swim	fast.	←否定文
	be動詞			動詞の原形		
He	is		able to	swim	fast.	←肯定文
Is	he		able to	swim	fast?	←疑問文
be動詞	主語		able to		動詞の原形	

（be動詞の後ろにnotを入れる／be動詞を文の最初に置く！）

　答えるときは、〈Yes, 主語 + be動詞.〉や〈No, 主語 + be動詞 + not.〉としましょう。

これも覚えよう！　can → be able to

　助動詞のwillとbe going toの書きかえ問題と同様に、canとbe able toの書きかえ問題は試験によく出ます。下の例のような問題ができるように確認しましょう。

例　トムはスペイン語を話すことができますか。
　　Can Tom speak Spanish?
　　→ Is Tom able to speak Spanish?

STEP2 単語と例文で音読訓練しよう！

❶ Tom is not able to swim fast.
トムは速く泳げません。

❷ I am not able to understand psychology.
私は心理学を理解できません。

- psychology [saikɑ́lədʒi] 名 心理学

❸ David isn't able to speak Chinese.
デイビッドは中国語を話せません。

❹ The passenger isn't able to understand this sign.
その乗客はこの標識を理解できません。

- passenger [pǽsəndʒər] 名 乗客
- sign [sáin] 名 標識

❺ These people aren't able to understand her gesture.
これらの人々は彼女のジェスチャーを理解できません。

- gesture [dʒéstʃər] 名 ジェスチャー

❻ The man isn't able to use this calculator.
その男性はこの計算機を使うことができません。

- calculator [kǽlkjulèitər] 名 計算機

❼ Our company isn't able to change its policy.
私たちの会社は方針を変えることができません。

- policy [pɑ́ləsi] 名 方針

❽ He isn't able to pay his travel expenses.
彼は旅行費用を支払うことができません。

- travel expenses 旅行費用

中学2年 助動詞④

☐ ❾ **Is** he **able to** swim fast? ／ Yes, he is.
彼は速く泳げますか。／はい。

☐ ❿ **Is** the female student **able to** speak English? ／ Yes, she is.
その女子生徒は英語を話せますか。／はい。

- ☐ female [fí:meil] 形 女性の

☐ ⓫ **Is** the employee **able to** finish this project? ／ No, he isn't.
その従業員はこの企画を終えられますか。／いいえ。

- ☐ employee [implɔ́ii] 名 従業員

☐ ⓬ **Are** you **able to** follow the rules? ／ Yes, I am.
あなたは規則に従うことができますか。／はい。

- ☐ follow [fálou] 動 従う
- ☐ rule [rú:l] 名 規則

☐ ⓭ **Are** you **able to** send messages to our teacher? ／ Yes, I am.
あなたは先生にメッセージを送れますか。／はい。

☐ ⓮ **Are** you **able to** see many animals in the distance? ／ No, I am not.
あなたは遠くの動物をたくさん見られますか。／いいえ。

- ☐ distance [dístəns] 名 距離
- ☐ in the distance 遠くに

☐ ⓯ **Are** you **able to** understand the theory? ／ Yes, we are.
あなたたちはその理論を理解できますか。／はい。

- ☐ theory [θí:əri] 名 理論

☐ ⓰ **Is** the young man **able to** move the fridge? ／ No, he isn't.
その若者は冷蔵庫を動かせますか。／いいえ。

- ☐ move [mú:v] 動 動かす
- ☐ fridge [frídʒ] 名 冷蔵庫

STEP3 エクササイズで復習しよう！

次の日本語の意味を表すように、（　）の中の英単語を並べ替えてみよう。

1 私は彼のジェスチャーを理解できません。
（not／able／understand／am／gesture／to／I／his）．

2 デイビッドは中国語を話せません。
（speak／isn't／able／Chinese／to／David）．

3 その従業員はこの計算機を使うことができません。
（employee／isn't／to／use／able／the／calculator／this）．

4 彼らはこれらの規則に従うことができますか。はい。
（rules／follow／are／able／they／to／these）？（are／they／, ／yes）．

5 その女子生徒は中国語を話すことができますか。いいえ。
（female／Chinese／to／the／is／student／able／speak）？（isn't／she／no／,）

次の日本語を英語にしてみよう。

1 彼女は旅行費用を払うことができません。

2 私たちは方針を変えることができません。

3 あなたたちは心理学を理解することができますか。はい。

4 乗客たちはこの標識を理解することができますか。いいえ。

5 彼はその冷蔵庫を動かすことができますか。はい。

☆正解は469ページ☆

Section 46 助動詞⑤ must

例文
I must do my homework. (私は宿題をしなければならない)
She must help Mike. (彼女はマイクを手伝わなければならない)

STEP1 文法ルールを学ぼう！

mustは「～しなければならない」という義務を表す助動詞ですから、主語と動詞の間に置いて使います。もちろん後ろの動詞は原形です。

```
I              do   my homework.
→I    must     do   my homework.
       〜しなければならない  動詞は原形にする

She            helps Mike.
       主語と動詞の間に助動詞を入れる
→She  must     help  Mike.
       〜しなければ  動詞は原形にする
       ならない
```

mustには、「～にちがいない」という意味もあります。たとえばHe must be Tom.は、「彼はトムにちがいない」という意味です。あわせて覚えておきましょう。

🖊 これも覚えよう！　再帰代名詞

例文⑮に、ourselves（私たち自身）という単語がありますが、これは再帰代名詞（さいきだいめいし）という代名詞です。動詞の目的語が文の主語と同一である時に使い、「（だれだれ）自身」という意味を表します。

人称	単数	複数
1人称	myself（私自身）	ourselves（私たち自身）
2人称	yourself（あなた自身）	yourselves（あなたたち自身）
3人称	herself（彼女自身） himself（彼自身） itself（それ自身）	themselves （彼ら［彼女ら；それら］自身）

月 日　月 日　月 日

STEP2 単語と例文で音読訓練しよう！ 🎧CD1 48

- ❶ **I must do my homework.**
  私は宿題をしなければならない。

- ❷ **She must help Mike.**
  彼女はマイクを手伝わなければならない。

- ❸ **We must drive carefully.**
  私たちは注意深く運転しなければならない。

- ❹ **You must pay attention to this sign.**
  あなたはこの標識に注意を払わなければならない。
  - attention [əténʃən] 名 注意
  - pay attention to ～ ～に注意を払う

- ❺ **Students must prepare for their tests.**
  生徒たちはテストの準備をしなければならない。
  - prepare for ～ ～の準備をする

- ❻ **Our team must depart soon.**
  私たちのチームはすぐに出発しなければならない。
  - depart [dɪpάːrt] 動 出発する

- ❼ **The man must buy some necessary goods.**
  その男性は、必要な商品をいくつか買わなければならない。
  - necessary [nésəsèri] 形 必要な
  - goods [gúdz] 名 商品

- ❽ **The business person must collect much information.**
  そのビジネスマンは多くの情報を集めなければならない。
  - much [mʌ́tʃ] 形 たくさんの
  - information [ìnfərméiʃən] 名 情報

中学 2 年　助動詞 ⑤

- [ ] **❾ George must make an effort.**
  ジョージは努力をしなければならない。
  - [ ] effort [éfərt] 名 努力

- [ ] **❿ David and Tom must help Mary with her homework.**
  デイビッドとトムは、メアリーの宿題を手伝わなければならない。
  - [ ] help ~ with … ~の…を手伝う

- [ ] **⓫ The police officers must arrest those men.**
  警察官たちは、その男たちを逮捕しなければならない。
  - [ ] arrest [ərést] 動 逮捕する

- [ ] **⓬ I must pass the entrance examination.**
  私は入学試験に合格しなければならない。
  - [ ] pass [pǽs] 動 合格する
  - [ ] entrance examination [éntrəns igzæmənéiʃən] 名 入学試験

- [ ] **⓭ Our boss must check these documents completely.**
  私たちの上司はこれらの書類を完全にチェックしなければならない。
  - [ ] completely [kəmplíːtli] 副 完全に

- [ ] **⓮ They must solve this problem right now.**
  彼らはこの問題をすぐに解決しなければならない。
  - [ ] right now 今すぐに
  - [ ] solve [sálv] 動 解決する

- [ ] **⓯ We must repair the copy machine by ourselves.**
  私たちはそのコピー機を自分で修理しなければならない。
  - [ ] copy machine [kápi məʃíːn] コピー機
  - [ ] ourselves [ɑːrsélvz] 代 我々自身を
  - [ ] by -self 独力で

- [ ] **⓰ We must judge things fairly.**
  私たちは物事を公平に判断しなければならない。
  - [ ] judge [dʒʌ́dʒ] 動 判断する
  - [ ] things [θíŋz] 名 物事
  - [ ] fairly [féərli] 副 公平に

STEP3 エクササイズで復習しよう！

次の日本語の意味を表すように、（　）の中の英単語を並べ替えてみよう。

1 私は、今晩、彼に電話をしなければならない。
（I ／ call ／ him ／ tonight ／ must）.

2 あなたたちは明日のテストの準備をしなければならない。
（must ／ prepare ／ tomorrow's ／ for ／ you ／ test）.

3 私たちはこの標識に注意を払わなければならない。
（attention ／ to ／ sign ／ we ／ this ／ pay ／ must）.

4 私たちは努力をしなければならない。
（must ／ make ／ we ／ efforts）.

5 その労働者たちは、この問題をすぐ理解しなければなりません。
（workers ／ the ／ now ／ this ／ must ／ solve ／ problem ／ right）.

次の日本語を英語にしてみよう。

1 私たちは物事を公平に判断しなければならない。

2 私たちは入学試験に合格しなければならない。

3 私たちはそのコピー機を修理しなければならない。

4 彼女はいくつかの必要な商品を買わなければならない。

5 彼はこれらの書類をチェックしなければならない。

☆正解は469ページ☆

Section 47 助動詞⑥ mustの否定文と疑問文

例文
You must not stay up late tonight.
（あなたは今晩、夜ふかしをしてはいけません）
Must I go home now?（私は今家に帰らなければなりませんか）
　　Yes, you must.（はい、帰らなければなりません）
　　No, you don't have to.（いいえ、帰る必要はありません）

STEP1 文法ルールを学ぼう！

「〜してはいけません」という禁止を表すmustの否定文は、mustの後ろにnotを置き、〈must not ＋ 動詞の原形〉で作ります。must notはmustn'tと短縮できます。発音は[mʎsnt]です。

「〜しなければなりませんか」という疑問文は、mustを文の最初に置き、〈Must ＋ 主語 ＋ 動詞の原形 〜 ？〉で作ります。

You	must	stay	up late tonight.	←肯定文
You	must not	stay	up late tonight.	←否定文
主語	助動詞 not	動詞の原形		

I must go home now. ←肯定文
　↓　mustを文の最初に置く
| Must | I | go | home now? | ←疑問文 |
| 助動詞 | 主語 | 動詞の原形 | | |

「はい、しなければなりません」は〈Yes, 主語 ＋ must.〉ですが、逆に「いいえ、する必要はありません」と答える場合、No, you mustn't.（いいえ、してはいけません）とすると意味をなさないので、mustではなくhave toを使い、〈No, 主語＋don't [doesn't] have to.〉と言います。

また、canにはcouldという過去形がありますが（→Section44）、mustには過去形がありません。そこで、「〜しなければならなかった」と表現したい場合にも、have toが使われます。have toについてはSection48以降で学習します。

STEP2 単語と例文で音読訓練しよう！ CD1 49

❶ You must not stay up late tonight.
あなたは今晩、夜ふかしをしてはいけません。

- stay up late 夜更かしする
- late [léit] 副 遅くに

❷ You must not feed the animals in the zoo.
あなたは動物園の動物に餌を与えてはいけません。

- feed [fíːd] 動 餌を与える

❸ We must not drive carelessly.
私たちは不注意に自動車を運転してはいけません。

- carelessly [kέərlisli] 副 不注意な

❹ You must not neglect these signs.
あなたはこれらの標識を無視してはいけません。

- neglect [niglékt] 動 無視する

❺ Your party mustn't start now.
あなたの一行は今、出発してはいけません。

- party [páːrti] 名 （人々などの）一行

❻ You mustn't buy unnecessary goods.
あなたは不必要な商品を買ってはいけません。

- unnecessary [ʌnnésəsèri] 形 不必要な

❼ You mustn't waste any time.
あなたは時間を無駄にしてはいけません。

- waste [wéist] 動 無駄にする

❽ You mustn't deceive others.
あなたは他人をだましてはいけません。

- deceive [disíːv] 動 だます
- others [ʌ́ðərz] 代 〔複〕他人たち

中学2年 助動詞⑥

☐ ❾ **Must** I go home now? ／ Yes, you must.

私は今家に帰らなければなりませんか。／はい。

☐ ❿ **Must** John make a speech in the conference? ／ Yes, he must.

ジョンは会議でスピーチをしなければなりませんか。／はい。

☐ ⓫ **Must** they help Mary with her homework? ／ No, they don't have to.

彼らはメアリーの宿題を手伝わなければなりませんか。／いいえ。

☐ ⓬ **Must** the police officers arrest those men? ／ Yes, they must.

警察官はそれらの男たちを逮捕しなければなりませんか。／はい。

☐ ⓭ **Must** he pass the entrance examination? ／ Yes, he must.

彼は入学試験に合格しなければなりませんか。／はい。

☐ ⓮ **Must** you repair the copy machine by yourself ? ／ No, I don't have to.

あなたはコピー機を自分で修理しなければなりませんか。／いいえ。

☐ yourself [juərsélf]
代 あなた自身

☐ ⓯ **Must** they solve this problem by themselves? ／ Yes, they must.

彼らはこの問題を自分で解決しなければなりませんか。／はい。

☐ themselves [ðəmsélvz]
代 彼ら自身

☐ ⓰ **Must** you pay all the staff equally? ／ No, I don't have to.

あなたは全スタッフ平等に支払わなければなりませんか。／いいえ。

☐ equally [íːkwəli]
副 平等に
☐ staff [stǽf]
名 スタッフ

STEP3 エクササイズで復習しよう！

次の日本語の意味を表すように、（　）の中の英単語を並べ替えてみよう。

1　あなたは動物園の動物に餌を与えてはいけません。
（you ／ feed ／ not ／ animals ／ in ／ must ／ the ／ zoo ／ the）．

2　彼らは多くの時間を無駄にしてはいけません。
（must ／ they ／ not ／ much ／ time ／ waste）．

3　あなたは他人をだましてはいけません。
（others ／ mustn't ／ you ／ deceive）．

4　警察官はそれらの男たちを逮捕しなければなりませんか。はい。
（must ／ police ／ arrest ／ men ／ those ／ the ／ officers）？（they ／, ／ must ／ yes）

5　私たちは、すぐに出発をしなければなりませんか。
（we ／ depart ／ must ／ now ／ right）？（no ／ you ／ have ／, ／ to ／ don't）

次の日本語を英語にしてみよう。

1　あなたは今晩、夜ふかしをしてはいけません。

2　あなたは彼の宿題を手伝ってはいけません。

3　あなたはこれらの標識を無視してはいけません。

4　彼女はその会議でスピーチしなければなりませんか。はい。

5　私たちはこの問題を今すぐに解決しなければなりませんか。いいえ。

☆正解は470ページ☆

Section 48 助動詞⑦ mustとhave to

例文 You have to go home now.
（あなたは今、家に帰らなければならない）

STEP1 文法ルールを学ぼう！

「〜しなければならない」という義務を表す助動詞mustは、have toを用いて書きかえることができます。なお、主語が3人称単数形の場合、haveはhasにします。

「〜しなければならなかった」と、過去のことを表す場合はhad toとします。Section 46・47で学んだmustには過去形はありませんので、このhad toを使うということも覚えておきましょう。

そして、have toでもhas toでもhad toでも、canやmustなどと同様に、その後ろには動詞の原形がきます。

	You	must	go	home now.
→	You	have to	go	home now.
	Mary	has to	go	home now.
	She	had to	go	home then.

ほぼ同じ意味!!
have to
3単現のs
「しなければならなかった」＝過去
動詞の原形
「そのとき」＝過去

✎これも覚えよう！　助動詞should

もう1つ、「〜すべきだ」という意味を表す助動詞に、shouldがあります。これもほかの助動詞と同様、後ろに動詞の原形を置いて文を作ります。shouldはまた「〜したほうがいい」という、少しやわらかいニュアンスも含みます。なお、Should I 〜？という形で疑問文にすると、「〜しましょうか」という意味のShall I 〜？と同じ意味で使うこともあります。

月 日　月 日　月 日

STEP2 単語と例文で音読訓練しよう！ 🎧CD1 50

☐ ❶ You **have to** go home now.

あなたは今、家に帰らなければならない。

☐ ❷ You **have to** take your trash with you.

あなたはごみを持ち帰らなければならない。

☐ trash [trǽʃ] 名 ごみ

☐ ❸ We **have to** share our housework.

私たちは家事を分担しなければならない。

☐ share [ʃéər] 動 共有する
☐ housework [háuswə́ːrk] 名 家事

☐ ❹ Players **have to** understand their situation.

選手たちは彼らの状況を理解しなければならない。

☐ situation [sìtʃuéiʃən] 名 状況

☐ ❺ Our team **has to** support them.

私たちのチームは彼らを支えなければならない。

☐ support [səpɔ́ːrt] 動 支える

☐ ❻ I **have to** know a traditional way of living.

私は伝統的な生活様式を知らなければならない。

☐ traditional [trədíʃənl] 形 伝統的な
☐ way [wéi] 名 やり方
☐ way of living 生活様式

☐ ❼ The housewives **have to** discuss the matter.

主婦たちはそのことについて討論しなければならない。

☐ housewife [háuswàif] 名 主婦

☐ ❽ You **have to** realize the importance of this article.

あなたはこの記事の重要性を知らなければならない。

☐ importance [impɔ́ːrtəns] 名 重要性
☐ article [áːrtikl] 名 記事

中学 **2** 年　助動詞⑦

221

❾ The young person has to have courage.

その若い人は勇気を持たなければならない。

- □ courage [kə́ːridʒ] 名 勇気

❿ The worker has to work in this factory.

その労働者はこの工場で働かなければならない。

- □ factory [fǽktəri] 名 工場

⓫ David has to stand her behavior.

デイビッドは彼女の行動にがまんしなければならない。

- □ stand [stǽnd] 動 がまんする
- □ behavior [bihéivjər] 名 行動

⓬ The company has to survive in the global market.

その会社は、世界的な市場の中で生き残らなければならない。

- □ survive [sərváiv] 動 生き残る
- □ global [glóubəl] 形 世界的な
- □ market [máːrkit] 名 市場

⓭ We had to meet our manager.

私たちはマネージャーに会わなければならなかった。

⓮ Jim had to describe the accident.

ジムはその事故についてくわしく述べなければならなかった。

- □ describe [diskráib] 動 くわしく述べる
- □ accident [ǽksədənt] 名 事故

⓯ They had to explain the matter to me.

彼らは私に、その事柄について説明しなければならなかった。

- □ explain [ikspléin] 動 説明する

⓰ We had to achieve a big goal.

私たちは大きな目標を達成しなければならなかった。

- □ achieve [ətʃíːv] 動 達成する
- □ goal [góul] 名 目標

STEP3 エクササイズで復習しよう！

次の日本語の意味を表すように、（　）の中の英単語を並べ替えてみよう。

1 彼女はこのごみを持ち帰らなければなりません。
（she ／ has ／ take ／ trash ／ to ／ her ／ with ／ this）．

2 その主婦たちは、明日のパーティの準備をしなければなりません。
（have ／ prepare ／ tomorrow's ／ for ／ housewives ／ party ／ to ／ the）．

3 私たちのチームは彼を支えなければなりません。
（team ／ to ／ him ／ has ／ our ／ support）．

4 あなたはこの記事の重要性を知らなければならなかった。
（know ／ this ／ to ／ you ／ the ／ had ／ importance ／ of ／ article）．

5 彼は勇気を持たなければならなかった。
（to ／ have ／ he ／ the ／ had ／ courage）．

次の日本語を英語にしてみよう。

1 私たちは伝統的な生活様式を知らなければなりません。

2 あなたは彼の行動にがまんしなければなりません。

3 私たちは家事を分担しなければなりません。

4 私たちは大きな目標を達成しなければならなかった。

5 その労働者はこの工場で働かなければならなかった。

☆正解は470ページ☆

Section 49 助動詞⑧ have toの否定文と疑問文

例文
You don't have to go home now.
（あなたは今家に帰らなくてもよい）
Do I have to call you this afternoon?
（私は今日の午後あなたに電話しなければなりませんか）
Yes, you do.（はい、しなければなりません）
No, you don't.（いいえ、する必要はありません）

STEP1 文法ルールを学ぼう！

have[has] toの否定文は、「～する必要はない」や「～しなくてもいい」という意味です。have[has]の前にdon'tかdoesn'tをつけて、don't[doesn't] have toで表せます。疑問文は、文頭にdoやdoesを置いて、「～する必要はありますか」という文にします。

なお、否定文でも疑問文でも、主語が三人称単数でdoesを使う場合、have toをhas toにはしませんので注意しましょう。

また、否定文と疑問文では、have toのhaveの代わりにneedを置くこともできます。たとえば、You don't have to work at night.は、You don't need to work at night.と言いかえられるのです。

You	don't have to	work	at night.
	haveの前にdon'tやdoesn'tを置く	動詞の原形	
Do	I	have to	call	you this afternoon?
文頭にdoやdoes	主語		動詞の原形	

これも覚えよう！　must notとdon't have to

must = have to と学習しましたが、否定文では少し注意が必要です。
must notは「～してはいけない」、don't have to は「～する必要がない」というように、意味が全くちがいます。

例
You mustn't work at night.　←夜働いてはいけない
You don't have to work at night.　←夜働く必要はない

STEP2 単語と例文で音読訓練しよう！ CD1 51

❶ You don't have to go home now.
あなたは今家に帰らなくてもよい。

❷ You don't have to turn off your cell phone.
あなたは携帯電話を切る必要はありません。
- turn off ~（スイッチを）切る
- cell phone [sél fóun] 名 携帯電話

❸ You don't have to use a pillow.
あなたはまくらを使う必要はありません。
- pillow [pílou] 名 まくら

❹ The dentist doesn't have to check the documents.
その歯科医はその書類をチェックする必要はありません。

❺ In this case, you don't have to go there.
この場合、あなたはそこに行く必要はありません。
- case [kéis] 名 場合

❻ Jane doesn't have to take care of that puppy.
ジェーンはあの子犬の世話をする必要はない。
- take care of ~の世話をする
- puppy [pʌ́pi] 名 子犬

❼ The comedian doesn't need to be on stage today.
そのコメディアンは、今日はステージに上がる必要はありません。

❽ She doesn't need to change her hair style.
彼女はヘアスタイルを変える必要はありません。
- hair style [héərstàil] 名 ヘアスタイル

中学 2 年 助動詞 ⑧

☐ **❾ Do I have to call you this afternoon? / Yes, you do.**

私は今日の午後あなたに電話しなければなりませんか。/はい。

☐ **❿ Do they have to save these animals? / Yes, they do.**

彼らはこれらの動物を救わなければなりませんか。/はい。

☐ save [séiv] 動 救う

☐ **⓫ Does this company have to expand abroad? / Yes, it does.**

この会社は海外へ拡大しなければなりませんか。/はい。

☐ expand [ikspǽnd] 動 拡大する

☐ **⓬ Do the politicians have to change the laws? / No, they don't.**

政治家たちは法律を変えなければなりませんか。/いいえ。

☐ law [lɔ́:] 名 法律

☐ **⓭ Does Bob have to explain the cause of the accident? / Yes, he does.**

ボブは、事故の原因を説明しなければなりませんか。/はい。

☐ cause [kɔ́:z] 名 原因

☐ **⓮ Does this country need to have an international airport? / No, it doesn't.**

この国は国際空港を持たなければなりませんか。/いいえ。

☐ international [ìntərnǽʃənl] 形 国際的な
☐ airport [ɛ́ərpɔ̀ːrt] 名 空港

☐ **⓯ Did they need to give a clear answer? / Yes, they did.**

彼らははっきりした答えを出さねばならなかったのか。/はい。

☐ **⓰ Did you have to reduce the amount of beer? / No, I didn't.**

あなたはビールの量を減らさなければなりませんでしたか。/いいえ。

☐ reduce [ridjú:s] 動 減らす
☐ amount [əmáunt] 名 量
☐ the amount of 〜の量

STEP3 エササイズで復習しよう！

次の日本語の意味を表すように、（　）の中の英単語を並べ替えてみよう。

1 あなたは携帯電話を切る必要はありません。
（your ／ have ／ turn ／ to ／ cell ／ off ／ don't ／ you ／ phone）．

2 彼女は、ここでは制服を着る必要がありません。
（have ／ wear ／ doesn't ／ she ／ her ／ to ／ uniform）here.

3 あなたはまくらを使う必要はありません。
（a ／ don't ／ use ／ pillow ／ have ／ you ／ to）．

4 彼らはこれらの動物を救わなければなりませんか。はい。
（they ／ do ／ have ／ save ／ animals ／ these ／ to）？（they ／ do ／ , ／ yes）．

5 あなたはここに来る必要がありますか。いいえ。
（do ／ come ／ need ／ you ／ to ／ here）？（I ／ , ／ no ／ don't）．

次の日本語を英語にしてみよう。

1 この場合、あなたはそこに行く必要はありません。

2 彼はヘアスタイルを変える必要はありません。

3 この会社は海外へ拡大しなければなりませんか。はい。

4 彼らは法律を変えなければなりませんか。はい。

5 この国は国際空港を持つ必要がありますか。いいえ。

☆正解は470ページ☆

Section 50 助動詞⑨ Will you / Shall I / Shall we ～?

例文
Will you help me?（私を手伝ってくれませんか）
Shall I reserve your flight?（あなたのフライトを予約しましょうか）
Shall we watch a movie here?（ここで一緒に映画を見ませんか）

STEP1 文法ルールを学ぼう！

　助動詞を用いた決まった表現として、会話などでもよく使われるものを学習しましょう。「～しますか[するつもりですか]」というwillを使った疑問文はSecton39で学習しましたが、Will you ～?という疑問文には「～してくれますか」という依頼の意味もあります。そして、このwillをwouldにすると、「～してくれませんか」のような、よりていねいな言い方になります。なお、canの疑問文Can you ～?にも「～してもらえますか」という依頼の意味があります（→Section43）が、このcanをcouldにすると、「～していただけませんか」とよりていねいな言い方になります。
　Shall I ～?は「（私が）～しましょうか」と提案する表現です。
　Should I ～?（〈私が〉～したほうがいいですか）も同様の表現です。
　Shall we ～?なら「（一緒に）～しませんか」と誘う表現になります。ちなみにShall we ～?は、この後Section54で学習するLet's ～とほとんど同じ意味を表します。

【問いかけ】
Will you help me?
～してくれますか　動詞の原形

Shall I reserve your flight?
～しましょうか　動詞の原形

Shall we watch a movie here?
～しませんか　動詞の原形

【返答例】
Sure. ／ Of course. ／ Certainly.
[もちろんです]

Yes, please.［はい、お願いします］
No, thank you.［いいえ、結構です］

Yes, let's.［はい、そうしましょう］
No, let's not.［いいえ、やめておきましょう］

| 月 日 | 月 日 | 月 日 |

STEP2 単語と例文で音読訓練しよう！ 🎧CD1 52

☐ ❶ **Will you help me? ／ Of course.**
私を手伝ってくれませんか。もちろんです。

☐ of course もちろん

☐ ❷ **Will you show me that graph? ／ Sure.**
あのグラフを私に見せてくれませんか。もちろんです。

☐ sure [ʃúər] 副 もちろん
☐ show [ʃóu] 動 見せる
☐ graph [grǽf] 名 グラフ

☐ ❸ **Will you design a dress for me? ／ Certainly.**
ドレスをデザインしてくれませんか。もちろんです。

☐ design [dizáin] 動 デザインをする
☐ certainly [sə́ːrtnli] 副 もちろん

☐ ❹ **Will you recycle these bottles?**
これらのびんを再利用してくれませんか。

☐ recycle [rìːsáikl] 動 再利用する

☐ ❺ **Will you join our team?**
我々のチームに参加してくれませんか。

☐ ❻ **Will you return the book to the library?**
本を図書館まで返してくれませんか。

☐ return [ritə́ːrn] 動 返す

☐ ❼ **Shall I reserve your flight? ／ No, thank you.**
私はあなたのフライトを予約しましょうか。／いいえ、結構です。

☐ reserve [rizə́ːrv] 動 予約する
☐ flight [fláit] 名 フライト

☐ ❽ **Shall I take a message? ／ Yes, please.**
伝言をお預かりしましょうか。／はい。

☐ take a message 伝言を預かる

中学 **2** 年　助動詞⑨

☐ **❾ Shall I bring some plates to the table? / Thank you.** テーブルに数枚の皿を持ってきましょうか。／ありがとう。	☐ plate [pléit] 名 皿
☐ **❿ Shall I check your papers?** あなたの論文をチェックしましょうか。	☐ papers [péipərs] 名〔複〕論文
☐ **⓫ Shall I pour some milk into the glass?** ミルクをグラスに注ぎましょうか。	☐ pour [pɔ́ːr] 動 注ぐ ☐ pour ～ into … 　～を…に注ぐ ☐ glass [glǽs] 名 グラス
☐ **⓬ Shall we have a meal together? / Yes, let's.** 一緒に食事をしませんか。／はい。	☐ meal [míːl] 名 食事
☐ **⓭ Shall we think about this accident seriously?** 私たちは深刻にこの事故について考えましょう。	☐ seriously [síəriəsli] 副 深刻に
☐ **⓮ Shall we look over this matter on the Internet?** インターネットでこのことについて調べましょう。	☐ look over ～ 調べる ☐ on the Internet インターネットで
☐ **⓯ Shall we have another glass of beer? / No, let's not.** ビールをもう1杯飲みましょう。／いいえ、やめておきましょう。	☐ another [ənʌ́ðər] 形 別の
☐ **⓰ By the way, shall I take a picture of you? / No, thank you.** ところで、あなたの写真を撮りましょうか。／いいえ、結構です。	☐ take a picture 　写真を撮る ☐ by the way 　ところで

STEP3 エクササイズで復習しよう！

次の日本語の意味を表すように、（　）の中の英単語を並べ替えてみよう。

1 私にあなたの辞書を貸してもらえませんか。
（your ／ you ／ lend ／ will ／ me ／ dictionary）？

2 あのドレスを見せてもらえませんか。
（show ／ dress ／ will ／ me ／ you ／ that）？

3 あなたの論文をチェックしましょうか。
（papers ／ shall ／ your ／ check ／ I）？

4 ミルクをグラスに注ぎましょうか。
（milk ／ shall ／ pour ／ I ／ into ／ glass ／ the ／ some）？

5 ビールをもう一杯飲みませんか。
（we ／ have ／ glass ／ of ／ shall ／ beer ／ another）？

次の日本語を英語にしてみよう。

1 あのグラフを私に見せてくれますか。

2 あなたのフライトを予約しましょうか。

3 ここで一緒に映画を見ませんか。

4 伝言をお預かりしましょうか。

5 インターネットでこのことについて調べませんか。はい。

☆正解は470ページ☆

Section 51 助動詞⑩ Would you like ～ ?

例文
Would you like some cookies?
（クッキーを数枚いかがですか）
Would you like to take a rest for a while?
（しばらく休憩したらいかがですか）

STEP1 文法ルールを学ぼう！

Would you like ～ ?は、Do you want ～ ?のていねいな言い方です。〈Would you like ＋ 名詞?〉は、「[名詞] はいかがですか」という、相手に何かをすすめる表現です。また、to ＋動詞の原形を後ろに続けて〈Would you like to ＋ 動詞の原形 ～ ?〉とすると、「[動詞] をしてはいかがですか」という意味で、相手に動作や行動をすすめる表現になります。

Would you like some cookies?
〜はいかがですか　（修飾語）　名詞

返答例
Thank you.（ありがとう）
Yes, please.（はい、お願いします）

Would you like to take a rest?
〜はいかがですか　to ＋ 動詞の原形

返答例
Thank you.（ありがとう）
No, thank you.（いいえ、結構です）

なお、疑問文ではなくふつうの文の形で〈I would like to ＋名詞〉や〈I would like to ＋動詞の原形〉とすると、「私は[名詞] が欲しいです」「私は[動詞] がしたいです」という意味です。これもていねいな言い方です。

これも覚えよう！　ものの量を表すことば

何かを相手にすすめるWould you like ～ ? という疑問文では、ものの数や量を表す言葉がよく一緒に用いられます。とくに、30ページで学んだような「数えられない名詞」の量を表す言葉は、日常会話でも良く使うのでまとめてチェックしましょう。

☐ glass of　（グラス）1杯の　　☐ cup of　（カップ）1杯の　　☐ piece of　1切れの
☐ slice of　1切れの　　☐ pair of　1そろいの　　☐ sheet of　1枚の

STEP2 単語と例文で音読訓練しよう！ 📻CD1 53

❶ Would you like some cookies? / Yes, thank you.
クッキーを数枚いかがですか。／ありがとう。

- cookie [kúki]
  名 クッキー

❷ Would you like some biscuits? / Yes, please.
ビスケットを数枚いかがですか。／はい、お願いします。

- biscuit [bískit]
  名 ビスケット

❸ Would you like another glass of wine? / No, thank you.
ワインをもう1杯いかがですか。／いいえ、結構です。

❹ Would you like another cup of coffee?
コーヒーをもう1杯いかがですか。

❺ Would you like another piece of chicken?
チキンをもう1ついかがですか。

- piece [píːs]
  名 ひとかけら
- chicken [tʃíkən]
  名 チキン

❻ Would you like another slice of cheese?
チーズをもう1枚いかがですか。

- slice [sláis] 名 1枚
- cheese [tʃíːz] 名 チーズ

❼ Would you like another slice of lemon?
レモンをもう1枚いかがですか。

- lemon [lémən] 名 レモン

❽ Would you like another slice of toast?
トーストをもうひと切れいかがですか。

- toast [tóust] 名 トースト

中学 **2** 年　助動詞⑩

- ❾ **Would you like to take a rest for a while?**
  しばらく休憩したらいかがですか。
  - ☐ for a while 少しの間

- ❿ **Would you like to wear a sweater?**
  セーターを着てはいかがですか。
  - ☐ sweater [swétər] 名 セーター

- ⓫ **Would you like to leave a message?**
  伝言を残してはいかがですか。
  - ☐ leave a message 伝言を残す

- ⓬ **Would you like to make a reservation here?**
  ここで予約をしてはいかがですか。
  - ☐ reservation [rèzərvéiʃən] 名 予約
  - ☐ make a reservation 予約する

- ⓭ **Would you like to take a few days off?**
  2～3日、休みを取ってはいかがですか。
  - ☐ take ~ off ~の休みをとる

- ⓮ **Would you like to use a handkerchief?**
  ハンカチを使ってはいかがですか。
  - ☐ handkerchief [hǽŋkərtʃif] 名 ハンカチ

- ⓯ **Would you like to buy a pair of shoes?**
  靴を1足買ってはいかがですか。
  - ☐ a pair of ~ ひと組の~

- ⓰ **Would you like to have another blanket?**
  毛布をもう1枚いかがですか。
  - ☐ blanket [blǽŋkit] 名 毛布

月 日　月 日　月 日

STEP3 エクササイズで復習しよう！

次の日本語の意味を表すように、（　）の中の英単語を並べ替えてみよう。

1 コーヒーをもう1杯いかがですか。はい、ありがとう。
(cup ／ like ／ you ／ would ／ coffee ／ another ／ of) ？ (thank ／, ／ you ／ yes) .

2 チキンをもうひと切れいかがですか。いいえ、結構です。
(of ／ piece ／ you ／ would ／ another ／ like ／ chicken) ？ (thank ／ no ／, ／ you) .

3 セーターを着てはいかがですか。はい、ありがとう。
(to ／ wear ／ you ／ sweater ／ would ／ a ／ like) ？ (thank ／, ／ yes ／ you) .

4 このハンカチを使ってはいかがですか。いいえ、結構です。
(like ／ would ／ use ／ handkerchief ／ you ／ to ／ this) ？ (no ／ thank ／ you ／,) .

5 ここで予約をしてはいかがですか。はい、ありがとう。
(make ／ here ／ reservation ／ would ／ like ／ you ／ to ／ a) ？ (yes ／ thank ／ you ／,) .

次の日本語を英語にしてみよう。

1 ビスケットを数杯いかがですか。はい、ありがとう。

2 チーズをもう1枚いかがですか。いいえ、結構です。

3 トーストをもう1切れいかがですか。はい、ありがとう。

4 靴を1足買ってはいかがですか。いいえ、結構です。

5 しばらく休憩してはいかがですか。はい、ありがとう。

中学 **2** 年　助動詞⑩

☆正解は470ページ☆

熟語 まとめてチェック！ 1

基本的な動詞を使った熟語表現は、実際の会話でも良く使われますし、とても大切です。

takeを使った熟語

☐ **take care of**　〜の世話をする
　I have to **take care of** the baby.　私はその赤ちゃんの面倒を見なければなりません。

☐ **take out**　〜を取り出す
　He **took out** some notebooks.　彼は数冊のノートを取り出しました。

☐ **take off**　離陸する；脱ぐ
　The plane will **take off** soon.　その飛行機はまもなく離陸するでしょう。

☐ take ~ off	〜の休みをとる	☐ take ~ seriously	〜を深刻に考える
☐ take place	〜が開催される	☐ take part in	〜に参加する
☐ take a look at	〜を見る	☐ take a picture	写真をとる
☐ take a shower	シャワーを浴びる	☐ take a bath	風呂に入る
☐ take a walk	散歩をする	☐ take a break	休憩をとる
☐ take a vacation	休暇をとる		

talkを使った熟語

☐ talk with　〜と話す　　　　　　　　　☐ talk about　〜について話す
☐ talk to　〜と話す

makeを使った熟語

☐ **make a mistake**　間違いをおかす
　He **made a lot of mistakes** in his speech.
　　　　　　　　　　　　　　　　　彼はスピーチの中で多くの間違いをおかしました。

☐ **make friends with**　〜と友だちになる
　I **made friends with** a lot of people around the world.
　　　　　　　　　　　　　　　私は世界中のたくさんの人々と友だちになりました。

☐ make a speech　スピーチをする　　　☐ make a reservation　予約する

hearを使った熟語

☐ **hear from**　〜から返事をもらう
　I look forward to **hearing from** you.　私はあなたから返事をもらうことを楽しみにしています。

☐ **hear of**　〜のうわさを聞く
　We **heard of** his success.　私たちは彼の成功のうわさを聞きました。

会話表現 まとめてチェック！3

【電話で使うフレーズ】

Hello. This is Howard.（こんにちは。ハワードです）
Who is speaking, please?（どなたですか）
Hold on, please.（少しお待ちください）
I'll call back.（後でかけなおします）
May I speak to Bert?（バートさんをお願いします）

> Howardのところは、自分の名前を入れてみよう！

【お店で使うフレーズ】

May I help you? / Can I help you?（いらっしゃいませ）
→ No, thank you.（いいえ、けっこうです）
→ I'm just looking around.（見ているだけです）
→ Thank you, but that's OK.（ありがとう、でも大丈夫です）
Can I try this on?（これを試着してもいいですか）
→ Sure.（もちろんです）　→ Go ahead.（どうぞ）

【おもてなしのフレーズ】

Have a seat, please.（おかけになってください）
It's on me.（ごちそうしますよ）

【便利な疑問文いろいろ】

What do you mean?（どういう意味ですか）
May I ask you a favor?（お願いがあるのですが）
Where is the post office?（郵便局はどこですか）
Why don't you go shopping?（買い物しませんか）
→ Why not.（もちろん）

【便利な表現いろいろ】

No kidding!（冗談でしょう？）　Give me a break.（それはないでしょう）
It's up to you.（あなたに任せます）
Leave me alone.（1人にしてください）

Section 52 命令文① 命令

例文
Open the window.（窓を開けなさい）
Please open the window.（窓を開けてください）
Open the window, please.（窓を開けてください）

STEP1 文法ルールを学ぼう！

「〜しなさい」という命令の文は、文の先頭にある主語を省いて、動詞の原形からスタートさせます。amやareやisなどのbe動詞を命令文にして「〜でありなさい」とする場合は、be動詞も原形のbeにして文を作ります。

また、少していねいに、「〜してください」という文にするときは、〈Please ＋ 動詞の原形 〜.〉や〈動詞の原形 〜, please.〉のように、文頭か文末にpleaseという単語を置きます。

ただし、命令文にpleaseをつけたからといって、それがとてもていねいな言い方になるわけではありません。相手にきちんとていねいにものを頼みたい場合は、Section50や51で学習した、「依頼」の表現を使うようにしましょう。

Open the window.
 動詞の原形
→ Please open the window. ＝ Open the window, please.
　　　　　　動詞の原形
　　　命令文の最初か最後にpleaseを置く

なお、命令文に対してそれを受け入れる場合は、OK.（うん）やSure.（もちろん）やAll right.（わかりました）を使います。

✏️ これも覚えよう！ 命令文の書きかえ

命令文は、mustやhave toを使って書きかえられます。

例　Open the window.　←命令文
　→ You must [have to] open the window.
　　You must [have to] be kind and strong.
　→ Be kind and strong.　←命令文

STEP2 単語と例文で音読訓練しよう！ 🎧CD1 55

☐ ❶ **Open** the window.
　　窓を開けなさい。

☐ ❷ **Be energetic.**
　　活動的でありなさい。
　　　　　　　　　　　　　　　☐ energetic [ènərdʒétik]
　　　　　　　　　　　　　　　形 活動的な

☐ ❸ **Be ambitious.**
　　野心的でありなさい。
　　　　　　　　　　　　　　　☐ ambitious [æmbíʃəs]
　　　　　　　　　　　　　　　形 野心的な

☐ ❹ **Be careful.**
　　注意深くしなさい。
　　　　　　　　　　　　　　　☐ careful [kéərfəl]
　　　　　　　　　　　　　　　形 注意深い

☐ ❺ **Wash** your hands.
　　手を洗いなさい。
　　　　　　　　　　　　　　　☐ hand [hǽnd] 名 手

☐ ❻ **Take** a seat.
　　席に座りなさい。
　　　　　　　　　　　　　　　☐ seat [síːt] 名 席
　　　　　　　　　　　　　　　☐ take a seat　席に座る

☐ ❼ **Protect** the environment.
　　環境を保護しなさい。
　　　　　　　　　　　　　　　☐ protect [prətékt]
　　　　　　　　　　　　　　　動 保護する
　　　　　　　　　　　　　　　☐ environment
　　　　　　　　　　　　　　　[inváiərənmənt] 名 環境

☐ ❽ **Borrow** several books from the library.
　　図書館から、数冊の本を借りなさい。
　　　　　　　　　　　　　　　☐ borrow ～ from …
　　　　　　　　　　　　　　　～を…から借りる
　　　　　　　　　　　　　　　☐ several [sévərəl]
　　　　　　　　　　　　　　　形 いくつかの

中学 **2** 年　命令文①

- ☐ **❾ Please stand in line.**
  列を作ってください。
  - ☐ stand in line 列を作る
  - ☐ line [láin] 名 列

- ☐ **❿ Please wear sunglasses.**
  サングラスをつけてください。
  - ☐ sunglasses [sʌ́nglæsəz] 名〔復〕サングラス

- ☐ **⓫ Please enjoy the beautiful scenery.**
  美しい景色を楽しんでください。
  - ☐ enjoy [indʒɔ́i] 動 楽しむ
  - ☐ scenery [síːnəri] 名 景色

- ☐ **⓬ Spell your last name, please.**
  あなたの苗字をつづりなさい。
  - ☐ spell [spél] 動 つづる
  - ☐ last name 苗字

- ☐ **⓭ Cheer up, please.**
  元気を出してください。
  - ☐ cheer [tʃíər] 動 応援する
  - ☐ cheer up 元気になる

- ☐ **⓮ Lie on the sofa, please.**
  ソファーの上に横たわってください。

- ☐ **⓯ Open your books to page 50.**
  本の50ページを開けなさい。
  - ☐ page [péidʒ] 名 ページ

- ☐ **⓰ Serve me a glass of wine, please.**
  ワインを1杯、私に出してください。
  - ☐ serve [sə́ːrv] 動（食事などを）出す

| 月 日 | 月 日 | 月 日 |

STEP3 エクササイズで復習しよう！

次の日本語の意味を表すように、（　）の中の英単語を並べ替えてみよう。

1 お年寄りには、親切にしなさい。
（kind ／ be）to old people.

2 ここでは気をつけてください。
（careful ／ be ／ please）here.

3 美しい景色を楽しんでください。
（enjoy ／ please ／ scenery ／ beautiful）.

4 ソファの上に横たわってください。
（sofa ／ , ／ on ／ lie ／ the ／ please）.

5 サングラスを身につけてください。
（sunglasses ／ , ／ please ／ wear）.

次の日本語を英語にしてみよう。

1 野心的でありなさい。

2 環境を保護しなさい。

3 席に座りなさい。

4 図書館から、数冊の本を借りなさい。

5 ワインを1杯、私に出してください。

☆正解は471ページ☆

Section 53 命令文② 禁止

例文
Don't open the window.（窓を開けてはいけません）
Please don't open the window.（窓を開けないでください）
Don't open the window, please.（窓を開けないでください）

STEP1 文法ルールを学ぼう！

「～してはいけません」という禁止を表す文は、動詞の原形で始まる命令文の文頭にDon'tを置くことで作れます。
　また、少していねいに、「～しないでください」という文にするときは、〈Please + don't + 動詞の原形 ～．〉や〈Don't + 動詞の原形 ～, please.〉のように、pleaseを文頭か文末に置きます。

```
Open the window.              ←命令文
➡ Don't   open   the window.   ←禁止の文
   Don't  動詞の原形
➡ Please don't open the window.
          禁止を表す命令文                  ややていねいな
= Don't open the window, please.           禁止の文
         文の最初か最後にpleaseをつける
```

✏ これも覚えよう！　禁止の文の書きかえ／接続詞 and と or

禁止を表す命令文も、mustを用いて書きかえられます。

例　Don't open the window.　→ You mustn't open the window.

接続詞のandとorは、命令文といっしょに使われることもよくあります。
◆〈命令文, and　～〉　[命令文]しなさい、そうすれば～
例　Study hard, and you will pass the exam.
（一生懸命勉強しなさい、そうすればテストに合格するでしょう）
◆〈命令文, or　～〉　[命令文]しなさい、さもないと
例　Hurry up, or you'll be late.（急ぎなさい、さもないと遅刻するよ）

STEP2 単語と例文で音読訓練しよう！ 🎧CD2-01

☐ ❶ **Don't open the window.**
窓を開けてはいけません。

☐ ❷ **Don't make excuses.**
言い訳をしてはいけません。
- ☐ excuse [ikskjúːz] 名 言い訳
- ☐ make excuse 言い訳をする

☐ ❸ **Don't be silly.**
おろかなことを言ってはいけません。
- ☐ silly [síli] 形 おろかな

☐ ❹ **Don't be serious.**
深刻になってはいけません。

☐ ❺ **Don't be rude.**
無礼なことをしてはいけません。
- ☐ rude [rúːd] 形 無礼な

☐ ❻ **Don't stare at me.**
私をじっと見てはいけません。
- ☐ stare at 〜 〜をじっと見る

☐ ❼ **Don't throw the garbage away.**
生ゴミを捨ててはいけません。
- ☐ throw 〜 away 〜を捨てる
- ☐ garbage [gáːrbidʒ] 名 生ゴミ

☐ ❽ **Don't waste time and money.**
時間とお金を無駄に使ってはいけません。
- ☐ waste [wéist] 動 無駄に使う

中学 **2** 年　命令文②

❾ Please don't be **stubborn**.
頑固にならないでください。

- stubborn [stʌ́bərn]
  形 頑固な

❿ Please don't talk **loudly**.
大きな声を出さないでください。

- loudly [láudli]
  副 騒々しく

⓫ Please don't put **pressure on us**.
私たちにプレッシャーをかけないでください。

- pressure [préʃər]
  名 プレッシャー
- put pressure on
  プレッシャーをかける

⓬ Please don't leave **him alone**.
彼を1人にしないでください。

- leave [líːv]
  動 ほうっておく
- leave ~ alone
  ~を1人にしておく

⓭ Don't **worry**, please.
心配しないでください。

- worry [wə́ːri]
  動 心配する

⓮ Don't be **selfish**, please
わがままなことをしないでください。

- selfish [sélfiʃ]
  形 わがままな

⓯ Don't **feed** these animals, please.
これらの動物に餌を与えないでください。

⓰ Don't tell **anyone** this **secret**, please.
この秘密をだれにも言わないでください。

- secret [síːkrit] 名 秘密
- anyone [éniwʌ̀n] 代 だれも

| 月 日 | 月 日 | 月 日 |

STEP3 エクササイズで復習しよう！

次の日本語の意味を表すように、（　）の中の英単語を並べ替えてみよう。

1 おろかなことを言わないでください。
（be ／ don't ／ silly ／ please ／ ,）．

2 頑固にならないでください。
（stubborn ／ , ／ be ／ don't ／ please）．

3 無礼なことをしないでください。
（please ／ rude ／ , ／ be ／ don't）．

4 大きな声で話さないでください。
（loudly ／ please ／ talk ／ don't）．

5 私たちにプレッシャーをかけないでください。
（don't ／ us ／ put ／ please ／ pressure ／ on）．

次の日本語を英語にしてみよう。

1 彼女を1人にしないでください。

2 この秘密をだれにも言わないでください。

3 わがままなことをしないでください。

4 私をじっと見てはいけません。

5 生ゴミを捨ててはいけません。

☆正解は471ページ☆

Section 54 命令文③ 誘い

例文
Let's open the window.（窓を開けましょう）
Let's not open the window.
　　　　　　　　　　（窓を開けないでおきましょう）

STEP1 文法ルールを学ぼう！

　「〜しましょう」と誘うための命令文を学習しましょう。これは、文の最初にlet'sを置き、次に動詞の原形を続けます。let'sは、let usの短縮形です。letは「(人に)〜させてやる」という意味の動詞です。そのことから、let's [let us]で始まる文は、直訳すると、「私たちに〜させなさい」ですが、自分も含めて一緒に「〜しましょう」という意味で使われます。

　これに対して答えるときは、Yes, let's.（はい、そうしましょう）やNo, let's not.（いいえ、やめておきましょう）、もしくは、「いいですよ」という意味のOK.やAll right.などを使うといいでしょう。また、「〜しないでおきましょう」という文は、〈Let's + not + 動詞の原形〜 .〉で作れます。

Let's（〜しましょう） **open the window.**（動詞の原形）
Let's not（〜しないでおきましょう） **open the window.**（動詞の原形）

✏ これも覚えよう！　let's → shall we の書きかえ

　let'sで始まる誘いの文は、shall（→Section50）を使って書きかえられます。
例　<u>Let's</u> take a subway.（地下鉄に乗りましょう）
　　→<u>Shall we</u> take a subway?（地下鉄に乗りませんか）

　これら誘いの文はまた、why（→Section37）を使ったWhy don't we 〜 ? という表現でも書きかえられます。「(一緒に)〜しませんか」という意味です。
例　<u>Let's</u> take a subway.
　　→<u>Why don't we</u> take a subway?（地下鉄に乗りませんか）

STEP2 単語と例文で音読訓練しよう！ CD2-02

❶ **Let's open** the window.
窓を開けましょう。

❷ **Let's be** positive.
前向きになりましょう。
- positive [pάzətiv] 形 前向きな

❸ **Let's be** silent.
静かにしましょう。
- silent [sáilənt] 形 静かな

❹ **Let's hurry.**
急ぎましょう。
- hurry [hə́:ri | hʌ́ri] 動 急ぐ

❺ **Let's pick** up the trash.
ごみを拾いましょう。
- pick up ～ ～を拾う
- pick [pík] 動 摘む

❻ **Let's keep** in touch.
連絡を取り合いましょう。
- keep in touch 連絡を取りあう

❼ **Let's dig** a hole.
穴を掘りましょう。
- dig [díg] 動 掘る
- hole [hóul] 名 穴

❽ **Let's save** the endangered animals.
絶滅の危機のある動物を救いましょう。
- endangered [indéindʒərd] 形 絶滅の危機にある

中学 2 年 命令文 ③

- ☐ **❾ Let's take the subway.**
  地下鉄に乗りましょう。
  - ☐ subway [sʌ́bwèi] 名 地下鉄

- ☐ **❿ Let's pass the gate.**
  門を通過しましょう。
  - ☐ pass [pǽs] 動 通過する
  - ☐ gate [géit] 名 門

- ☐ **⓫ Let's have a good time.**
  楽しい時間を過ごしましょう。
  - ☐ have a good time 楽しい時間を過ごす

- ☐ **⓬ Let's see a panda in the zoo.**
  動物園でパンダを見ましょう。
  - ☐ panda [pǽndə] 名 パンダ

- ☐ **⓭ Let's eat curry and rice.**
  カレーライスを食べましょう。
  - ☐ curry and rice [kə́:ri ənd ráis] 名 カレーライス

- ☐ **⓮ Let's use a keyboard.**
  キーボードを使いましょう。
  - ☐ keyboard [kí:bɔ̀:rd] 名 キーボード

- ☐ **⓯ Let's not take things seriously.**
  物事を深刻に考えないようにしましょう。
  - ☐ take ~ seriously ~を深刻に考える

- ☐ **⓰ Let's not speak ill of other people.**
  他人の悪口を言わないようにしましょう。
  - ☐ speak ill of ~ ~の悪口を言う
  - ☐ other [ʌ́ðəʳ] 形 他の

| 月 日 | 月 日 | 月 日 |

STEP3 エクササイズで復習しよう！

次の日本語の意味を表すように、（　）の中の英単語を並べ替えてみよう。

1 前向きになりましょう。
（be ／ let's ／ positive）．

2 静かにしましょう。
（silent ／ be ／ let's）．

3 ごみを拾いましょう。
（pick ／ let's ／ trash ／ up ／ the）．

4 絶滅の危機にある動物を救いましょう。
（endangered ／ save ／ animals ／ let's ／ the）．

5 地下鉄に乗らないでおきましょう。
（take ／ subway ／ a ／ not ／ let's）．

次の日本語を英語にしてみよう。

1 穴を掘りましょう。

2 物事を深刻に考えないようにしましょう。

3 動物園でパンダを見ましょう。

4 楽しい時間を過ごしましょう。

5 門を通過しましょう。

☆正解は471ページ☆

Section 55 基本構文① There is ～. と There are ～.

例文
There is a lion in the cage.（おりの中にライオンがいます）
There were many costumes here.
（ここにはたくさんの衣装がありました）

STEP1 文法ルールを学ぼう！

〈There is ～.〉や〈There are ～.〉は物や人の存在を表し、「～がいる［ある］」という意味です。thereに続くbe動詞は、「～」の部分が<u>単数</u>を表す名詞ならばisを、<u>複数</u>を表す名詞であればareを用います。そして、there isはthere's、there areはthere'reと、それぞれ<u>短縮</u>して表現できます。

また、「～があった［いた］」と、<u>過去形</u>で表現したい場合は、be動詞の部分を過去形のwasもしくはwereにします。この場合も、後に続く名詞が単数か複数かで、be動詞を使い分けましょう。

There <u>is</u> a lion in the cage.
　　　　be動詞　単数の名詞

There <u>were</u> many costumes here.
　　　　be動詞　　複数の名詞

🖉 これも覚えよう！　場所を表す表現

There is [are] ～.の文では一般的に、物や人が存在している<u>場所</u>を表す言葉が<u>文末</u>に置かれます。<u>よく使うもの</u>をいくつか見てみましょう。

1　on　　　～の上に（接して）　例 on the desk（机の上に） / on the wall（壁に）
2　in　　　～の中に　　　　　　例 in the box（箱の中に）
3　under　～の下に　　　　　　例 under the tree（木の下に）
4　by　　　～のそばに　　　　　例 by the door（ドアのそばに）
5　near　～の近くに　　　　　例 near the station（駅の近くに）

STEP2 単語と例文で音読訓練しよう！

❶ There is a lion in the cage.
おりの中にライオンがいます。
- cage [kéidʒ] 名 おり

❷ There were many costumes here.
ここにはたくさんの衣装がありました。
- costume [kástju:m] 名 衣装

❸ There's a dolphin over there.
向こうにはイルカがいます。
- dolphin [dálfin] 名 イルカ
- over there 向こうに

❹ There were lots of cards on the table.
テーブルの上にたくさんのカードがありました。
- lots of たくさんの

❺ There's a strange smell in the classroom.
その教室で変なにおいがします。
- smell [smél] 名 におい

❻ There was a jacket in the closet.
クローゼットの中にジャケットがありました。
- jacket [dʒǽkit] 名 ジャケット
- closet [klázit] 名 クローゼット

❼ There's a calendar on the wall.
壁にはカレンダーがかかっています。
- calendar [kǽləndər] 名 カレンダー
- wall [wɔ́:l] 名 壁

❽ There was a difference between the two.
2つの間には違いがありました。
- difference [dífərəns] 名 違い
- between [bitwí:n] 前 ～の間に

中学 **2** 年 基本構文①

- ❾ **There are** some tomatoes in the box.
  箱の中にはいくつかのトマトがあります。

  ☐ tomato [təméitou] 名 トマト

- ❿ **There are** sweet candies on the table.
  机の上に甘いキャンディがあります。

  ☐ candy [kǽndi] 名 キャンディ

- ⓫ **There're** many large mountains in the region.
  その地域には多くの大きな山々があります。

  ☐ region [ríːdʒən] 名 地域

- ⓬ **There're** some rabbits here.
  ここには何匹かのウサギがいます。

  ☐ rabbit [rǽbit] 名 ウサギ

- ⓭ **There were** a lot of flags in front of the building.
  建物の前にたくさんの旗がありました。

  ☐ flag [flǽg] 名 旗

- ⓮ **There were** many boats on the lake.
  湖には多くのボートがありました。

- ⓯ **There were** some magicians on the stage.
  マジシャンが数人、ステージ上にいました。

- ⓰ **There're** some pots in the kitchen.
  その台所にはいくつかのなべがあります。

  ☐ pot [pát] 名 なべ

| 月 日 | 月 日 | 月 日 |

STEP3 エクササイズで復習しよう！

次の日本語の意味を表すように、（　）の中の英単語を並べ替えてみよう。

1 おりの中にはライオンがいました。
(in／a／there／lion／was／the／cage)．

2 クローゼットの中にジャケットがあります。
(there's／in／a jacket／the／closet)．

3 壁にはカレンダーがかかっています。
(is／the wall／there／a／on／calendar)．

4 建物の前にたくさんの旗があります。
(a／the／front／there're／flags／in／lot／of／of／building)．

5 箱の中にはいくつかのトマトがあります。
(the／there're／tomatoes／box／in／some)．

次の日本語を英語にしてみよう。

1 2つの間には違いがあります。

2 マジシャンが数人、ステージ上にいます。

3 ここには何匹かのウサギがいます。

4 湖には多くのボートがありました。

5 その台所にはいくつかのなべがありました。

☆正解は471ページ☆

Section 56 基本構文② There is[are] 〜. の否定文

例文
There is not a church in this village.（この村には教会がありません）
There weren't any costumes here.（ここには衣装がひとつもありませんでした）
There were not many caps at that shop.（あの店にはあまりたくさんの帽子はありませんでした）

STEP1 文法ルールを学ぼう！

「〜がある[いる]」を表すthere is[are] 〜やthere was[were] 〜を、「〜がない[いない]」という否定文にする場合、例文のように、be動詞の後ろにnotをつけて表現するのが基本です。

また、この否定文で、「〜がまったくない[1人もいない]」と言いたい場合は、there are notの後ろにanyをつけます。anyの後の名詞がpenやappleのような、数えられる名詞の場合、複数形にします。

be動詞の後ろにnoを置いて、there is[are] no 〜と言っても、同じような意味になります。

There were some costumes here. ←肯定文
→There weren't any costumes here. ←否定文
→There were no costumes here.

また、there are many 〜（たくさんの〜がある[いる]）という文に、notをつけて否定文にした場合は、「あまりたくさんの〜がない[いない]」という、部分的に否定する意味になります。

There were many caps in that shop.
　　　たくさんの〜があった
→There were not many caps in that shop.
　　　あまりたくさんの〜がなかった

STEP2 単語と例文で音読訓練しよう！ CD2 04

☐ ❶ **There is not a church in this village.**
この村には教会がありません。

☐ ❷ **There was not a strange sound over there.**
向こうで変な音はしませんでした。

☐ ❸ **There wasn't a huge rock here.**
ここに巨大な岩はありませんでした。

- ☐ huge [hjúːdʒ] 形 巨大な
- ☐ rock [rák] 名 岩

☐ ❹ **There isn't a whale near the boat.**
ボートの近くにはクジラがいません。

- ☐ whale [hwéil] 名 クジラ
- ☐ near [níər] 前 〜の近く

☐ ❺ **There is not a dictionary under the desk.**
机の下に私の辞書はありません。

☐ ❻ **There isn't a coat on the chair.**
いすの上にコートはありません。

☐ ❼ **There was not a cucumber in the fridge.**
冷蔵庫にきゅうりはありませんでした。

- ☐ cucumber [kjúːkʌmbər] 名 きゅうり

☐ ❽ **There wasn't a gap between you and me.**
あなたと私の間に違いはありませんでした。

- ☐ gap [gǽp] 名 違い
- ☐ between 〜 and ⋯ 〜と⋯の間に

中学 **2** 年　基本構文②

☐ **❾ There weren't any costumes here.**

ここには衣装が1つもありませんでした。

☐ **❿ There were not any potatoes in the kitchen.**

台所にはジャガイモが1つもありませんでした。

☐ **⓫ There weren't any vegetables in the box.**

箱の中には野菜が1つもありませんでした。

☐ **⓬ There were not many caps at that shop.**

あの店にはあまりたくさんの帽子はありませんでした。

☐ cap [kǽp]
名 (縁なしの) 帽子
☐ shop [ʃάp] 名 店

☐ **⓭ There weren't many turtles in the bay.**

その湾にはあまりたくさんの亀はいませんでした。

☐ turtle [tə́ːrtl] 名 亀
☐ bay [béi] 名 湾

☐ **⓮ There are not many plants around here.**

このあたりにはあまり多くの植物がありません。

☐ plant [plǽnt] 名 植物

☐ **⓯ There aren't many astronauts in the rocket.**

そのロケットにはあまり多くの宇宙飛行士はいません。

☐ astronaut [ǽstrənɔ̀ːt]
名 宇宙飛行士
☐ rocket [rάkit]
名 ロケット

☐ **⓰ There were not many creatures in this area.**

この地域にはあまり多くの生き物はいませんでした。

☐ creature [kríːtʃər]
名 生き物

STEP3 エクササイズで復習しよう！

次の日本語の意味を表すように、（　）の中の英単語を並べ替えてみよう。

1. その動物園にはトラがいませんでした。
   (in ／ a ／ there ／ tiger ／ was ／ not ／ the zoo).

2. いすの上にはコートがありません。
   (there ／ not ／ on ／ a coat ／ the ／ chair ／ is).

3. 冷蔵庫にはきゅうりがありません。
   (is ／ a ／ there ／ cucumber ／ in ／ the fridge ／ not).

4. 台所には玉ねぎが1つもありませんでした。
   (in ／ not ／ there ／ kitchen ／ any ／ were ／ onions ／ the).

5. あなたと私の間には違いがありませんでした。
   (gap ／ there ／ not ／ between ／ was ／ and ／ a ／ me ／ you).

次の日本語を英語にしてみよう。

1. ここには衣装が1つもありませんでした。

2. 冷蔵庫の中には野菜が1つもありません。

3. このあたりにはあまり多くの島がありません。

4. そのロケットには、あまり多くの宇宙飛行士がいませんでした。

5. あの店には帽子が1つもありませんでした。

☆正解は471ページ☆

Section 57 基本構文③ There is[are] ～ .の疑問文

例文

Is there a purse on the table?
（テーブルには小銭入れがありますか）

Yes, there is. （はい、あります）

No, there isn't. （いいえ、ありません）

STEP1 文法ルールを学ぼう！

there is[are]を疑問文にする場合、be動詞を文の最初に置きます。

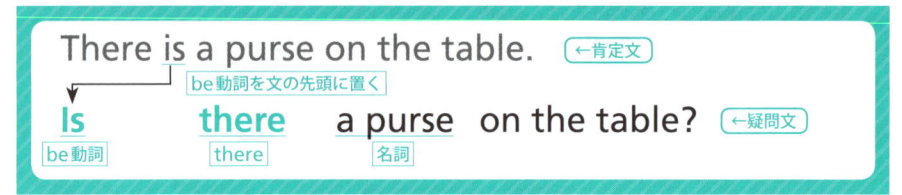

There is a purse on the table. ←肯定文
　　be動詞を文の先頭に置く
Is there a purse on the table? ←疑問文
be動詞　there　　名詞

答えるときもthereを使って、〈Yes, there＋be動詞.〉や〈No, there＋be動詞＋not.〉などと答えます。

これも覚えよう！　how manyを使った疑問文

thereの文とhow many（→Section36）を組み合わせて、「～がいくつありますか」という疑問文を作ることができます。how manyの後に複数形の名詞を置き、are there ～? と続けます。

例　There are some priests in this temple.
　　　　be動詞　　　　　　　　　　　　（この寺には何人か僧侶がいます）
→ **Are there any** priests in this temple?
　　　　　　　　　　　　　　（この寺には僧侶がいますか）
→ **How many** priests **are there** in this temple?
　　複数形の名詞＋are there　（この寺には何人僧侶がいますか）

STEP2 単語と例文で音読訓練しよう！ CD2 05

☐ ❶ **Is there** a purse on the table? ／ Yes, there is.

☐ purse [pə́ːrs]
名 小銭入れ

テーブルには小銭入れがありますか。／はい。

☐ ❷ **Is there** a key in your pocket? ／ No, there isn't.

☐ pocket [pɑ́kət]
名 ポケット

ポケットの中にかぎがありますか。いいえ。

☐ ❸ **Are there** any good novels in this bookstore? ／ Yes, there are.

☐ bookstore [búkstɔ̀ːr]
名 書店

この書店にはいい小説がありますか。／はい。

☐ ❹ **Are there** earphones on the bed? ／ No, there aren't.

☐ earphone [íərfòun]
名 イヤフォン

ベッドの上にはイヤフォンがありますか。／いいえ。

☐ ❺ **Is there** a college in this city?

☐ city [síti] 名 都市

この都市には大学がありますか。

☐ ❻ **Is there** a shrine in this area?

☐ shrine [ʃráin] 名 神社

この地域には神社がありますか。

☐ ❼ **Are there** any priests in this temple?

☐ priest [príːst] 名 僧

この寺には僧がいますか。

☐ ❽ **Were there** any animals in the forest? ／ Yes, there were.

☐ forest [fɔ́ːrist] 名 森

森には動物がいましたか。／はい。

中学 **2** 年　基本構文③

☐ ❾ **Were there** any empty bottles in the case? ／ No, there weren't.
☐ empty [émpti] 形 空の
☐ case [kéis] 名 ケース

ケースには空のびんはありましたか。／いいえ。

☐ ❿ **Are there** two scientists in the room?
☐ scientist [sáiəntist] 名 科学者

部屋には2人の科学者がいますか。

☐ ⓫ **Are there** any carrots in the box?

箱の中にはニンジンがありますか。

☐ ⓬ **Are there** many computers in the laboratory?
☐ laboratory [lǽbərətɔ̀ːri] 名 研究所

研究所には、多くのコンピュータがありますか。

☐ ⓭ **Was there** a tiger in the zoo? ／ No, there wasn't.

動物園にはトラはいましたか。／いいえ。

☐ ⓮ **Were there** a lot of volunteers in the nation?
☐ nation [néiʃən] 名 国
☐ volunteer [vàləntíər] 名 志願者；ボランティア

その国には、たくさんのボランティアがいましたか。

☐ ⓯ **Were there** any bombs under the ground?
☐ bomb [bám] 名 爆弾
☐ ground [gráund] 名 地面

地面の下には、爆弾がありましたか。

☐ ⓰ **Were there** many politicians in the conference room?

会議室には多くの政治家たちがいましたか。

STEP3 エクササイズで復習しよう！

次の日本語の意味を表すように、（　）の中の英単語を並べ替えてみよう。

1 この都市には大学はありますか。
（in ／ a ／ there ／ college ／ Is ／ this ／ city）？

2 この寺には僧がいますか。
（there ／ temple ／ in ／ this ／ any ／ priests ／ are）？

3 机の上にはイヤフォンがありましたか。はい。
（were ／ any ／ there ／ table ／ on ／ earphones ／ the）？（there ／ were ／ , ／ yes）

4 森に動物はいましたか。
（forest ／ the ／ animals ／ there ／ were ／ in ／ any）？

5 この地域には神社はありますか。はい。
（shrine ／ a ／ there ／ area ／ is ／ this ／ in）．

次の日本語を英語にしてみよう。

1 テーブルには小銭入れがありますか。はい。

2 箱の中にはニンジンが3本ありますか。いいえ。

3 その国にはたくさんのボランティアがいましたか。はい。

4 地面の下には爆弾がたくさんありましたか。いいえ。

5 その部屋には科学者が2人いましたか。／はい。

☆正解は471ページ☆

Section 58　不定詞①
名詞的用法「～すること」

例文　I like to cook sausages.
（私はソーセージを料理することが好きです）

STEP1　文法ルールを学ぼう！

　不定詞とは〈to＋動詞の原形〉という形で、さまざまな意味のカタマリを作ります。まずは「～すること」という意味をもち、名詞と同じようなはたらきをする「名詞的用法」を学びましょう。

　I like sausages.（私はソーセージが好きです）のsausages（ソーセージ）という目的語（名詞）を、「ソーセージを料理することが」にしたい場合、I like to cook sausages.となります。このときのto cook sausagesは、目的語として名詞と同じような働きをします。

I like		sausages.	←「ソーセージ」が好き
I like	to cook	sausages.	←「ソーセージを料理すること」が好き
主語　動詞	料理すること	ソーセージを	

目的語だけでなく、不定詞は補語にもなれます。

| His dream | is | to become a baseball player. |（→例文⑪）
| 主語 | be動詞 | 補語 |

　to＋動詞の原形のカタマリは主語にもなれます。ですがこれは、実際の会話ではあまり使われません。

これも覚えよう！　単語のかたまり＝句

　たとえばcook sausages（ソーセージを料理すること）のように、いくつかの単語が集まって1つのまとまった意味をもつものを「句」といいます。不定詞だけではなく、たとえばin the future（将来は）やon the desk（机の上に）やin the park（公園の中で）なども、〈前置詞＋名詞〉という「句」です。

STEP2 単語と例文で音読訓練しよう！

❶ I like to cook sausages.
私はソーセージを料理することが好きです。
- sausage [sɔ́ːsidʒ] 名 ソーセージ

❷ She wants to be an astronaut.
彼女は宇宙飛行士になることを望みます。
- want [wánt] 動 望む

❸ He wants to become an English teacher.
彼は、英語の先生になることを望みます。
- become [bikʌ́m] 動 ～になる

❹ I love to paint pictures.
私は絵を描くことが大好きです。
- paint [péint] 動 絵を描く

❺ I wish to master English.
私は英語を習得することを望みます。
- wish [wíʃ] 動 ～を望む
- master [mǽstər] 動 習得する

❻ Bob offered to carry my package.
ボブは私の荷物を運ぶことを申し出ました。
- offer [ɔ́ːfər] 動 申し出る

❼ My grandfather likes to visit an old museum in Europe.
私の祖父はヨーロッパの古い美術館を訪れることが好きです。
- old [óuld] 形 古い

❽ She decided to be a professional writer.
彼女は、プロの作家になることを決めました。
- decide [disáid] 動 決定する
- professional [prəféʃənl] 形 プロの

中学2年　不定詞①

☐ ❾ **My son decided to stop smoking.**

私の息子は、禁煙することを決めました。

☐ stop [stáp]
動 止める

☐ ❿ **My hobby is to collect stamps.**

私の趣味は、切手を集めることです。

☐ hobby [hábi]
名 趣味

☐ ⓫ **His dream is to become a baseball player.**

彼の夢は、野球選手になることです。

☐ ⓬ **Her dream is to travel around the world.**

彼女の夢は世界を旅して回ることです。

☐ world [wə́ːrld] 名 世界

☐ ⓭ **To believe the rumor is not sensible.**

そのうわさを信じることは、かしこくありません。

☐ believe [bilíːv]
動 信じる
☐ rumor [rúːmər]
名 うわさ
☐ sensible [sénsəbl]
形 かしこい

☐ ⓮ **To be confident is very important for you.**

あなたが自信を持つことは、とても重要です。

☐ confident [kánfədənt]
形 自信がある
☐ important [impɔ́ːrtənt]
形 重要な

☐ ⓯ **To use this dictionary is often very helpful.**

この辞書を使うことは、しばしばとても役に立ちます。

☐ often [ɔ́ːfən]
副 しばしば
☐ helpful [hélpfəl]
形 役に立つ

☐ ⓰ **To follow his advice is very good.**

彼のアドバイスに従うことは、とても良いです。

☐ advice [ædváis]
名 アドバイス

STEP3 エクササイズで復習しよう！

次の日本語の意味を表すように、（　）の中の英単語を並べ替えてみよう。

1 私は英語の教師になることを望みます。
（want ／ I ／ become ／ teacher ／ English ／ to ／ an）．

2 彼は有名な科学者になることを望んでいます。
（become ／ to ／ wants ／ he ／ scientist ／ a ／ famous）．

3 私たちの息子は、魚釣りに行くことが好きです。
（son ／ our ／ to ／ likes ／ fishing ／ go）．

4 彼女は世界中を旅行することを決めました。
（the ／ decided ／ travel ／ around ／ she ／ to ／ world）．

5 英語をマスターすることは難しくありません。
（master ／ to ／ difficult ／ is ／ not ／ English）．

次の日本語を英語にしてみよう。

1 彼女の夢は宇宙飛行士になることです。

2 彼女はソーセージを料理することが好きです。

3 私の父は禁煙することを決めました。

4 彼のゴールは英語をマスターすることではありません。

5 私はヨーロッパの古い美術館を訪れることが好きです。

☆正解は472ページ☆

Section 59 不定詞② 副詞的用法1「〜するために」

例文 He turned off the light to sleep.
（彼は眠るために明かりを消しました）

STEP1 文法ルールを学ぼう！

名詞的用法に続いて、「〜するために」という目的の意味をもち、副詞と同じようなはたらきをする、不定詞の「副詞的用法」を学びましょう。
副詞は、動詞、形容詞、ほかの副詞、文全体など、さまざまなものを修飾します。

He turned off the light. ←彼は明かりを消した

He turned off the light to sleep. ←明かりを消した目的がプラスされる
　　　　　　　　　　　　　　　 to sleepが動詞turned offを修飾

また、Section37で学習した、疑問詞why（なぜ）を使った疑問文に対する答えにも、このto不定詞の副詞的用法が使えます。

Why did you go to the station?（なぜあなたはその駅に行ったのですか）
To meet my friend.（友達に会うためです）
be動詞

✏️ これも覚えよう！　「ために」の注意点

副詞的用法は「〜するために」という目的を表していますが、日本語の「ために」には、さまざまな意味があります。「台風が来たために、私は学校に行けませんでした」や「あなたのために、私はプレゼントを用意しました」などの「ために」は目的を表すものではないので、副詞的用法の不定詞は使いません。英作文などでは注意が必要です。

月 日　月 日　月 日

STEP2 単語と例文で音読訓練しよう！ CD2-07

❶ He turned off the light to sleep.
- turn off ~（明かりなどを）消す
- light [láit] 名 明かり

彼は眠るために明かりを消しました。

❷ I went to the grocery to buy some goods.
- grocery [gróusəri] 名 雑貨屋

私はいくつかの商品を買うために雑貨屋へ行きました。

❸ Jane went to the department store to buy some furniture.
- department store [dipá:rtmənt stɔ́:r] 名 デパート
- furniture [fɜ́:rnitʃər] 名 家具

ジェーンは家具を買うためにデパートへ行きました。

❹ Tom went to this convenience store to buy some snacks.
- convenience store [kənví:njəns stɔ́:r] 名 コンビニ
- snack [snǽk] 名 お菓子

トムは、お菓子を買うためにコンビニへ行きました。

❺ Ken turned on the radio to check the weather forecast.
- turn on ~　~のスイッチをつける
- weather forecast [wéðər fɔ́:rkæst] 名 天気予報

ケンは、天気予報をチェックするためにラジオをつけました。

❻ He came to this office to talk with his client.

彼は、彼の顧客と話をするためにこのオフィスに来ました。

❼ My son left his home to go to the airport.

私の息子は、空港に行くために彼の家を出ました。

❽ They studied very hard to pass the final exam.
- final [fáinl] 形 最後の
- final exam [fáinl igzǽm] 名 期末試験

彼らは、期末試験に合格するためにとても熱心に勉強しました。

中学2年　不定詞②

- ❾ **She went to France to study art and music.**
  彼女は、芸術と音楽を勉強するためにフランスへ行きました。
  - □ art [ɑːrt] 名 芸術
  - □ France [fræns] 名 フランス

- ❿ **He bought a newspaper to find out the results of the game.**
  彼はその試合の結果を知るために新聞を買いました。
  - □ find out 知る
  - □ result [rizʌ́lt] 名 結果

- ⓫ **My uncle reads English newspapers to learn English.**
  私の叔父は、英語を学ぶために英字新聞を読んでいます。

- ⓬ **You must work hard to succeed.**
  あなたは、成功するために一生懸命働かなければならない。
  - □ succeed [səksíːd] 動 成功する

- ⓭ **He went to the developing countries to help poor people.**
  彼は、貧しい人々を救うために開発途上国へ行きました。
  - □ developing country [divéləpiŋ kʌ́ntri] 名 開発途上国

- ⓮ **I am going to go abroad to study management.**
  私は、経営を学ぶために外国にいくつもりです。
  - □ management [mǽnidʒmənt] 名 経営

- ⓯ **The police officers came here to investigate the accident.**
  警察官たちは、その事故を調査するためにここに来ました。
  - □ investigate [invéstəgèit] 動 調査する

- ⓰ **Did you leave the country to do such a terrible thing?**
  あなたはこんなひどいことをするために国を去ったのですか。
  - □ leave [líːv] 動 去る

| 月 日 | 月 日 | 月 日 |

STEP3 エクササイズで復習しよう！

次の日本語の意味を表すように、（　）の中の英単語を並べ替えてみよう。

1 私は家具を買うためにデパートへ行きました。
I went to（store ／ to ／ the ／ some ／ department ／ furniture ／ buy）．

2 彼は芸術を勉強するためにフランスへ行きました。
He went to（study ／ to ／ France ／ art）．

3 私の息子は、そのテストに合格するために熱心に勉強しました。
（son ／ the ／ my ／ to ／ pass ／ studied ／ hard ／ test）．

4 彼女は眠るために明かりを消しました。
（turned ／ light ／ the ／ she ／ sleep ／ to ／ off）．

5 あなたは、こんなことをするために国を去ったのですか。
（you ／ did ／ to ／ such ／ the country ／ do ／ thing ／ a ／ leave）？

次の日本語を英語にしてみよう。

1 私たちは成功するために一生懸命働かなければならない。

2 彼は貧しい人々を救うために開発途上国へ行きました。

3 その警察官たちはその事故を調査するためにここに来ました。

4 私の父は天気予報をチェックするためにラジオをつけました。

5 彼女はいくつかの商品を買うために雑貨屋へ行きました。

☆正解は472ページ☆

Section 60 不定詞③ 副詞的用法2「〜して」

例文 I was very happy to hear the news.
（私はそのニュースを聞いてとてもうれしかった）

STEP1 文法ルールを学ぼう！

不定詞の副詞的用法は、「〜するために」という目的を表すこと以外に、「〜して」という感情の理由も表現できます。この用法は、〈to + 動詞の原形〉の直前に、happy（嬉しい）やsad（悲しい）などの感情を表す形容詞がきます。その感情の理由を、〈to + 動詞の原形〉で説明するのです。

- □ be glad to　　〜してうれしい
- □ be sorry to　　〜して残念だ
- □ be excited to　〜して興奮している
- □ be sad to　　　〜して悲しい
- □ be amazed to　〜して驚いている
- □ be satisfied to　〜して満足している

I was very happy. ←とてもうれしかった
I was very happy to hear the news. ←とてもうれしかったという感情の理由が説明される
　　　　　　　↑感情の理由

なお、この感情の理由を説明する副詞的用法のto不定詞と似た形で、be動詞の代わりに、「〜のように見える」という意味の動詞lookを使って、そう見える理由を説明することもよくあります。

She looks glad. ←彼女はうれしそうに見える
She looks glad to see you there. ←うれしそうに見える理由が説明される
　　うれしそうに見える　←　そう見える理由を説明

✏️ これも覚えよう！　動詞look

lookは後ろに形容詞を置いて、「〜のように見える」という意味を表します。たとえば、She looks glad. は、「彼女はうれしそうに見える」という意味で、sheとgladはイコールの関係になります。be動詞を使った文と同じ文の構造なのです。

| 月 日 | 月 日 | 月 日 |

STEP2 単語と例文で音読訓練しよう！ CD2 08

☐ ❶ **I was very happy to hear the news.**
私はそのニュースを聞いてとてもうれしかった。

☐ ❷ **Are you amazed to meet her again?**
あなたは彼女に再び会えて、びっくりしていますか。

☐ amazed [əméizd] 形 びっくりした

☐ ❸ **I am sorry to hear that.**
私はそれを聞いて残念に思います（＝お気の毒に）。

☐ sorry [sári] 形 後悔して；残念に思って

☐ ❹ **He wasn't so happy to receive his bonus.**
彼はボーナスを受け取って、それほどうれしくはなかった。

☐ so [sóu] 副 それほど
☐ receive [risí:v] 動 受け取る
☐ bonus [bóunəs] 名 ボーナス

☐ ❺ **My father was excited to know the result.**
私の父はその結果を知って、興奮した。

☐ ❻ **She looks glad to see you.**
彼女はあなたに会って、うれしそうに見えます。

☐ look [lúk] 動 〜のように見える

☐ ❼ **He looks happy to be at the party.**
彼はパーティに参加して、うれしそうに見えます。

☐ ❽ **We were quite happy to know you well.**
私たちはあなたのことをよく知れて、かなり嬉しかった。

☐ quite [kwáit] 副 かなり
☐ well [wél] 副 よく

中学 **2** 年　不定詞③

- ❾ **He looked sad to find out** result of the game.

  彼は試合結果を知って、悲しそうに見えた。

- ❿ **My aunt looked amazed to see** her old friends.

  私の叔母は古い友だちに会って、びっくりしているように見えた。

- ⓫ **My parents looked happy to see** their grandchild.

  私の両親は孫に会えて、幸せそうに見えた。

  ☐ grandchild [grǽndtʃàild] 名 孫

- ⓬ **My brother was sad to learn about** the death of my cat.

  私の兄は猫の死を知って悲しんだ。

  ☐ death [déθ] 名 死

- ⓭ **The father was happy to know** his daughter's success.

  その父親は、娘の成功を知って、うれしかった。

  ☐ success [səksés] 名 成功

- ⓮ **Were they happy to get** a contract?

  彼らは契約を手にして、嬉しかったですか。

- ⓯ **Did they really look happy to know** each other?

  彼らはお互いに知り合えて、本当に幸せそうに見えましたか。

  ☐ really [ríːəli] 副 本当に

- ⓰ **Did he look satisfied to hear** the news?

  彼はそのニュースを聞いて、満足しているように見えましたか。

| 月 日 | 月 日 | 月 日 |

STEP3 エクササイズで復習しよう！

次の日本語の意味を表すように、（　）の中の英単語を並べ替えてみよう。

1 私はそのニュースを聞いてとてもびっくりしました。
（amazed ／ I ／ to ／ news ／ was ／ hear ／ the）.

2 彼は彼女の成功を知ってとてもうれしかったです。
（was ／ very ／ to ／ know ／ he ／ happy ／ her ／ success）.

3 私の息子は、あなたに会えて嬉しそうでした。
（son ／ see ／ my ／ to ／ you ／ looked ／ happy）.

4 彼らはお互いに知り合えて、幸せそうに見えますか。
（other ／ happy ／ know ／ do ／ they ／ to ／ look ／ each）?

5 お気の毒に。（sorry ／ to ／ I'm ／ that ／ hear）.

次の日本語を英語にしてみよう。

1 彼はボーナスを受け取って、それほどうれしくはなかった。

2 私はあなたのことをよく知れて、かなりうれしかった。

3 私の両親は彼らの孫たちに会えて、幸せそうに見えた。

4 彼女は彼女の猫の死を知って悲しんだ。

5 あなたは彼に再び会えて、びっくりしていますか。

☆正解は472ページ☆

Section 61　不定詞④
形容詞的用法「〜するための」

例文
I don't have time **to see** the dentist.
（私は、歯医者に行くための時間がありません）
I have a dream **to be** a wrestler.
（私はレスラーになるという夢を持っています）

STEP1 文法ルールを学ぼう！

　続いて、形容詞的用法を学習しましょう。名詞のすぐ後ろにto＋動詞の原形を置くことで、名詞を修飾し、「〜するための［べき］」「〜するという」という意味を表せます。形容詞は、「かわいい女の子」の「かわいい」や「難しい本」の「難しい」のように、名詞を修飾する言葉です。英語には、〈to ＋ 動詞の原形〉のような、2語以上のカタマリ（＝句）は、後ろから名詞を修飾するという約束があるので、不定詞は名詞の後ろに置かれます。

I don't have time.　←時間がないということのみ
I don't have time **to see** the dentist.　←何をする時間なのか説明する
　　　　　　　　　to ＋ 動詞の原形

　たとえばI want something to drink.（飲むための何かがほしい）のように、代名詞（この場合はsomething）を修飾することもよくあります。something to〜で「〜するための何か」「〜すべき何か」という意味で、肯定文で使います。否定文や疑問文ではanythingを使います。また、「〜するものが何もない」と言いたい場合はnothing to〜で表現できます。

これも覚えよう！　形容詞的用法のルール

　突然ですが問題です。次の2つの英文のうち正しいのはどちらでしょうか。
　①　He has a house to live in.　　②　He has a house to live.
　答えは①です。不定詞の形容詞的用法には、「〈to ＋ 動詞の原形〉と修飾される名詞（この例ではa house）の順番を置き換えたとき、うまくつながらなくてはならない」というルールがあるのです。inがなくては、a houseとliveをつなげることはできませんので、①のto live inが正解ということになるのです。

STEP2 単語と例文で音読訓練しよう！

❶ I don't have time to see the dentist.
私は、歯科医に行くための時間がありません。

❷ I have a dream to be a wrestler.
私はレスラーになるという夢を持っています。
- wrestler [réslər] 名 レスラー

❸ They need glasses to read with.
彼らは、読書するためのメガネが必要です。
- glasses [glǽsiz] 名〔複〕メガネ

❹ We don't need anything to drink.
私たちは、飲むためのものを何も必要としていません。
- anything [éniθiŋ] 代 何も

❺ He has enough experience to become a lawyer.
彼は弁護士になるための十分な経験を持っています。
- experience [ikspíəriəns] 名 経験
- enough [inʌ́f] 形 十分な

❻ We want some time to learn about ancient Rome.
私たちは、古代ローマについて学ぶ時間が欲しいです。
- ancient [éinʃənt] 形 古代の

❼ The poor boy needs something hot to drink.
その貧しい少年は、温かい飲むためのものを必要としています。

❽ My son has a big dream to become a famous journalist.
私の息子は有名ジャーナリストになるという大きな夢を持っている。
- journalist [dʒə́ːrnəlist] 名 ジャーナリスト

中学 2 年 不定詞 ④

- ❾ **Is there a knife to cut this steak with?**
  このステーキを切るためのナイフはありますか。
  - ☐ steak [stéik] 名 ステーキ

- ❿ **Do they need anything to wear in winter?**
  彼らは、何か冬に身につけるべきものが必要ですか。

- ⓫ **Do you have anything to write with?**
  あなたは、書くためのものを何か持っていますか。

- ⓬ **Do you have anything to brush the wall with?**
  あなたは、壁をみがくためのものを何か持っていますか。

- ⓭ **Do you have any time to practice the trumpet?**
  あなたは、トランペットを練習する時間はありますか。
  - ☐ trumpet [trʌ́mpit] 名 トランペット

- ⓮ **Did you have a hanger to put your coat on?**
  あなたは、コートをかけるハンガーを持っていましたか。
  - ☐ hanger [hǽŋər] 名 ハンガー

- ⓯ **Did you have close friends to play with?**
  あなたには、一緒に遊ぶための親しい友だちはいましたか。
  - ☐ close [klóus] 形 親しい
  - ☐ play [pléi] 動 遊ぶ

- ⓰ **Did the students have some paper to write on?**
  その生徒たちは、書くための紙を持っていましたか。

STEP3 エクササイズで復習しよう！

次の日本語の意味を表すように、（　）の中の英単語を並べ替えてみよう。

1 私は、英語を勉強するための時間が必要です。
（time ／ I ／ some ／ to ／ need ／ English ／ study）．

2 彼はジャーナリストになる夢を持っています。
（has ／ become ／ journalist ／ he ／ dream ／ a ／ to ／ a）．

3 私たちは何か飲むためのものが欲しいです。
（want ／ to ／ something ／ we ／ drink）．

4 彼はトランペットを練習する時間がありますか。
（any ／ the ／ have ／ to ／ he ／ time ／ does ／ trumpet ／ practice）？

5 何か食べるためのものをいただけませんか。
（I ／ to ／ can ／ anything ／ have ／ eat）？

次の日本語を英語にしてみよう。

1 彼らは、古代ローマについて学ぶ時間が必要です。

2 私はレスラーになるという夢を持っています。

3 私の父は読書するためのメガネが必要です。

4 私はこのステーキを切るためのナイフが必要です。

5 彼は何か冬に身につけるべきものが必要ですか。

☆正解は472ページ☆

Section 62 動名詞① ～ing = ～すること

例文 She likes listening to music.
（彼女は音楽を聴くことが好きです）

STEP1 文法ルールを学ぼう！

動名詞は動詞のing形で表します。意味は「～すること」で、不定詞の名詞的用法（Section58）とほぼ同じように使えます。

She likes to listen to music.　←不定詞の名詞的用法
　　　　　to＋動詞の原形「～すること」＝目的語
➡ She likes listening to music.
　主語　動詞　動詞のing形「～すること」＝目的語

この文では、動名詞は目的語の役割を果たしています。文の中で名詞のように働くということで、動名詞は文の主語や補語にもなれます。

たとえばhaving foreign friends（外国の友だちを持つことは）という動名詞のカタマリが主語になった場合、単数扱いとなり、後ろに現在形のbe動詞を置く場合はisを使います。

これも覚えよう！　進行形と動名詞

次の2つの例文を見てください。
① He is **talking** about his ambitions.（彼は自分の野望について話している）
② He likes **talking** about his ambitions.
　　　　　　　　　　　（彼は自分の野望について話すことが好きです）

今回は動名詞を学習しましたが、動詞のing形といえば進行形（Section19～22）がありましたね。進行形は〈be動詞 ＋ 動詞のing形〉という形です。そのため、この形の英文が出てきたときには、それが進行形なのか動名詞なのかを考える必要があります。この例文の場合、①は現在進行形で②は動名詞です。単語の意味や文全体でどちらかを区別できるようになることが大切です。

| 月 日 | 月 日 | 月 日 |

STEP2 単語と例文で音読訓練しよう！ CD2-10

☐ ❶ She likes listening to music.

彼女は音楽を聴くことが好きです。

☐ ❷ I like going shopping downtown.

私は、中心街に買い物に行くことが好きです。

☐ go shopping
買い物に行く
☐ downtown [dáuntáun]
名 中心街

☐ ❸ He likes talking about his ambitions.

彼は、自分の野望について話すことが好きです。

☐ ambition [æmbíʃən]
名 野望

☐ ❹ His mother likes drawing pictures.

彼の母親は、絵を描くことが好きです。

☐ ❺ My grandmother likes knitting.

私の祖母は編み物をするのが好きです。

☐ knit [nít]
動 編み物をする

☐ ❻ She likes studying Japanese literature.

彼女は、日本文学を勉強するのが好きです。

☐ Japanese literature
[dʒæpəní:z lítərətʃər]
名 日本文学

☐ ❼ My hobby is watching movies.

私の趣味は映画を見ることです。

☐ ❽ His hobby is playing chess with his friends.

彼の趣味は、友だちとチェスをすることです。

☐ chess [tʃés] 名 チェス

中学 2 年　動名詞①

❾ My hobby is collecting autographs of famous people.

私の趣味は、有名人のサインを集めることです。

☐ autograph [ɔ́:tougræf]
名 サイン

❿ His dream is having his own company.

彼の夢は、自分自身の会社を持つことです。

⓫ Having foreign friends is very interesting.

外国の友だちを持つことはとても楽しいです。

☐ foreign [fɔ́:rən]
形 外国の

⓬ Spreading the rumor is not good.

そのうわさを広めることは、よくありません。

☐ spread [spréd]
動 広める

⓭ Being curious about something is very important.

何かに好奇心があるということは、とても重要です。

☐ be curious about ～
～について好奇心がある

⓮ Being active is necessary for you.

活動的であることは、あなたにとって必要です。

☐ active [ǽktiv]
形 活発な

⓯ Using a library will help your research.

図書館を使うことは、あなたの研究に役立つだろう。

☐ research [rísə:rtʃ]
名 研究

⓰ Taking her advice will lead to your success.

彼女のアドバイスを聞くことは、あなたの成功につながるでしょう。

☐ lead [lí:d] **動** 導く
☐ lead to ～ ～につながる

| 月 日 | 月 日 | 月 日 |

STEP3 エクササイズで復習しよう！

次の日本語の意味を表すように、（　）の中の英単語を並べ替えてみよう。

1 私の母は編み物をすることが好きです。
（likes ／ mother ／ knitting ／ my）．

2 私の趣味は、有名人のサインを集めることです。
（famous ／ hobby ／ collecting ／ my ／ autographs ／ people ／ is ／ of）．

3 外国の友だちを持つことはとても楽しいです。
（having ／ is ／ friends ／ interesting ／ foreign ／ very）．

4 何かに好奇心があるということは、とても重要です。
（being ／ something ／ is ／ curious ／ important ／ very ／ about）．

5 彼女のアドバイスを聞くことは、あなたの成功につながるでしょう。
（her ／ to ／ advice ／ your ／ will ／ taking ／ lead ／ success）．

次の日本語を英語にしてみよう。

1 彼は音楽を聴くのが好きです。

2 トム（Tom）は自分の野望について話すことが好きです。

3 私の父の趣味は、日本文学を勉強することです。

4 私の趣味は映画を見ることです。

5 そのうわさを広めることは、よいことではありません。

中学2年　動名詞①

☆正解は472ページ☆

Section 63 動名詞② 動名詞と不定詞

例文 I enjoyed listening to music.
（私は音楽を聴くことを楽しみました）

STEP1 文法ルールを学ぼう！

　動名詞と名詞的用法の不定詞がほぼ同じように使えると、Section62で学びましたが、ここでは、両者の違いについて学びます。
　動詞の中には、目的語として後ろに動名詞だけを置くもの、名詞的用法の不定詞だけを置くもの、そして両方置けるものがあります。

○ I enjoyed listening to music.
× I enjoyed to listen to music. ←to＋動詞の原形は置けない！

◆動名詞しか置けない動詞◆
□ enjoy ＋〜ing （〜を楽しむ）　　□ stop ＋〜ing （〜するのをやめる）
□ finish ＋〜ing （〜を終える）
◆to＋動詞の原形しか置けない動詞◆
□ want to＋動詞の原形（〜したい）　　□ decide to＋動詞の原形（〜すると決める）
□ hope to＋動詞の原形（〜することを望む）
　動名詞は前置詞の後ろで使うこともできます。
　たとえば、He is interested in studying abroad.（彼は海外で勉強することに興味がある）という文では、前置詞inの後ろには動名詞が続いています。

これも覚えよう！　stop ＋ 不定詞

① My father stopped smoking.（私の父はタバコを吸うことをやめた）
② My father stopped to smoke.（私の父はタバコを吸うために立ち止まった）
　上で、「stopは名詞的用法の不定詞を使えない」と学習しましたが、②では不定詞を使っています。実はこの不定詞は、名詞的用法ではなく、目的を表す副詞的用法（→Section22）です。混同しないように気をつけましょう。

| 月 日 | 月 日 | 月 日 |

STEP2 単語と例文で音読訓練しよう！ 🎧CD2 11

☐ ❶ I enjoyed listening to music.

私は音楽を聴くことを楽しみました。

☐ ❷ He enjoyed reading a novel.

彼は小説を読むことを楽しみました。

☐ ❸ My brother finished doing his homework.

私の兄は宿題をすることを終えました。

☐ ❹ Did the trainer finish talking with the athlete?

そのトレーナーは運動選手と話すことを終えましたか。

☐ trainer [tréinər] 名 トレーナー

☐ ❺ She wanted to improve her English.

彼女は自分の英語力を上達させることを望みました。

☐ improve [imprúːv] 動 上達させる

☐ ❻ The president wanted to expand his company.

社長は彼の会社を拡大させることを望みました。

☐ expand [ikspǽnd] 動 拡大させる

☐ ❼ My mother decided to go on a diet.

私の母はダイエットをすることを決めました。

☐ ❽ The manager decided to employ her as a secretary.

そのマネージャーは、秘書として彼女を雇うことを決めました。

☐ as [əz] 前 〜として

中学2年 動名詞②

❾ We stopped going to this drugstore.

私たちはこの薬局に行くことをやめました。

❿ She stopped baking potatoes.

彼女はジャガイモを焼くことをやめました。

- bake [béik] 動 焼く

⓫ Our parents stopped treating me as a child.

私たちの両親は、私を子供として扱うことをやめました。

- treat [tríːt] 動 扱う

⓬ These workers stopped to smoke.

これらの労働者たちは、タバコを吸うために立ち止まりました。

⓭ The villagers stopped to take a look at this accident.

その村人たちは、この事故を見るために立ち止まりました。

- villager [vílidʒər] 名 村人
- take a look at ～を見る
- look [lúk] 名 見ること

⓮ His father hoped to go abroad after his retirement.

彼の父は退職後、海外に行くことを望みました。

- hope [hóup] 動 望む
- retirement [ritáiərmənt] 名 退職

⓯ People in this country hoped to get freedom of speech.

この国の人々は言論の自由を得ることを望みました。

- freedom [fríːdʌm] 名 自由
- freedom of speech 言論の自由

⓰ The doctor decided to give me an injection.

その医者は私に注射をすることを決めました。

- injection [indʒékʃən] 名 注射

| 月 日 | 月 日 | 月 日 |

STEP3 エクササイズで復習しよう！

次の日本語の意味を表すように、（　）の中の英単語を並べ替えてみよう。

1 私は、私の部屋で、友達と話すことを楽しみました。
（with ／ enjoyed ／ I ／ talking ／ my ／ friend）in my room.

2 私の姉は、宿題をすることを終えました。
（sister ／ doing ／ finished ／ my ／ homework ／ her）.

3 そのお年寄りの女性は、駅に行くことをやめました。
（stopped ／ the ／ old ／ going ／ woman）to the station.

4 そのトレーナーは運動選手と話すことを終えました。
（finished ／ the ／ talking ／ trainer ／ with ／ athlete ／ the）.

5 社長は彼の会社を拡大させることを望みました。
（expand ／ the ／ wanted ／ his ／ president ／ to ／ company）.

次の日本語を英語にしてみよう。

1 彼の父は退職後、海外に行くことを望みました。

2 トム（Tom）は秘書として彼女を雇うことを決めました。

3 その医者は私に注射をすることを決めました。

4 その村人は、その事故を見るために立ち止まった。

5 私の両親は、私を子どもとして扱うことをやめました。

☆正解は472ページ☆

中学2年　動名詞②

熟語 まとめてチェック！ 2

look を使った熟語

□look like　〜のように見える
　The man **looks like** a doctor.　その男性は医者のように見えます。

□look forward to　〜を楽しみにする
　I'm **looking forward to** meeting you.　あなたに会うことを楽しみにしています。

| □look up to | 〜を尊敬する | □look up | 〜を調べる |
| □look at | 〜を見る | □look for | 〜を探す |

go を使った熟語

□go out for　〜のために出かける
　Tom and Mary **went out for** dinner.　トムとメアリーは夕食を食べに出かけました。

| □go on a diet | ダイエットをする | □go home | 家に帰る |
| □go for a picnic | ピクニックに行く | □go to bed | 寝る |

turn を使った熟語

□turn down　（音量などを）下げる
　Please **turn down** the volume.　ボリュームを下げてください。

| □turn off | 〜（電源）を切る | □turn on | 〜（電源）をつける |

get を使った熟語

□get home　帰宅する
　He finally **got home**.　彼はようやく帰ってきました。

□get along with　〜と仲良くする
　My daughter **got along with** her classmates.　私の娘は彼女のクラスメートと仲良くした。

| □get on | 〜に乗る | □get off | 〜を降りる |
| □get to | 〜に到着する | □get up | 起きる |

come を使った熟語

□come home　家に帰る
　He **came home** at eight yesterday.　彼は昨日8時に帰ってきました。

□come from　〜の出身である
　Where do you **come from**?　あなたはどこの出身ですか。

| □come to a conclusion | 結論を出す | □coma back | 戻る |

be動詞を使った熟語

☐ **be different from** 〜とは異なっている
　Your idea **is different from** mine.　あなたの考えは私のものとは異なっています。

☐ **be famous for** 〜で有名である
　Kyoto **is** very **famous for** its many temples.　京都は多くのお寺でとても有名です。

☐ **be full of** 〜でいっぱいである
　This box **is full of** fruits.　この箱は果物でいっぱいです。

☐ **be proud of** 〜を誇りに思う
　We **are proud of** your courage.　私たちはあなたの勇気を誇りに思っています。

☐ **be ready for** 〜の準備ができている
　Are you **ready for** tomorrow's test?　明日のテストの準備は出来ていますか。

☐ **be good at** 〜が得意である
　I'm not **good at** speaking English.　私は英語を話すのが得意ではありません。

☐ **be from** 〜の出身である
　Where **are** you **from**?　あなたはどこの出身ですか。

☐ be born　　　　　生まれる　　　　　☐ be surprise at　　〜に驚く
☐ be interested in　〜に興味を持つ

いろいろな動詞を使った熟語

☐ **show ~ around** 〜を案内する
　I will **show** you **around**.　私はあなたをご案内しましょう。

☐ **call back** 折り返し電話する
　Please **call back** as soon as possible.　できるだけ早く折り返し電話をください。

☐ **change trains** 電車を乗り換える
　You should **change trains** at the next station.
　　　　　　　　　　　　　　　　　あなたは次の駅で電車を乗り換えるべきです。

☐ apologize to　　〜に謝罪する　　　☐ agree with　　　　〜に同意する
☐ disagree with　〜に反対する　　　☐ pay attention to　〜に注意を払う
☐ grow up　　　　成長する　　　　　☐ listen to　　　　　〜を聴く
☐ graduate from　〜を卒業する　　　☐ dance to music　　音楽に合わせて踊る

Section 64 比較① AはBと同じくらい～だ（原級比較）

例文 Tom is as tall as my father.
（トムは私の父と背の高さが同じです）

STEP1 文法ルールを学ぼう！

何かと何かを比べる比較の表現には、次の3種類があります。

① 同じくらい～だ　　　② ～より…だ　　　③ いちばん～だ

①の「同じくらい～だ」は〈A［動詞］as ～ as B.〉という形で、「AとBは同じくらい～だ」という意味を表します。asとasの間には、形容詞や副詞が入ります。なお、このような表現を原級比較と言います。

Tom is　　as tall as　　my father.
A　　　　asとasの間には形容詞や副詞が入る!　　B

例文で使われている形容詞tallは、「背が高い」という意味がありますが、この原級比較の文では「同じだけ背が高い」ではなく、「背の高さが同じ」という意味になります。つまりこの文のTomとmy fatherの背が「低い」場合にも使えるのです。ほかに、bigやoldなどの形容詞も、原級比較の文ではそれぞれ、「大きさが同じ」や「年齢が同じ」という意味になります。

✎ これも覚えよう！　asの後ろの人称代名詞

as ～ asの後ろに「私」という人称代名詞を置く場合、どれが正しいでしょうか。
例 「彼は私と背の高さが同じです」
① He is as tall as **I**.　② He is as tall as **I am**.　③ He is as tall as **me**.
文法的には主格の代名詞を置く①が正しいですが堅苦しい言い方なので、現在ではあまり使われません。as ～ asの後ろのasは接続詞で、後ろに主語と動詞を置けます。ですから②の言い方も正解です（むしろ①より良く使われます）。③は文法的に正しくないという声もありますが、口語では非常によく使われる表現です。

STEP2 単語と例文で音読訓練しよう！ CD2 12

☐ ❶ **Tom is as tall as my father.**
トムは私の父と背の高さが同じです。

☐ ❷ **This kangaroo is as big as that one.**
このカンガルーはあれと同じくらい大きいです。
- ☐ kangaroo [kæ̀ŋgərúː] 名 カンガルー
- ☐ one [wán] 代 ※先行する可算名詞が表すものと同じ種類の1つを表す。→Section65

☐ ❸ **This programmer is as smart as that one.**
このプログラマーはあのプログラマーと同じくらい賢いです。
- ☐ programmer [próugræmər] 名 プログラマー

☐ ❹ **This milk is as fresh as this yogurt.**
このミルクはこのヨーグルトと同じくらい新鮮です。
- ☐ fresh [fréʃ] 形 新鮮な
- ☐ yogurt [jóugərt] 名 ヨーグルト

☐ ❺ **Was your father as old as the governor?**
あなたの父はその知事と同じくらいの年でしたか。
- ☐ governor [gʌ́vərnər] 名 知事

☐ ❻ **My dad looks as happy as my mom.**
私の父は私の母と同じくらいうれしそうに見えます。
- ☐ dad [dǽd] 名 お父さん
- ☐ mom [mám] 名 お母さん

☐ ❼ **This incident looked as terrible as that one.**
この出来事はあれと同じくらいひどいように見えた。
- ☐ incident [ínsədənt] 名 出来事

☐ ❽ **She speaks English as fluently as Americans.**
彼女はアメリカ人と同じくらい流暢に英語を話します。
- ☐ fluently [flúːənt] 副 流暢に

中学 **2** 年　比較①

289

❾ The IT company grew as fast as my company.

そのIT企業は私の会社と同じくらい急速に成長した。

- IT company [áití: kámpəni] 名 IT企業

❿ John explained the matter as accurately as you.

ジョンはあなたと同じくらい正確にそのことを説明した。

- accurately [ǽkjurətli] 副 正確に

⓫ Those children chatted as loudly as you.

その子どもたちはあなたと同じくらい騒々しくおしゃべりした。

- chat [tʃǽt] 動 おしゃべりする
- loudly [láudli] 副 騒々しく

⓬ The new movie is as interesting as the last one.

その新しい映画は前のものと同じくらい面白い。

⓭ Jane always solves the problem as fast as you do.

ジェーンはいつもあなたと同じぐらい早く問題を解決する。

- always [ɔ́:lweiz] 副 いつも

⓮ I can play ice hockey as well as Mike.

私はマイクと同じくらい上手にアイスホッケーができます。

- ice hockey [áis háki] 名 アイスホッケー

⓯ Does Tom act as positively as Jake?

トムはジェイクと同じくらい前向きに振る舞うのですか。

- positively [pázətivli] 副 前向きに

⓰ My father drove as carefully as a taxi driver.

私の父はタクシー運転手と同じくらい注意深く運転しました。

- taxi driver [tǽksi dráivər] 名 タクシーの運転手
- driver [dráivər] 名 運転手

| 月 日 | 月 日 | 月 日 |

STEP3 エクササイズで復習しよう！

次の日本語の意味を表すように、（　）の中の英単語を並べ替えてみよう。

1 その子どもたちはあなたと同じくらい騒々しくおしゃべりした。
（chatted ／ those ／ as ／ you ／ children ／ as ／ loudly）.

2 その男性は、あなたのおじと同じくらいの年齢です。
（man ／ is ／ as ／ the ／ as ／ old）your uncle.

3 マイクはあなたと同じくらい流暢に日本語を話します。
（fluently ／ as ／ Japanese ／ Mike ／ speaks ／ as）you.

4 このミルクはこのヨーグルトと同じくらい新鮮です。
（fresh ／ milk ／ as ／ this ／ this ／ as ／ yogurt ／ is）.

5 このプログラマーはあのプログラマーと同じくらい賢いです。
（programmer ／ as ／ this ／ smart ／ that ／ as ／ one ／ is）.

次の日本語を英語にしてみよう。

1 トムは私の父と背の高さが同じです。

2 この出来事はあれと同じくらいひどいようにみえる。

3 その新しい映画は前のものと同じくらい面白い。

4 そのIT企業は私の会社と同じくらい急速に成長した。

5 私はマイクと同じくらい上手にアイスホッケーをすることができます。

☆正解は473ページ☆

Section 65 比較② 原級比較の否定文

> **例文** This koala is **not as** big **as** that one.
> （このコアラはあのコアラほど大きくない）

STEP1 文法ルールを学ぼう！

Section 64で学習したA … as ～ as B.（AはBと同じくらい～である）を否定文にすると、〈A … not as ～ as B.〉となります。これは「AはBほど～ではない」という意味です。これにより、AとBの間の差を表すことができます。

This koala	is		as big as	that one.
A			AはBと同じくらいbigだ	B
This koala	is	not	as big as	that one.
A		ではない	AはBと同じくらいbigだ	B

ここで、この文の最後に置かれているoneという単語について少し解説します。oneが名詞の「1」や形容詞の「1つの」という意味を持っていることはすでに学習しましたね。ですが、この文のoneはその意味で使われているのではありません。

ここで出てくるoneは代名詞です。文の前の方で出てきた「数えられる名詞（この例文でいうとkoala）」の代わりとして使われています。本来なら、This koala is not as big as that koala.となるところを、同じ名詞のくり返しを避けるためにoneで代用しているのです。このような表現は、比較の文でよく出てきますので、覚えておきましょう。

✎ これも覚えよう！　asの代わりにsoを使う

〈A …not as ～ as B.〉は、1つ目のasをsoに変えて、〈A …not so ～ as B.〉とすることもできます。たとえば、He isn't as old as she.（彼は、彼女ほど年をとっていません）という否定文は、He isn't so old as she. としてもいいのです。

STEP2 単語と例文で音読訓練しよう！ CD2-13

❶ This koala is not as big as that one.
このコアラは、あのコアラほど大きくない。
- koala [kouá:lə] 名 コアラ

❷ This chemist is not as smart as that one.
この化学者は、あの化学者ほどかしこくはありません。
- chemist [kémist] 名 化学者

❸ This yogurt doesn't taste as sour as that one.
このヨーグルトは、あれほど酸っぱい味がしません。
- taste [téist] 動 味がする
- sour [sáuər] 形 酸っぱい

❹ My son isn't as brave as that young man.
私の息子は、あの若者ほど勇敢ではありません。
- brave [bréiv] 形 勇敢な

❺ Your comment wasn't as encouraging as his.
あなたのコメントは、彼のものほど刺激にならなかった。
- comment [káment] 名 コメント
- encouraging [inkə́:ridʒiŋ] 形 刺激になる

❻ His speech wasn't as successful as her speech.
彼のスピーチは、彼女のものほど成功したわけではなかった。
- successful [səksésfəl] 形 成功している

❼ His pronunciation isn't as clear as yours.
彼の発音は、あなたの発音ほどはっきりしていません。
- pronunciation [prənʌ̀nsiéiʃən] 名 発音

❽ The infant can't speak as clearly as this child.
その幼児はこの子どもほどはっきりと話せません。
- infant [ínfənt] 名 幼児

中学2年 比較②

☐ ❾ **My dad doesn't wake up as early as my mom.**

私の父は、私の母ほど早く起きない。

☐ ❿ **Human beings can't calculate as fast as robots.**

人間はロボットほど速く計算できません。

☐ human being [hjúːmən bíːiŋ] 名 人間
☐ calculate [kǽlkjulèit] 動 計算する

☐ ⓫ **My co-worker can't think as positively as I can.**

私の同僚は私ほど前向きに考えられません。

☐ co-worker [kóu-wə́ːrkər] 名 同僚

☐ ⓬ **They didn't speak Spanish as naturally as we do.**

彼らは私たちほど自然にスペイン語を話しませんでした。

☐ naturally [nǽtʃərəli] 副 自然に

☐ ⓭ **My uncle isn't as old as the owner of the restaurant.**

私のおじさんはそのレストランの持ち主ほど年をとっていない。

☐ owner [óunər] 名 持ち主

☐ ⓮ **The new movie wasn't as exciting as my favorite one.**

その新しい映画は私のお気に入りほどワクワクしなかった。

☐ exciting [iksáitiŋ] 形 ワクワクする

☐ ⓯ **The IT company didn't grow as rapidly as my company.**

そのIT社は私の会社ほど急速に成長しなかった。

☐ ⓰ **The man didn't reach a conclusion as quickly as you.**

その男性はあなたほどすぐに結論に達しませんでした。

☐ reach [ríːtʃ] 動 達する
☐ conclusion [kənklúːʒən] 名 結論
☐ reach a conclusion 結論に達する
☐ quickly [kwíkli] 副 素早く

STEP3 エクササイズで復習しよう！

次の日本語の意味を表すように、（　）の中の英単語を並べ替えてみよう。

1 そのIT社は、私の会社ほど急速に成長したわけではなかった
(the / company / IT / didn't / company / as / as / rapidly / my / grow) .

2 この象はあの象ほど大きくありません。
(elephant / isn't / as / this / as / big) that one.

3 彼のアイデアは、あなたのアイデアほどワクワクさせるものではありませんでした。
(exciting / as / his / idea / wasn't / as) yours.

4 その男性は彼ほど健康に見えませんでした。
(the / as / didn't / as / look / healthy / man) he.

5 その幼児は、この子どもほどはっきりと話すことができません。
(can't / as / this / clearly / child / as / the / infant / speak) .

次の日本語を英語にしてみよう。

1 彼の発音は、あなたの発音ほどはっきりしていません。

2 その男性は、あなたほどすぐに結論に達しませんでした。

3 人間は、ロボットほど速く計算することができません。

4 彼のスピーチは、彼女のものほど成功したわけではなかった。

5 私の同僚は、私ほど前向きに考えることができません。

☆正解は473ページ☆

Section 66 比較③ AはBより〜だ（比較級）

例文 This horse is larg**er than** that one.
（この馬はあの馬よりも大きい）

STEP1 文法ルールを学ぼう！

2つまたは2人の差を表す表現を学習しましょう。
〈A … 〜 er than B.〉という形で、「AはBより〜である」という意味を表します。〜erは、原則として形容詞や副詞にerをつけて作ります。これを比較級と言います。そして、比較級の形容詞や副詞の後には、thanという単語が置かれます。これは「〜よりも」という意味を表します。

```
This horse    is    larger         than    that one.
   A                形容詞large              B       ←AはBより
                    の比較級                         largeである
```

✎これも覚えよう！ 比較級「〜 er」の作り方

形容詞や副詞の中には不規則に変化して比較級になるものもあります。いくつか例とともにチェックしてみましょう。

原級	◆ふつうに、語尾にerをつける◆			比較級		
原級	tall [tɔ́ːl]	背が高い		➡ 比較級	taller [tɔ́ːlər]	
	long [lɔ́ːŋ]	長い			longer [lɔ́ːŋər]	

	◆eで終わる単語は、語尾にrだけをつける◆					
原級	nice [náis]	良い		➡ 比較級	nicer [náisər]	
	large [láːrdʒ]	大きい			larger [láːrdʒər]	

	◆子音字＋yで終わる単語は、yをiに変えてerをつける◆					
原級	easy [íːzi]	かんたんな		➡ 比較級	easier [íːziər]	
	busy [bízi]	忙しい			busier [bíziər]	
	early [ə́ːrli]	早い			earlier [ə́ːrliər]	

	◆短母音＋子音字で終わる単語は、最後の1文字を重ねてerをつける◆					
原級	big [bíɡ]	大きい		➡ 比較級	bigger [bíɡər]	
	hot [hát]	暑[熱]い			hotter [hátər]	

★なお、これ以外にerを付けないものや不規則変化をするものもありますが、それについては次のSection67で学習します。

STEP2 単語と例文で音読訓練しよう！ 🎧CD2-14

- ❶ **This horse is larger than that one.**

  この馬はあの馬よりも大きい。

- ❷ **This chemist is smarter than that one.**

  この化学者はあの化学者よりもかしこい。

- ❸ **My son is quieter than that child.**

  私の息子はあの子供よりも静かです。

- ❹ **Your comment sounds truer than his.**

  あなたのコメントは彼のよりも本当に聞こえる。

  - sound [sáund] 動 〜に聞こえる
  - true [trúː] 形 本当の

- ❺ **This action movie is newer than that one.**

  このアクション映画はあれよりも新しい。

  - action movie [ǽkʃən múːvi] 名 アクション映画

- ❻ **That truck is larger than this old one.**

  あのトラックはこの古いトラックよりも大きい。

  - truck [trʌ́k] 名 トラック

- ❼ **His weight is heavier than mine.**

  彼の体重は私のよりも重い。

  - weight [wéit] 名 体重

- ❽ **Your daughter is prettier than that actress.**

  あなたの娘はあの女優よりもかわいい。

中学 **2** 年　比較③

☐ ❾ **This sports car can run faster than that one.**

このスポーツカーはあれよりも速く走ることができる。

☐ sports car [spɔ́ːrtskɑ́ːr] 名 スポーツカー

☐ ❿ **Nancy gets up earlier than her daughter.**

ナンシーは彼女の娘よりも早く起きる。

☐ ⓫ **This orange juice tastes sweeter than that one.**

このオレンジジュースはあのオレンジジュースよりも甘い。

☐ ⓬ **My boss is busier than I.**

私の上司は私よりも忙しい。

☐ ⓭ **Tom's attitudes are ruder than John's.**

トムの態度はジョンのそれよりも無礼だ。

☐ ⓮ **The weather in April is warmer than that in November.**

4月の天気は11月の天気よりも暖かい。

☐ April [éiprəl] 名 4月
☐ November [nouvémbər] 名 11月

☐ ⓯ **This machine can work faster than that one.**

この機械はあれよりも速く動くことができる。

☐ ⓰ **The climate of Tokyo is milder than that of Russia.**

東京の気候はロシアの気候よりも温暖です。

☐ climate [kláimit] 名 気候
☐ mild [máild] 形 温暖な
☐ Russia [rʌ́ʃə] 名 ロシア

| 月 日 | 月 日 | 月 日 |

STEP3 エクササイズで復習しよう！

次の日本語の意味を表すように、（　）の中の英単語を並べ替えてみよう。

1 あの馬は、この馬よりも大きいです。
(horse / that / than / larger / is) this horse.

2 このオレンジジュースは、あのオレンジジュースよりも甘い。
(orange juice / sweeter / this / than / tastes) that one.

3 4月の天気は、11月の天気よりも暖かい。
(April / that / in / the / November / weather / than / warmer / in / is) .

4 そのアクション映画は、あれよりも新しい。
(movie / that / action / is / the / newer / one / than)

5 彼の体重は、私よりも重たい。
(heavier / mine / his / is / weight / than) .

次の日本語を英語にしてみよう。

1 あのトラックは、このトラックよりも大きい。

2 その女性は、彼女の娘よりも早く起きる。

3 このスポーツカーは、あれよりも速く走ることができる。

4 あなたのコメントは、彼のよりも本当に聞こえる。

5 東京の気候は、ロシアの気候よりも温暖です。

中学2年 比較③

☆正解は473ページ☆

Section 67 比較④ erをつけない比較級の表現

例文
The quiz is more difficult than that one.
（この小テストはあの小テストよりも難しい）
Your thought is better than his.
（あなたの考えは彼の考えよりも良い）

STEP1 文法ルールを学ぼう！

〈A … 〜 er than B.（AはBより〜である）〉は、前セクションで学習しましたが、erをつけない比較級もあります。

The quiz is **more** difficult **than** that one.
A ／ 形容詞[副詞] ／ よりも ／ B

Your thought is **better than** his.
A ／ ／ B ／ まったく違う形へ変化する比較級

① interestingやdifficultのような長い形容詞や副詞

母音（アイウエオに近い音）が3つ以上含まれるものと考えればよいでしょう（tiredなどのように、母音が2つでもこの形にする語もあります）。この場合、形容詞や副詞の前にmoreをつけて、〈A … more 〜 than B.（AはBより〜である）〉という形になります。

☐ beautiful	[bjúːtəfəl]	美しい	☐ useful	[júːsfəl]	実用的な
☐ popular	[pάpjulər]	人気のある	☐ important	[impɔ́ːrtənt]	重要な
☐ famous	[féiməs]	有名な	☐ tired	[táiərd]	疲れた
☐ exciting	[iksáitiŋ]	わくわくさせる	☐ expensive	[ikspénsiv]	高価な
☐ slowly	[slóuli]	ゆっくりと	☐ rapidly	[rǽpidli]	すばやく

② 全然ちがう形へと不規則に変化するもの

原級				比較級	
good	[gúd]	良い	→	better	[bétər]
well	[wél]	上手に	→	better	[bétər]
bad	[bǽd]	悪い	→	worse	[wə́ːrs]
many	[méni]	たくさんの	→	more	[mɔ́ːr]
much	[mʌ́tʃ]	たくさんの	→	more	[mɔ́ːr]

STEP2 単語と例文で音読訓練しよう！ 🎧CD2 15

① This quiz is more difficult than that one.
この小テストはあの小テストよりも難しい。
☐ quiz [kwíz] 名 小テスト

② Your thought is better than his.
あなたの考えは彼のものよりも良い。
☐ thought [θɔ́ːt] 名 考え

③ Nothing is more beautiful than her smile.
彼女の笑顔より美しいものは何もない。
☐ nothing [nʌ́θiŋ] 代 何も〜ない

④ This product is more popular than that one.
この製品はあの製品よりも人気がある。
☐ product [prɑ́dʌkt] 名 製品

⑤ This athlete became more famous than that one.
この運動選手はあの運動選手よりも有名になりました。

⑥ That movie was more exciting than this one.
あの映画はこの映画よりもワクワクした。

⑦ Jake was more excited about this finding than you.
ジェイクは、この発見に関してあなたよりも興奮していた。
☐ finding [fáindiŋ] 名 発見

⑧ This issue looks more difficult than that one.
この問題はあの問題よりも難しいように見える。

中学2年 比較④

☐ ❾ **The movie director looks more tired than the actor.**

その映画監督はその俳優よりも疲れているように見える。

☐ movie director [múːvi diréktər]
名 映画監督

☐ ❿ **This model is more beautiful than that one.**

このモデルはあのモデルよりも美しいです。

☐ model [mádl] 名 モデル

☐ ⑪ **His attitude was worse than hers.**

彼の態度は彼女よりもひどかった。

☐ ⑫ **His idea sounds more interesting than yours.**

彼のアイデアはあなたのものよりも面白そうです。

☐ ⑬ **This latest computer is better than the old one.**

この最新のコンピュータは古い物よりも良い。

☐ latest [léitist] 形 最新の

☐ ⑭ **This teplescope is more expensive than that one.**

この望遠鏡はあれよりも高価です。

☐ telescope [téləskòup]
名 望遠鏡

☐ ⑮ **The foreign student speaks Chinese more slowly than he does.**

その外国人学生は彼よりもゆっくり中国語を話す。

☐ slowly [slóuli]
副 ゆっくりと

☐ ⑯ **That company is growing more rapidly than ours.**

あの会社は私たちの会社より急速に成長している。

STEP3 エクササイズで復習しよう！

次の日本語の意味を表すように、（　）の中の英単語を並べ替えてみよう。

1 あの製品は、この製品よりも人気があります。
(product / that / than / popular / is / more) this one.

2 この望遠鏡は、あれよりも高価です。
(than / telescope / this / expensive / more / is) that one.

3 その労働者は、上司よりも興奮していました。
(worker / was / the / excited / more) than the manager.

4 彼の態度は、彼の息子の態度よりもひどかったです。
(attitude / terrible / more / was / than / his) his son's.

5 彼のアイデアは、あなたのものよりも面白そうです。
(idea / interesting / his / more / sounds / than) yours.

次の日本語を英語にしてみよう。

1 この最新のコンピュータは古い物よりもよい。

2 その小テストはあれよりも難しい。

3 このモデルは、あのモデルよりも美しい。

4 その映画監督は、その女優よりも疲れているように見えますか。

5 あの会社は私たちの会社より急速に成長している。

☆正解は473ページ☆

Section 68 比較⑤ 3つ以上の比較（最上級）

例文
This chocolate is the sweetest in the store.
（このチョコレートは店の中でいちばん甘いです）

This model is the prettiest of all.
（このモデルは全ての中でいちばんかわいいです）

STEP1 文法ルールを学ぼう！

3つまたは3人以上を比較して、「Aはもっとも〜である」と言いたい場合は、形容詞や副詞の語尾にestを付けた最上級という形を使います。

最上級の文は、〈A … the 〜 est.〉という形で表せます。比較するグループの範囲は、in Japan（日本で）のように〈in ＋ 単数名詞〉とof all students（全生徒のうちで）のように、〈of ＋ 複数名詞〉のどちらかを、後ろの名詞が単数か複数かによって使い分けます。

つまり、〈A … the 〜 est in ＋単数名詞 [of ＋ 複数名詞].〉（Aは○○の中でもっとも〜である）という形になります。

This chocolate is the sweetest in the store.
　　A　　　　　　the＋最上級　　　単数名詞

This model is the prettiest of all. ← allの後ろにthe modelsという名詞が省略されている
　A　　　　the＋最上級　　複数名詞

これも覚えよう！　最上級「〜 est」の作り方

形容詞や副詞の最上級も、比較級と同様、不規則に変化するものもあります。

◆ふつうに、語尾にestをつける◆

原級	tall [tɔ́ːl]	背が高い	➡ 最上級	tallest

◆eで終わる単語は、語尾にstだけをつける◆

原級	nice [náis]	良い	➡ 最上級	nicest

◆子音字＋yで終わる単語は、yをiに変えてestをつける◆

原級	easy [íːzi]	かんたんな	➡ 最上級	easiest

◆短母音＋子音字で終わる単語は、最後の1文字を重ねてestをつける◆

原級	big [bíg]	大きい	➡ 比較級	biggest

STEP2 単語と例文で音読訓練しよう！

❶ This chocolate is the sweetest in the store.

このチョコレートは店の中でいちばん甘いです。

- chocolate [tʃɔ́:kələt] 名 チョコレート
- store [stɔ́:r] 名 店

❷ This model is the prettiest of all.

このモデルは全ての中でいちばんかわいいです。

❸ This kitten is the cutest of all.

この子猫が全ての中でいちばんかわいいです。

- kitten [kítn] 名 子猫

❹ She has the longest hair in this class.

彼女の髪はこのクラスの中でいちばん長いです。

- hair [héər] 名 髪の毛
- long [lɔ́:ŋ] 形 長い

❺ The dog has the cutest tail of all dogs.

その犬のしっぽは全ての犬の中でいちばんかわいい。

- tail [téil] 名 しっぽ

❻ The round table is the cheapest of all the tables.

その丸いテーブルは全てのテーブルの中でいちばん安いです。

- round [ráund] 形 丸い

❼ This little boy is the noisiest in this school.

この小さな少年はこの学校でいちばんうるさいです。

❽ His performance was the nicest of all the players.

彼の演奏はすべての演奏者の中で最高だった。

- performance [pərfɔ́:rməns] 名 上演；演奏

中学 2 年　比較 ⑤

- ❾ **This lake is the deepest of all the lakes in America.**

  この湖はアメリカの全ての湖の中でいちばん深い。

  ☐ deep [díːp] 形 深い

- ❿ **This soup is the thickest in this store.**

  このスープはこの店の中でいちばん濃い。

  ☐ soup [súːp] 名 スープ
  ☐ thick [θík] 形 濃い

- ⓫ **The express train can run the fastest of all.**

  その急行電車は全ての中でいちばん速く走ることができる。

  ☐ express train [iksprés tréin] 名 急行電車

- ⓬ **Kate got up the earliest of all.**

  ケイトは全員の中でいちばん早く起きた。

- ⓭ **The captain of our team looks the happiest of all the members.**

  我々のチームのキャプテンは全メンバーの中で最もうれしそうに見える。

  ☐ captain [kǽptən] 名 キャプテン

- ⓮ **The climate of Hokkaido seems the coldest in Japan.**

  北海道の気候は、日本でいちばん寒いようです。

  ☐ seem [síːm] 動 〜のようだ
  ☐ cold [kóuld] 形 寒い

- ⓯ **The skyscraper is the highest in the world.**

  その超高層ビルは世界でいちばん高いです。

  ☐ skyscraper [skáiskrèipər] 名 超高層ビル

- ⓰ **His plan seemed the easiest of all.**

  彼の計画は全ての中でいちばん簡単そうに見えた。

| 月 日 | 月 日 | 月 日 |

STEP3 エクササイズで復習しよう！

次の日本語の意味を表すように、（　）の中の英単語を並べ替えてみよう。

1 その少女は、このクラスの中で一番かわいいです。
(girl / prettiest / the / in / is / the) this class.

2 この小さな少年は、この学校でいちばんうるさいです。
(noisiest / school / is / this / the / little / in / boy / this).

3 このチョコレートは店の中でいちばん甘いです。
(is / store / chocolate / the / this / in / the / sweetest).

4 その丸いテーブルは、全てのテーブルの中でいちばん安いです。
(round / the / of / tables / the / cheapest / table / all / is / the).

5 彼の計画は、全ての中でいちばん簡単そうに見えた。
(looked / of / easiest / his / the / plan / all).

次の日本語を英語にしてみよう。

1 その超高層ビルは、世界でいちばん高かったです。

2 ケイトは、全員の中でいちばん早く起きた。

3 この湖は、アメリカの全ての湖の中でいちばん深い。

4 その急行電車は、全ての中でいちばん速く走ることができる。

5 北海道の気候は、日本でいちばん寒いようです。

☆正解は473ページ☆

Section 69 比較⑥ estをつけない最上級の表現

例文
This engine is the most powerful of all.
（このエンジンは全ての中でもっとも強力です）

Mike was the best worker in this company.
（マイクはこの会社で最も素晴らしい労働者でした）

STEP1 文法ルールを学ぼう！

「Aは○○の中で最も〜である」という英語の最上級はすでに学習しましたが、erのときと同様、単純に、estをつけない最上級があります。

> The man was the best worker in the store.
> A ／ まったく違う形へ変化する最上級 ／ 単数名詞
>
> The engine is the most powerful of all.
> A ／ the most ／ 複数名詞
>
> （allの後ろにenginesという名詞がかくれている！）

① interestingやpopularのような長い形容詞や副詞

これは、母音（アイウエオに近い音）が3つ以上含まれるものと考えれば良いでしょう（tiredのように母音が2つでもこの形にする語があります）。この場合、形容詞や副詞の前にmostをつけて、最上級を表します。Section67で例に挙げられていた形容詞や副詞は全てこれにも当てはまるので、今一度チェックしましょう。

② 全然ちがう形へと不規則に変化するもの

原級				最上級	
good	[gúd]	良い	→	best	[bést]
well	[wél]	上手に	→	best	[bést]
bad	[bǽd]	悪い	→	worst	[wə́ːrst]
many	[méni]	たくさんの	→	most	[móust]
much	[mʌ́tʃ]	たくさんの	→	most	[móust]

比較するグループの範囲は、Section68と同様、後ろの名詞が単数ならin、複数ならofを使います。つまり、〈A … the most 〜 in＋単数名詞 [of ＋ 複数名詞].〉（Aは○○の中でもっとも〜である）という形になります。

STEP2 単語と例文で音読訓練しよう！ 🎧CD2-17

❶ This engine is the most powerful of all.
このエンジンは全ての中でもっとも強力です。

- engine [éndʒin] 名 エンジン
- powerful [páuərfəl] 形 強力な

❷ John is the most interesting in our class.
ジョンは私たちのクラスの中でいちばん面白い。

❸ This location is the most convenient of all.
この場所はすべての中でいちばん便利です。

- location [loukéiʃən] 名 場所

❹ The coach is the most popular in this team.
そのコーチはこのチームの中で最も人気がある。

- coach [kóutʃ] 名 コーチ

❺ This new car is the most expensive of all.
この新しい車はすべての中でもっとも高価だ。

❻ His magic was the most exciting of all.
彼の手品は全ての中でもっとも興奮させるものだった。

- magic [mædʒik] 名 手品

❼ My husband was the most surprised in my family to hear the news.
私の夫はそのニュースを聞いて家族の中でいちばん驚いていた。

- surprised [sərpráizd] 形 びっくりして
- husband [házbənd] 名 夫

❽ This textbook looks the most difficult of all.
この教科書は全ての中で最も難しそうに見える。

- textbook [tékstbúk] 名 教科書

中学2年 比較⑥

⑨ His novel is the most fantastic of all the novels.

彼の小説は全ての小説の中で最も素晴らしいです。

☐ fantastic [fæntǽstik]
形 素晴らしい

⑩ The view from here is the most beautiful in this area.

ここからの景色がこのあたりで最も美しいです。

☐ view [vjúː] 名 景色

⑪ He looks the most nervous of all the boys.

彼は全ての少年の中で最も緊張しているように見える。

⑫ The chemical substances look the most dangerous in this room.

その化学物質はこの部屋で最も危険に見える。

☐ chemical [kémikəl] 形 化学の
☐ substance [sʌ́bstəns] 名 物質
☐ dangerous [déindʒərəs] 形 危険な

⑬ The man was the best worker in this company.

その男性はこの会社で最も素晴らしい労働者でした。

⑭ This is the most famous spaceship in the world.

これは世界で最も有名な宇宙船です。

☐ spaceship [spéiʃìp] 名 宇宙船

⑮ The student speaks Korean the most fluently in this class.

その学生はこのクラスで最も流暢に韓国語を話します。

⑯ He was walking the most quietly in this class.

彼はこのクラスでもっとも静かに歩いていた。

☐ quietly [kwáiətli] 副 静かに

| 月 日 | 月 日 | 月 日 |

STEP3 エクササイズで復習しよう！

次の日本語の意味を表すように、（　）の中の英単語を並べ替えてみよう。

1 そのコーチはこのチームの中でもっとも人気があった。
（most ／ coach ／ the ／ in ／ team ／ this ／ was ／ the ／ popular）．

．

2 その野球選手は、チームでいちばん有名になりました。
（most ／ baseball ／ the ／ famous ／ the ／ became ／ player）in the team.

．

3 その教科書はすべての中で最も難しいです。
（textbook ／ is ／ the ／ difficult ／ most ／ the）of all.

．

4 彼の手品は全ての中でもっとも興奮させるものだった。
（magic ／ exciting ／ all ／ was ／ his ／ most ／ of ／ the）．

．

5 彼は、このクラスで最も英語を上手に話すことができます。
He（best ／ English ／ the ／ this ／ class ／ in ／ speak ／ can）．

．

次の日本語を英語にしてみよう。

1 このエンジンは全ての中でもっとも強力です。

．

2 その化学物質はこの部屋でもっとも危険に見える。

．

3 彼の小説は全ての小説の中でもっとも素晴らしいです。

．

4 私の旦那はそのニュースを聞いて家族の中でいちばん驚いていた。

．

中学2年　比較⑥

☆正解は474ページ☆

Section 70 比較⑦ 疑問詞whichと比較級

例文
Which is safer, this route or that one?
（この道とあの道、どちらが安全ですか）
Which was more exciting, this match or that one?
（この試合とあの試合、どちらがワクワクさせるものでしたか）

STEP1 文法ルールを学ぼう！

whichは「どちら」という意味を持つ疑問詞です。比較級とともに使われることが多いのが特徴です。whichと比較級を使って、〈Which is＋比較級, A or B?〉や〈Which [名詞] is＋比較級, A or B?〉という形にすることで、「AとBどちらが〜な[名詞]ですか」という疑問文を作れます。人や所有物についてたずねるときはwhoやwhoseを使います。

Which is safer, this route or that one?
　比較級　　　　A　　　　　　B
Which was more exciting, this match or that one?
　　　　比較級　　　　　　　A　　　　　B

また、whichを最上級と一緒に使って、〈Which [名詞] is＋最上級 in [of] 〜?〉で、「どれが最も〜ですか」とたずねることができます。

これも覚えよう！　比較のない文で使うwhich

日常会話などでよく使う表現の1つに、「AとBどっちが好きですか」や「どの〜がいちばん好きですか」などがありますが、これも疑問詞whichと比較級・最上級で表現できます。

例　Which do you like better, tennis or rugby?（テニスとラグビー
　　　　　　　　　　　　A　　　　　B　　　　どちらが好きですか）
　　Which month do you like the best?（どの月がいちばん好きですか）
　　　名詞

これに対しては、「どっちが〜？」の場合はI like [名詞] better.、「どれがいちばん〜？」の場合はI like [名詞] best. などと答えるといいでしょう。

STEP2 単語と例文で音読訓練しよう！

❶ Which is safer, this route or that one?
- safe [séif] 形 安全な
- route [rúːt] 名 道

この道とあの道、どちらが安全ですか。

❷ Which was more exciting, this match or that one?

この試合とあの試合、どちらが興奮させるものでしたか。

❸ Which looks more delicious, the melon or the orange?

メロンとオレンジ、どちらが美味しそうに見えますか。

❹ Which is more practical, this book or that one?
- practical [præktikəl] 形 実用的な

この本とあの本、どちらが実用的ですか。

❺ Which student is more intelligent, Tom or Ken?
- intelligent [intélədʒənt] 形 知的な

トムとケンのどちらがより知的な学生ですか。

❻ Which plane is bigger, this one or that one?

これとあれのどちらの飛行機が大きいですか。

❼ Whose advice is better, his or hers?

彼と彼女のどちらのアドバイスが良いですか。

❽ Whose idea sounds more useful, Tom's or Mike's?

トムとマイク、どちらの考えが役に立ちそうですか。

中学2年 比較⑦

❾ Which subject did you study harder, geography or English?
地理と英語のどちらの科目をより一生懸命に勉強しましたか。

- geography [dʒiǽgrəfi] 名 地理学
- subject [sʌ́bdʒikt] 名 教科

❿ Who can speak Russian more fluently, Mary or Judy?
メアリーとジュディのどちらが流暢にロシア語を話せますか。

- Russian [rʌ́ʃən] 名 ロシア語

⓫ Who was working harder, this man or that one?
この男性とあの男性のどちらが一生懸命働いていましたか。

⓬ Which do you like better, basketball or rugby?
バスケットボールとラグビーのどちらが好きですか。

- rugby [rʌ́ɡbi] 名 ラグビー

⓭ Which did you like better, wine or whiskey?
ワインとウィスキーのどちらが好きでしたか。

- whiskey [hwíski] 名 ウィスキー

⓮ Which does she like better, rabbits or birds?
彼女はウサギと鳥のどちらが好きですか。

⓯ Which did you choose, this way or that way?
この方法とあの方法のどちらを選びましたか。

⓰ Which do you have to buy today, an eraser or a pencil?
今日は消しゴムと鉛筆のどちらを買わなければならないのですか。

STEP3 エクササイズで復習しよう！

次の日本語の意味を表すように、（　）の中の英単語を並べ替えてみよう。

1 このリンゴとあのリンゴのどちらが美味しいですか。
(which ／ delicious ／ is ／ more), this apple or that one?

2 この男性とあの男性のどちらが、一生懸命働いていましたか。
(working ／ harder, ／ who ／ was) this man or that one?

3 サッカーと野球のどちらがすきですか。
(you ／ like ／ do ／ which ／ better), soccer or baseball?

4 あなたのお父さんは、ワインとウィスキーのどちらが好きですか。
(does ／ like ／ father ／ your ／ which ／ better), wine or whiskey?

5 あなたは、科学と数学のどちらの科目をより一生懸命勉強しましたか。
(study ／ did ／ which ／ you ／ subject ／ harder), science or math?

次の日本語を英語にしてみよう。

1 あなたはサッカーとテニスのどちらが好きですか。

2 メアリーとジュディのどちらが流暢にロシア語を話すことができますか。

3 トムとケンのどちらがより知的な学生ですか。

4 あなたはこの方法とあの方法のどちらを選んだのですか。

5 この本とあの本、どちらが実用的ですか。

☆正解は474ページ☆

単語 > まとめてチェック！ 形容詞・副詞の比較変化

形容詞と副詞の比較級と最上級を作る際に、注意が必要な重要語をまとめました。

◆完全に形が変わるもの

原級		意味	比較級		最上級	
☐ bad	[bǽd]	悪い	worse	[wə́ːrs]	worst	[wə́ːrst]
☐ far	[fɑ́ːr]	遠い；遠くに	farther	[fɑ́ːrðər]	farthest	[fɑ́ːrðist]
☐ good	[gúd]	よい	better	[bétər]	best	[bést]
☐ ill	[íl]	病気で	worse	[wə́ːrs]	worst	[wə́ːrst]
☐ late	[léit]	（順序）後の	latter	[lǽtər]	last	[lǽst]
☐ little	[lítl]	小さい	less	[lés]	least	[líːst]
☐ many	[méni]	多数の	more	[mɔ́ːr]	most	[móust]
☐ much	[mʌ́tʃ]	大量の	more	[mɔ́ːr]	most	[móust]
☐ well	[wél]		better	[bétər]	best	[bést]

※ late は、「遅い」という意味の形容詞や、「遅れて」という意味の副詞である場合は、late-later-latest と変化するので注意！

◆最後のyをiにかえるもの

原級		意味	比較級		最上級	
☐ busy	[bízi]	忙しい	busier	[bíziər]	busiest	[bízist]
☐ early	[ə́ːrli]	早い；早く	earlier	[ə́ːrliər]	earliest	[ə́ːrlist]
☐ easy	[íːzi]	かんたんな	easier	[íːziər]	easiest	[íːzist]
☐ funny	[fʌ́ni]	おかしい	funnier	[fʌ́niər]	funniest	[fʌ́nist]
☐ happy	[hǽpi]	幸せな	happier	[hǽpiər]	happiest	[hǽpist]
☐ heavy	[hévi]	重い	heavier	[héviər]	heaviest	[hévist]
☐ lucky	[lʌ́ki]	幸運な	luckier	[lʌ́kiər]	luckiest	[lʌ́kist]
☐ pretty	[príti]	かわいい	prettier	[prítiər]	prettiest	[prítist]

◆最後の1文字を重ねるもの

原級		意味	比較級		最上級	
☐ big	[bíg]	大きい	bigger	[bígər]	biggest	[bígist]
☐ hot	[hát]	熱い；暑い	hotter	[hátər]	hottest	[hátist]
☐ sad	[sǽd]	悲しい	sadder	[sǽdər]	saddest	[sǽdist]

熟語 まとめてチェック！ 3

基本的な動詞を使った熟語表現は、実際の会話でも良く使われますし、とても大切です。まとめてチェックしましょう。

いろいろな動詞を使った熟語

☐ **have fun**　楽しむ
　Let's **have fun**.　楽しみましょう。

☐ **laugh at**　〜を笑う
　Some students **laughed at** me.　生徒の中には私を笑う者もいました。

☐ **belong to**　〜に所属する
　My sister **belonged to** the tennis club.　私の姉はテニス部に所属していました。

☐ **hurry up**　急ぐ
　Let's **hurry up**.　急ぎましょう。

☐ **suffer from**　〜で苦しむ
　Many people are **suffering from** cancer.　多くの人々はガンで苦しんでいます。

☐ **stand up**　立ち上がる
　Stand up, please.　立ってください。

☐ **give up**　あきらめる
　Never **give up**.　決してあきらめないで。

☐ **be prepared for**　〜の準備をする
　The students **are prepared for** next week's test.
　　　　　　　　　　　　　　　　　　　学生たちは来週のテストの準備をしました。

☐ help ~ with	〜の…を手伝う	☐ put on	〜を身に付ける
☐ lead to	〜に導く	☐ deal with	〜に対処する
☐ concentrate on	〜に集中する	☐ depend on	〜に頼る
☐ try to	〜しようと試みる	☐ succeed in	〜に成功する
☐ carry out	〜を実行する	☐ write to	〜に手紙を書く
☐ earn a living	生活費を稼ぐ	☐ stay up late	〜夜更かしする
☐ bring back	〜を持ち帰る	☐ throw ~ away	〜を捨てる
☐ speak ill of	〜の悪口を言う	☐ say hello to	よろしく言う
☐ fall asleep	眠る	☐ die out	絶滅する
☐ have a good time	楽しい時間を過ごす	☐ wait for	〜を待つ
☐ complain about	〜について文句を言う	☐ shake hands with	〜と握手する

重要ポイントをチェック！
5つの文型

　「文型」とは、品詞をバラバラに考えるのではなく、英語の文をもう少し大きな観点から見て、5つに分類する考え方です。これは、主語［S］、動詞［V］、目的語［O］、補語［C］、修飾語［M］という5つの要素を使って考えます。

第1文型

　主語［S］と動詞［V］のみで成り立つ〈S＋V〉という形で、「SはVする」を表す文を、「第1文型」と呼びます。

【例】 The bird flies in the sky. （鳥は空を飛びます）
　　　　　S　　　V　　　M

◆ポイント◆
①冠詞＋名詞（例文ではthe bird）は、1つのカタマリと見なします。
②最初に出てきた名詞のカタマリを主語［S］と呼びます。
③前置詞＋名詞（例文ではin the sky）は、1つのカタマリで修飾語［M］となり、文型を決定する要素にはなりません。

第2文型

　主語［S］＋動詞［V］の後ろに補語［C］という文の要素を置いた〈S＋V＋C〉で、「SはCだ」を表すという形の文を、「第2文型」と呼びます。

【例】 The kind girl is Mary. （その親切な少女はメアリーです）
　　　　　S　　　V　　C

　　　The man became happy. （その男性は幸せになりました）
　　　　　S　　　V　　　C

◆ポイント◆
①SVCの文型で出てくるCは「補語」と呼ばれます。
②SとCの間には、S＝Cの関係が成り立ちます。
　1つめの例文では、The kind girl＝Maryが成り立っています。
　2つめの例文では、The man ＝ happyが成り立っています。
③Cの部分に置かれる品詞は、名詞または形容詞です。

第3文型

　主語［S］＋動詞［V］の後ろに目的語［O］と呼ばれる文の要素を置いた〈S＋V＋O〉で、「SはOをVする」を表す文を、「第3文型」と呼びます。

【例】　I know the young student.（私はその若い生徒を知っています）
　　　　S　V　　　　O

　　　　My father bought a new computer yesterday.
　　　　　S　　　　V　　　　　O　　　　　　　M
　　　　　　　　　　　　　　　（私の父は昨日新しいコンピュータを買いました）

◆ポイント◆
① SVOの文型で出てくるOは「目的語」と呼ばれます。
② SとOの関係は、S≠Oです。1つめの例文なら、I≠the young studentの関係が成立していることが分かります。また、Oには名詞が入ります。
③ yesterdayのような時を表す語、また、there（そこに）などのような場所を表す語句は修飾語になり、文型を決定する要素にはなりません。

第4文型

　主語［S］＋動詞［V］の後ろに目的語［O］を2つ置いた〈S＋V＋O_1＋O_2〉で、「SはO_1にO_2をVする（してあげる）」を表す文を、「第4文型」と呼びます。

【例】　The teacher taught us English last year.
　　　　　　S　　　　　V　　O_1　O_2　　M
　　　　　　　　　　　　　（私の先生は去年、私たちに英語を教えました）

　　　　My son gave me some letters.
　　　　　S　　　V　O_1　　O_2
　　　　　　　　　　　　（私の息子は私に何通か手紙をくれました）

◆ポイント◆
①この文型では、「O_1（主に人）に、O_2（主に物）を〜してあげる」という意味になります。
② O_1とO_2の関係は、O_1≠O_2です。1つめの例文で、us≠Englishという関係を確認しましょう。

> 第5文型

主語［S］＋動詞［V］の後ろに目的語［O］と補語［C］を置いた〈S＋V＋O＋C〉で、「SはOをCにVする」を表す文を、「第5文型」と呼びます。

【例】 The bad news made the students very sad.
　　　　　　S　　　　　V　　　　　O　　　　　　C
（その悪いニュースは生徒たちをとても悲しませました）

My parents will make me a doctor.
　　S　　　　　V　　　　O　　C
（私の両親は私を医者にするでしょう）

◆ポイント◆

① この文型では、O＝Cの関係が成り立ちます。1つめの例文で見ると、the students ＝ very sad という関係が成り立っています。

② 2つめの例文のwillは助動詞です。助動詞は、動詞とペアで使う品詞なので、〈助動詞＋動詞〉でひとつの動詞［V］とみなすことができます。

> 省略記号

次のページから始まる中3レベル（Section71～）では、文法解説の部分で、より分かりやすくするために、以下のような記号を使うことがあります。

　S ……主語　　　（「～は」「～が」にあたる部分。ちなみに英語でsubjectという）
　V ……(述語)動詞　（「～する」「～である」にあたる部分。英語ではverbという）
　O ……目的語　　（主に動詞の後ろに置かれ、「～を」「～に」にあたる部分。ちなみに英語ではobjectという）
　C ……補語　　　（主語や目的語を説明する文の要素。ちなみに英語ではcomplementという）
　Vp ……動詞の過去形
　Vpp ……動詞の過去分詞形

中学3年

▼この章で学習すること

Section71〜72 分詞
①名詞を前から修飾する分詞 .... 322　②名詞を後ろから修飾する分詞 326

Section73〜75 関係代名詞
①主格のwhoとwhich .... 330　②目的格のthatとwhich 334
③所有格のwhose 338

Section76〜77 受動態
①能動態と受動態 .... 342　②受動態の否定文と疑問文 346

Section78〜84 いろいろな不定詞
①形式主語のit .... 350　②what to 動詞の原形 354
③いろいろな疑問詞＋to V .... 358　④too 〜 toとso 〜 that 362
⑤〜 enough toとso 〜 that .... 366　⑥want 〜 toとwould like 〜 to 370
⑦tell 〜 toとask 〜 to 374

Section85〜88 間接疑問文
①what .... 378　②whenとwhere 382
③whyとhow .... 386　④how＋形容詞[副詞] 390

Section89 感嘆文
①howとwhat 394

Section90 付加疑問文
①ふつうの文＋否定形＋S 398

Section91〜98 現在完了形
①経験用法「Vしたことがある」......... 402　②継続用法「ずっとVしている」.......... 406
③完了用法「もうVしてしまった」...... 410　④経験・継続用法の否定文 414
⑤完了用法の否定文 .... 418　⑥疑問文と答え方 422
⑦How many times 〜？ .... 426　⑧How long 〜？ 430

Section99〜101 接続詞
①thatを使った表現 .... 434　②whenやifを使った表現 438
③beforeやafterを使った表現 442

重要ポイントをチェック！　接続する重要語句......446／不規則動詞変化表......448

Section 71 分詞① 名詞を前から修飾する分詞

例文
Look at the **flying** bird. （飛んでいる鳥を見なさい）
Look at the **broken** window. （壊された窓を見なさい）

STEP1 文法ルールを学ぼう！

V（動詞）を変化させて作られる分詞には、現在分詞と呼ばれるVingと過去分詞と呼ばれるVppの2種類があります。

現在分詞は、動詞の最後にingをつけて作るのが基本です（これについてはSection20の「現在進行形」で学習しましたね）。過去分詞は、規則動詞（→Section25）の場合、過去形と同じ形ですが、不規則動詞（→Section26）は過去形と同様に変化が不規則ですので、つづりと発音を1つずつ覚える必要があります（→448ページ）。

Vingは「Vする」や「Vしている」、Vppは「Vされる［た］」や「Vされている［た］」という意味です。VingやVppはこの後もいくつかのSectionで登場しますがここでは、名詞の前に置かれ、後ろの名詞を修飾する分詞。

| Look at the | **flying** (現在分詞) → 修飾 → 名詞 bird. | ←「Vしている＝飛んでいる」が名詞birdを修飾 |
| Look at the | **broken** (過去分詞) → 修飾 → 名詞 window. | ←「Vされた＝壊された」が名詞windowを修飾 |

これも覚えよう！ 分詞は形容詞の役割をはたしている

「分詞」という文法用語は少しわかりにくいかもしれませんが、たとえばLook at the big dog.（その大きな犬を見て）という文の「big」は形容詞ですね。このbigの位置に、分詞のbarkingやinjuredを置いて、Look at the barking dog.（そのほえている犬を見て）やLook at the injured dog.（その傷ついた犬を見て）と言うことができます。つまり動詞を変化させて作られる分詞は、形容詞の役割をするといえるのです。ただし実際の会話では、**Vingは名詞の後ろに置くことが多い**です（名詞の後ろに置くVingは、次のSection72で学習します）。

STEP2 単語と例文で音読訓練しよう！ CD2 19

☐ ❶ **Look at the flying bird.**
飛んでいる鳥を見なさい。

☐ ❷ **Look at the broken window.**
壊された窓を見なさい。

☐ ❸ **My secretary will check the broken cabinet.**
私の秘書は壊れたキャビネットをチェックするでしょう。

☐ cabinet [kǽbənit]
名 キャビネット

☐ ❹ **The selected athlete looked very happy.**
その選ばれた選手はとてもうれしそうに見えました。

☐ ❺ **We can take a look at the decorated room.**
私たちは装飾された部屋を見ることができます。

☐ decorate [dékərèit]
動 装飾する

☐ ❻ **I saw a flying object.**
私は空を飛んでいる物体を見ました。

☐ object [ábdʒikt]
名 物体

☐ ❼ **Do you know the sleeping baby?**
眠っている赤ちゃんをあなたは知っていますか。

☐ ❽ **I would like to eat scrambled eggs for breakfast.**
私は朝食にいり卵を食べたいです。

☐ scramble [skrǽmbl]
動 (卵を)かきまぜながら焼く
☐ scrambled egg
いり卵

中学 3 年 分詞①

323

☐ ❾ **We watched a singing bird.**
私たちはさえずっている鳥を見ました。

☐ ❿ **People don't like the rising oil prices.**
人々は石油価格の上昇を好みません。

☐ rise [ráiz] 動 上昇する
☐ oil [ɔ́il] 名 石油
☐ price [práis] 名 価格

☐ ⓫ **Can you see the barking dog?**
あなたはそのほえている犬が見えますか。

☐ ⓬ **I found used gloves at the factory.**
私は使われた（使用済みの）手袋を工場で見つけた。

☐ glove [glʌ́v] 名 手袋

☐ ⓭ **Do you know those screaming children?**
あれらの叫んでいる子供たちを知っていますか。

☐ ⓮ **I found the stolen bicycle.**
私は盗まれた自転車を見つけました。

☐ steal [stíːl] 動 盗む

☐ ⓯ **The woman held a crying baby in her arms.**
その女性は泣いている赤ん坊を腕に抱いていました。

☐ hold [hóuld] 動 抱く
☐ arm [áːrm] 名 腕

☐ ⓰ **I don't know much about the spoken language.**
私はその話されている言語についてあまり知りません。

| 月 日 | 月 日 | 月 日 |

STEP3 エクササイズで復習しよう！

日本語に合うように正しいものを選びましょう。

1 a (barks / barking) dog　ほえている犬

2 a (speak / spoken) language　話されている言語

次の日本語の意味を表すように、（　）の中の英単語を並べ替えましょう。ただし、1語不要なものがあります。

1 あなたは使われた自動車（中古車）を手に入れるつもりですか。
Are you going to get (used / car / a / using)?

2 その壊れた花瓶を見てください。
Please take a look at (the / vase / breaking / broken).

3 私の秘書は彼を、その装飾された部屋に連れて行きました。
My secretary took him to (the / decorating / room / decorated).

次の日本語を英語にしましょう。

1 私は使用済みの手袋を工場で見つけた。

2 あなたはその眠っている赤ちゃんを知っていますか。

3 その選ばれた選手はとてもうれしそうに見えました。

4 私たちはさえずっている鳥を見ました。

5 人々は石油価格の上昇を望みません。

☆正解は474ページ☆

Section 72 分詞② 名詞を後ろから修飾する分詞

例文
Look at the dog **running** over there.
（向こうで走っている犬を見なさい）
Look at the window **broken** by Tom.
（トムによって壊された窓を見なさい）

STEP1 文法ルールを学ぼう！

分詞が後ろから名詞を修飾するパターンについて学習しましょう。

分詞がその後ろに語句をともなって2語以上のカタマリになっているときは、修飾したい名詞の後ろに置きます。

〈名詞 + Ving + 語句〉で「Vしている[名詞]」、〈名詞 + Vpp + 語句〉で「Vされた[名詞]」と覚えておきましょう。

Look at [the dog] （名詞）←〈修飾〉— running over there. （現在分詞+語句）

Look at [the window] （名詞）←〈修飾〉— broken by Tom. （過去分詞+語句）

これも覚えよう！　名詞を後ろから修飾する語句

英語では通常、長い語句は名詞を後ろから修飾[説明]するという特徴があります。前置詞+名詞のカタマリや不定詞の形容詞的用法と同じように考えられます。

例　I know [the boy] in the library. （私は、図書館の少年を知っている）
　　　　名詞　　前置詞+名詞のカタマリ
　　　　　└修飾する┘
　　　　　　　　　　　　　　　　　　　→104ページ

I want to have [a house] to live in. （私は住むための家が欲しいです）
　　　　　　　名詞　不定詞（形容詞的用法）
　　　　　　　└修飾する┘
　　　　　　　　　　　　　　　　　　　→Section61

逆に日本語は、「図書館の少年」や「住むための家」のように、前から後ろへ修飾することが多いですね。

STEP2 単語と例文で音読訓練しよう！

❶ Look at the dog running over there.
あそこで走っている犬を見なさい。

❷ Look at the window broken by Tom.
トムによって壊された窓を見なさい。

❸ I know the little girl eating an ice cream.
私はアイスクリームを食べている小さな少女を知っています。

- ice cream [áiskrì:m]
  名 アイスクリーム

❹ The boy screaming over there is not Mike.
向こうで叫んでいる少年はマイクではありません。

❺ The gentleman talking over the phone is our manager.
電話で話をしている紳士は私たちのマネージャーです。

- over the phone
  電話で

❻ The new camera made in Switzerland is very good.
スイスで作られたその新しいカメラはとてもよいです。

- Switzerland [swítsərlənd]
  名 スイス

❼ The singer loved by young people died at the age of 55.
若者に愛されたその歌手は55歳で死にました。

- die [dái] 動 死ぬ
- at the age of
  ～歳で

❽ The tower built in 2010 is a popular spot.
2010年に建てられたその塔は人気のある場所です。

- tower [táuər] 名 塔
- spot [spát]
  名 （観光などの）場所

中学 3 年　分詞②

- ❾ **Who is the pretty girl sitting on the sofa?**
  ソファーに座っている可愛い女の子はだれですか。

- ❿ **The festival held in New York is very exciting.**
  ニューヨークで開催されるその祭りはとても興奮させるものです。
  - hold [hóuld] 動 開催する
  - New York [njùːjɔ́ːrk] 名 ニューヨーク

- ⓫ **This is the guitar used by a famous guitarist.**
  これは有名なギタリストによって使われたギターです。
  - guitarist [gitɑ́ːrist] 名 ギタリスト

- ⓬ **The guide using a microphone is very tall.**
  マイクを使っているそのガイドはとても背が高いです。
  - microphone [máikrəfòun] 名 マイク
  - guide [gáid] 名 ガイド

- ⓭ **He is the professor given an award in this ceremony.**
  彼はこの式で賞を与えられた教授です。
  - award [əwɔ́ːrd] 名 賞
  - ceremony [sérəmòuni] 名 式

- ⓮ **Which is the area visited by many politicians?**
  多くの政治家たちによって訪れられた場所はどちらですか。

- ⓯ **Did you correct the mistake made by him?**
  あなたは彼によって作られた間違いを訂正しましたか。
  - correct [kərékt] 動 訂正する

- ⓰ **The child sitting on the cushion is my son.**
  クッションの上に座っている子どもは私の息子です。
  - cushion [kúʃən] 名 クッション

| 月 日 | 月 日 | 月 日 |

STEP3 エクササイズで復習しよう！

日本語に合うように正しいものを選びましょう。

1 girls (scream / screaming) over there　　向こうで叫んでいる女の子
2 dogs (run / running) over there　　あそこで走っている犬
3 a man (talking / talked) over the phone　　電話で話をしている男性

次の日本語の意味を表すように、（　）の中の英単語を並べ替えましょう。
ただし、1語不要なものがあります。

1 これはイタリア製（イタリアで作られた）のカバンです。
This is (making / Italy / bag / a / made / in).

2 私たちは、ロンドンで開催されたお祭りに行きました。
We went to (the / hold / festival / held / London / in).

3 ソファーの上で遊んでいる少女は、私の娘ではありません。
(girl / the / the sofa / played / playing / on) isn't my daughter.

次の日本語を英語にしましょう。

1 マイクを使っているそのガイドはとても背が高いです。

2 2012年に建てられたその塔は人気のある場所です。

3 彼はこの式で賞を与えられた教授です。

4 多くの政治家たちによって訪れられた場所はどちらですか。

☆正解は474ページ☆

Section 73 関係代名詞① 主格の who と which

例文
That is the man **who** works for our company.
（あちらは、私たちの会社で働いている男性です）
This is the ship **which** sank in 1950.
（これは 1950 年に沈んだ船です）

STEP1 文法ルールを学ぼう！

関係代名詞は、その後ろに続く語句と一緒に、前にある名詞（＝先行詞と呼びます）を説明します。ここでは、文の中で S（主語）の役割を果たす「主格」の関係代名詞について学習しましょう。先行詞が人であれば、関係代名詞は who を、先行詞が人でない場合は which を使い、その後ろは V（動詞）からスタートします。

| 名詞（＝ 先行詞：人） | ＋ who | V ～ | ＝ Vする 名詞 |
| 名詞（＝ 先行詞：人以外） | ＋ which | V ～ | |

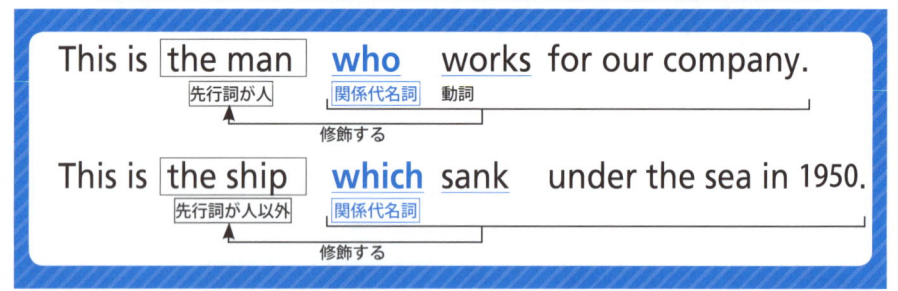

This is | the man | **who** | works for our company.
　　　　　先行詞が人　関係代名詞　動詞
　　　　　　　　　　修飾する

This is | the ship | **which** | sank under the sea in 1950.
　　　　　先行詞が人以外　関係代名詞
　　　　　　　　　　修飾する

✎ これも覚えよう！　that への書きかえ

主格の関係代名詞の who や which は、多くの場合 that に書きかえられます。

例　That is a man **who** works for our company. は、
　　　That is a man **that** works for our company.　でも OK！
　　　This is the ship **which** sank in 1950. は、
　　　This is the ship **that** sank in 1950.　でも OK！

ただし、試験などでは、who か which かを選ばせる問題も多いので、しっかり区別できるようになりましょう。

STEP2 単語と例文で音読訓練しよう！ CD2-21

☐ ❶ That is the man who works for our company.
あちらは私たちの会社で働いている男性です。
☐ work for ~ 熟 ~（会社など）で働く

☐ ❷ Jim is a interpreter who can speak three languages.
ジムは3ヵ国語を話せる通訳です。
☐ interpreter [intə́ːrpritər] 名 通訳家

☐ ❸ The wallet which was left on the table looks expensive.
テーブルの上に置かれた財布は高そうに見えます。
☐ wallet [wɑ́lit] 名 財布
☐ leave [líːv] 動 置き忘れる

☐ ❹ Look at the monkeys which are playing on the rocks.
岩の上で遊んでいる数匹の猿を見て。
☐ monkey [mʌ́ŋki] 名 猿
☐ rock [rɑ́k] 名 岩

☐ ❺ I know the man who climbed the mountain first.
私は最初にその山に登った人を知っています。
☐ climb [kláim] 動 登る
☐ first [fə́ːrst] 副 最初に

☐ ❻ These are the players who won the championship.
こちらはチャンピオンになった選手たちです。
☐ win a championship チャンピオンになる
※団体競技なら「優勝する」

☐ ❼ This is the ship which sank in 1950.
これは1950年に沈んだ船です。
☐ ship [ʃíp] 名 船
☐ sink [síŋk] 動 沈む

☐ ❽ Look at the dog which is asleep over there.
あそこで眠っている犬を見なさい。

中学3年 関係代名詞①

☐ ❾ **The map which was on the wall of the classroom was very old.**

教室のかべにあった地図はとても古かった。

☐ ❿ **The man who can speak Spanish well is Tom.**

スペイン語を上手に話すことのできる男性はトムです。

☐ ⓫ **I'm looking for a shop which sells used CDs.**

私は中古のCDを売る店をさがしています。

☐ ⓬ **The computer programmer who works here is clever.**

ここで働いているそのコンピュータプログラマーはかしこいです。

☐ ⓭ **Did you work for the airline which had a lot of customers?**

あなたは多くの顧客を抱える航空会社で働いていましたか。

☐ airline [ɛ́ərláin]
  名 航空会社
☐ customer [kʌ́stəmər]
  名 顧客

☐ ⓮ **Do you know the young lady who is talking on the cell phone?**

あなたは携帯電話で話をしている若い女性を知っていますか。

☐ ⓯ **Is the man who punished the boys your father?**

その少年たちを罰した男性は、あなたのお父さんですか。

☐ punish [pʌ́niʃ] 動 罰する

☐ ⓰ **He wrote a poem which moved a lot of people.**

彼は大勢の人を感動させた詩を書きました。

☐ move [múːv]
  動 感動させる

STEP3 エクササイズで復習しよう！

正しい方を選んでみましょう。

1 That is the camera (which / who) is popular all over the world.
あれは、世界中で人気のあるカメラです。

2 I met the players (who / which) won a championship.
私は、チャンピオンになった選手たちに会いました。

次の日本語の意味を表すように、（　）の中の英単語を並べ替えましょう。

1 私たちの会社で働くその男性（who / the man / works）for our company

2 これらの山に登った男性（the man / climbed / who / mountains / these）

3 海の底に沈んだ船（under / a ship / the / sank / which / sea）

4 私たちの会社で働くその男性は、ウイルソン氏です。
（our / who / the man / works / for / company / is）Mr. Wilson

次の日本語を英語にしてみましょう。

1 スペイン語を上手に話すことのできる男性はトムです。

2 岩の上で遊んでいる数匹のサルを見て。

3 その少年たちを罰した男性は、あなたのお父さんですか。

☆正解は474ページ☆

Section 74 関係代名詞② 目的格の that と which

例文
He is a teacher **that** many students like.
（彼は多くの生徒が好きな先生です）

I'm looking for a jacket **which** he had.
（私は彼が持っていたジャケットを探しています）

STEP1 文法ルールを学ぼう！

Section73では主語の役割を果たす「主格」の関係代名詞について学習しました。ここでは、後ろに続くS（主語）+V（動詞）のO（目的語）になる、目的格の関係代名詞について学びましょう。

関係代名詞の後ろがSVの形になっていて、先行詞が人ならthatを、人でない場合はwhichを用います（つまりwhichは主格も目的格も同じですね）。

| 名詞（= 先行詞：人） | + that | SV〜 | = SがVする 名詞 |
| 名詞（= 先行詞：人以外） | + which | SV〜 | |

He is a teacher **that** many students like.
　　　　先行詞が人　　関係代名詞　　　S　　　　　V
　　　　　　　↑_____先行詞を修飾する_____|

I'm looking for a jacket **which** he had.
　　　　　　　　先行詞が人以外　関係代名詞　S　　V
　　　　　　　　　　↑_____先行詞を修飾する_____|

✏ これも覚えよう！ 省略できる which と that

後ろにS+Vをおく目的格の関係代名詞は、省略されることが多いです。

例 私が好きな男性はトーマスです。

The man **that** I like is Thomas.
先行詞（人）　関係代名詞　S　V

➡ The **man I like is** Thomas.

STEP2 単語と例文で音読訓練しよう！ CD2 22

❶ He is a teacher that many students like.
彼は多くの生徒が好きな先生です。

❷ I'm looking for a jacket which he had.
私は彼が持っていたジャケットを探しています。
- jacket [dʒǽkit] 名 ジャケット

❸ This is the special project which many people discussed.
これは多くの人々が話し合った特別なプロジェクトです。
- project [prádʒekt] 名 プロジェクト
- special [spéʃəl] 形 特別な

❹ She is an actress that many girls respect.
彼女は多くの女の子が尊敬する女優です。

❺ The message which he left yesterday was surprising.
彼が昨日残したメッセージは驚くべきものでした。
- surprising [sərpráiziŋ] 形 びっくりさせる

❻ The things he told us were not amusing.
彼が私たちに話したことは、面白くありませんでした。
- amusing [əmjúːziŋ] 形 面白い

❼ The player that I know isn't going to exercise today.
私が知っているその選手は、今日は運動しないでしょう。

❽ We're waiting for the man that we have to meet today.
私たちは今日会わなければならない男性を待っています。

中学 3 年　関係代名詞②

❾ I want a paper bag which I can reuse.

私は再利用できる紙袋が欲しいです。

- paper bag [péipərbæg] 名 紙袋
- reuse [riːjúːz] 動 再利用する

❿ I am reading a book which my friend lent to me.

私は友だちが私に貸してくれた本を読んでいます

- lend [lénd] 動 貸す

⓫ We would like to meet the king that many people admire.

私たちは多くの人々が賞賛するその王に会いたいです。

- king [kíŋ] 名 王
- admire [ædmáiər] 動 賞賛する

⓬ Is this a plant which we can grow at home?

これは私たちが自宅で育てられる植物ですか。

- at home 自宅で

⓭ Is there a star which we can see from here?

ここから私たちが見ることができる星がありますか。

- star [stáːr] 名 星

⓮ Are there any restaurants which you can recommend?

あなたが勧めることができるレストランはありますか。

- recommend [rèkəménd] 動 勧める

⓯ Do you have a close friend that you sometimes visit?

あなたにはときどき訪れる親しい友だちがいますか。

- close [klóus] 形 親しい
- sometimes [sʌ́mtàimz] 副 ときどき

⓰ Would you like to invite someone you like?

あなたが好きな人を招待してはいかがですか。

- invite [inváit] 動 招待する
- someone [sʌ́mwʌ̀n] 代名 だれか

STEP3 エクササイズで復習しよう！

正しい方を選んでみましょう。

1. She is an actress (which / that) many girls respect.
   彼女は多くの女の子が尊敬する女優です。

2. Would you like to invite a person (which / that) you like?
   あなたが好きな人を招待してはいかがですか。

次の日本語の意味を表すように、(　)の中の英単語を並べ替えましょう。

1. あなたが昨日作ったリボン
   (ribbon / which / you / made / the) yesterday

2. 彼が決して忘れることのできない経験
   (he / never / can / an / which / experience / forget).

3. 彼女は多くの女の子が尊敬する女優だ。
   (many / actress / is / that / she / an / girls / respect)

4. 私は再利用できる紙袋が欲しい。
   (I / paper / want / I / which / a / bag / reuse / can).

次の日本語を英語にしましょう。

1. 私たちは多くの人々が賞賛するその王に会いたいです。

2. あなたが勧めることができるレストランはありますか。

3. あなたは、あなたがときどき訪れる親しい友だちがいますか。

☆正解は475ページ☆

Section 75 関係代名詞③ 所有格の whose

例文

The boy whose father is a detective is Tom.
（父親が探偵である少年は、トムです）

This is a bird whose wings are very beautiful.
（これは羽がとても美しい鳥です）

STEP1 文法ルールを学ぼう！

所有格の関係代名詞whoseは、先行詞が人でも人以外でもwhoseを使えます。ポイントは以下の2点です。

①関係代名詞の後ろには冠詞や所有格がつかない名詞が続いている
②先行詞とwhoseの後ろの名詞との間に所有の関係がある

〈先行詞＋whose＋（冠詞や所有格がつかない）名詞＋V〉で、「Vする[名詞]を持つ先行詞」という意味になります。ちなみにthatへの書きかえやwhoseの省略はできません。

```
The boy   whose   father   is   a detective   is Tom.
先行詞    関係代名詞  名詞    be動詞   補語
                    └─先行詞を修飾する─┘

This is   a bird   whose   wings   are   very beautiful.
          先行詞   関係代名詞  名詞   be動詞   補語
                  └─先行詞を修飾する─┘
```

これも覚えよう！　SとVの入ったカタマリ＝節

関係代名詞のカタマリは、前の名詞を修飾する形容詞の働きをします。下の例文を見てください。which he bought recentlyの部分で、the computerを説明していますね。このwhich he bought recentlyのようにSとVの入ったカタマリのことを「節」といいます。関係代名詞のカタマリは、形容詞の働きをしているので、「形容詞節」と呼ぶこともあります。

例　The computer　which　he　bought　recently　is very good.
　　　先行詞　　　関係代名詞　S　　V　　　副詞
　　　　　　　　　　　　　　　　　　　　修飾
（彼が最近買ったそのコンピュータはとてもよい）

STEP2 単語と例文で音読訓練しよう！ 🎧CD2-23

☐ ❶ The boy **whose** father is a detective is Tom.
父親が探偵である少年は、トムです。

☐ detective [ditéktiv]
名 探偵

☐ ❷ This is a bird **whose** wings are very beautiful.
これは羽がとても美しい鳥です。

☐ wing [wíŋ] 名 翼

☐ ❸ Elephants are animals **whose** trunks are long.
象は鼻がとても長い動物です。

☐ trunk [tráŋk] 名 象の鼻

☐ ❹ This is the politician **whose** policies I like.
こちらは私が好きな政策を持つ政治家です。

☐ policy [pálǝsi]
名 政策

☐ ❺ They are farmers **whose** vegetables I always eat.
彼らは私がいつも食べる野菜を作る農家の人々です。

☐ farmer [fáːrmǝr]
名 農家の人

☐ ❻ She is a woman **whose** opinions we can support.
彼女は私たちが支持できる意見を持つ女性です。

☐ support [sǝpɔ́ːrt]
動 支持する

☐ ❼ That is a cartoon **whose** characters are very unique.
あれは登場人物がとても個性的な漫画です。

☐ cartoon [kɑːrtúːn]
名 漫画
☐ character [kǽriktǝr]
名 登場人物
☐ unique [juːníːk]
形 独特な

☐ ❽ He is the musician **whose** songs many peple like.
彼はその歌が多くの人に好かれているミュージシャンです。

中学3年　関係代名詞③

☐ ❾ **They have rackets whose prices are very high.**

彼らは価格がとても高いラケットを持っている。

☐ ❿ **He knows a famous engineer whose skills are great.**

彼は技術が素晴らしい有名な技術者を知っている。

☐ skill [skíl] 名 技術

☐ ⓫ **They are reading a novel whose cover is red.**

彼らは表紙が赤色の小説を読んでいます。

☐ cover [kʌ́vər] 名 表紙

☐ ⓬ **Frank is an artist whose works are fantastic.**

フランクはその作品が素晴らしい芸術家です。

☐ artist [ɑ́ːrtist] 名 芸術家
☐ work [wə́ːrk] 名 作品

☐ ⓭ **I have a friend whose father is a vet.**

私には父親が獣医である友人がいます。

☐ vet [vét] 名 獣医

☐ ⓮ **He was talking with a girl whose eyes were blue.**

彼は青い目の少女と話していました。

☐ eye [ái] 名 目
☐ blue [blúː] 形 青い

☐ ⓯ **This is the building whose entrance I couldn't find.**

これは私が入口を見つけられなかった建物です。

☐ entrance [éntrəns] 名 入口

☐ ⓰ **This is the graph whose meaning I can't understand.**

これは私が意味を理解できないグラフです。

☐ meaning [míːniŋ] 名 意味

| 月 | 日 | 月 | 日 | 月 | 日 |

STEP3 エクササイズで復習しよう！

正しいものを選んでみましょう。
1 This is a comic book (which / whose) characters are unique.
 これは、登場人物が個性的な漫画です。
2 He knows an expert (whose / who / whom) comments are interesting.
 彼は、コメントが面白い専門家を知っています。

次の日本語の意味を表すように、（　）の中の英単語を並べ替えましょう。
1 母親が教師である少女　a girl (teacher / whose / mother / is / a).

2 ドアが赤い家　the house (whose / is / door / red).

3 私は、父親が獣医である少年を知っています。
 (the boy / know / father / a / is / whose / vet / I).

4 ドアが赤い家はどこにありますか。
 (is / the house / where / whose / is / door / red)?

次の日本語を英語にしましょう。
1 フランク（Frank）は作品が素晴らしい芸術家です。

2 これは私が入口を見つけることができなかった建物です。

3 父親が探偵である少年は、ケン（Ken）です。

☆正解は475ページ☆

中学3年　関係代名詞③

Section 76 受動態① 能動態と受動態

例文
Chinese is spoken by many people.
（中国語はたくさんの人々によって話されています）
Spanish is spoken in this country.
（この国ではスペイン語が話されています）

STEP1 文法ルールを学ぼう！

　これまで学習してきた「SがVする」という形を能動態（のうどうたい）といいます。これに対して「SがVされる」という形を受動態（じゅどうたい）といいます。

　たとえば、「たくさんの人々が中国語を話します」が能動態、「中国語はたくさんの人々によって話されます」が受動態です。「～される」の部分は〈be動詞 + Vpp（過去分詞）〉という形で、「～によって」の部分は〈by ～〉で表現します。また、それが現在なのか過去なのかについては、be動詞で区別します。そして、「～されるだろう」という未来の表現にしたい場合は、Sが何であってもbe動詞の場所にwill beを置きます。そしてその後にVppを続けます。また、canやmustなどの助動詞を受動態の文に入れる場合も、〈助動詞＋be＋Vpp〉で表します。

Many people speak Chinese. ← 能動態の文
→ Chinese (S) | is spoken (be動詞 + Vpp) | by many people. ← 受動態
→ Spanish (S) | is spoken (be動詞 + Vpp) | in this country. ← 受動態

これも覚えよう！　省略されるby ～

　Spanish is spoken in this country. の文で、「"by だれだれ"はいらないの？」と思ったのではないでしょうか。一般的に、byの後ろに置かれるものは、新しい情報である必要があります。by themやby peopleのように、「だれだか特定できない多数（の人々）によって」というのは新しい情報ではありませんから、by themやby peopleは省略されるのです。

STEP2 単語と例文で音読訓練しよう！ CD2 24

☐ ❶ **Chinese is spoken by many people.**
中国語はたくさんの人々によって話されています。

☐ ❷ **Spanish is spoken in this country.**
この国ではスペイン語が話されています。

☐ ❸ **The sports festival was held yesterday.**
その運動会は昨日開かれました。

- ☐ sports festival [spɔ́ːrts féstəvəl] 名 運動会

☐ ❹ **These animals were shot by a hunter.**
これらの動物はハンターによって撃たれました。

- ☐ shoot [ʃúːt] 動 撃つ
- ☐ hunter [hʌ́ntər] 名 ハンター

☐ ❺ **The young man was attacked by a stranger.**
その若者は見知らぬ人によって攻撃された。

- ☐ attack [ətǽk] 動 攻撃する
- ☐ stranger [stréindʒər] 名 見知らぬ人

☐ ❻ **Those houses were built by a famous architect.**
あれらの家は有名な建築家によって建てられました。

- ☐ architect [ɑ́ːrkətèkt] 名 建築家

☐ ❼ **The clerks were employed by our manager.**
その店員たちは、私たちのマネージャーによって雇われました。

- ☐ clerk [kláːrk] 名 店員

☐ ❽ **The environment of this island was saved by many people.**
この島の環境は多くの人々によって守られました。

- ☐ island [áilənd] 名 島

中学3年 受動態①

☐ ❾ **The buildings were destroyed in the earthquake.**
　その建物は、地震によって崩壊しました。

☐ destroy [distrɔ́i] 動 破壊する

☐ ❿ **The mountain was covered with snow.**
　その山は雪で覆われていました。

☐ cover [kʌ́vər] 動 覆う
☐ be covered with ～で覆われている

☐ ⓫ **The paper was folded in four.**
　その紙は4つに折りたたまれました。

☐ fold [fóuld] 動 折る

☐ ⓬ **This castle was built in the 18th century.**
　この城は18世紀に建てられました。

☐ castle [kǽsl] 名 城
☐ century [séntʃəri] 名 世紀

☐ ⓭ **The dead bodies were buried around here.**
　死体は、このあたりに埋められました。

☐ bury [béri] 動 埋める
☐ body [bɑ́di] 名 身体

☐ ⓮ **The amount of CO_2 was reduced gradually.**
　二酸化炭素の量は徐々に減らされました。

☐ CO_2 [síːóutúː] 名 二酸化炭素
☐ gradually [grǽdʒuəli] 副 徐々に

☐ ⓯ **The basket was filled with many bananas.**
　そのかごは、多くのバナナで満たされていました。

☐ fill [fíl] 動 満たす
☐ be filled with ～で満たされている

☐ ⓰ **An atomic bomb was dropped in Hiroshima in 1945.**
　原子爆弾が1945年に広島に落とされました。

☐ atomic bomb [ətɑ́mik bɑ́m] 名 原子爆弾
☐ drop [drɑ́p] 動 落とす

| 月 日 | 月 日 | 月 日 |

STEP3 エクササイズで復習しよう！

2つの文章が同じ意味になるように空所を埋めてみましょう。

1 They closed this zoo last year.
　 This zoo (　　)(　　) last year.

2 These workers built that building last September.
　 That building (　　)(　　)(　　) these workers last September.

正しいものを選んでみましょう。

1 This pancake (was made / was making) by Mary.
　 このパンケーキはメアリーによって作られました。

2 The popular songs (are sung / are singing) by young people.
　 その人気のある歌は若者によって歌われます。

次の日本語の意味を表すように、(　　)の中の英単語を並べ替えましょう。

1 英語は、スミス氏によって教えられています。
　 (taught ／ Mr. Smith ／ English ／ is ／ by).

2 お年寄りの女性が何者かによって襲われました。
　 (by ／ an ／ woman ／ old ／ attacked ／ someone ／ was).

3 彼の英語は、人々に理解されました。
　 (English ／ his ／ was ／ people ／ understood ／ by).

次の日本語を英語にしましょう。

1 これらの動物はハンターによって撃たれました。

2 この島の環境は多くの人々によって救われました。

3 その若者は見知らぬ人によって攻撃された。

☆正解は475ページ☆

Section 77 受動態② 受動態の否定文と疑問文

例文
Spanish isn't spoken in this country.
（この国ではスペイン語が話されていません）
Is Spanish spoken in this country?
（この国ではスペイン語が話されていますか）

STEP1 文法ルールを学ぼう！

受動態の否定文と疑問文は、be動詞の否定文・疑問文の作り方と同じです。「SはVされていません」という否定文は〈be動詞 + not + Vpp〉で、「SはVされていますか」という疑問文は〈be動詞 + S + Vpp ～ ?〉で作れます。

Spanish	is	spoken	in this country.
S	be動詞	Vpp	
Spanish	isn't	spoken	in this country.
S	be動詞+not	Vpp	
Is	Spanish	spoken	in this country?
be動詞	S	Vpp	

これも覚えよう！ byを使わない受動態

「～によって」という場合は通例byを用いますが、byを用いない受動態もあります。よく使われるものをチェックしてみましょう。

- □ **be known to ～**（～によって知られている）
- □ **be made of ～**（〈Sが〉～によって作られている）
- □ **be made from ～**（〈Sが〉～によって作られている）

　※ofは見た目でSと～の関係がわかるもの、fromは形が変化していてわかりにくいものに使います。たとえば、それを作った材料が明らかに木だとわかる机の場合、This desk is made of wood.（この机は木でできています）と言います。また、たとえばブドウの形を変えて作られたワインについて言う場合は、Wine is made from grapes.（ワインはブドウから作られます）と表現します。

- □ **is covered with ～**（～によっておおわれている）
- □ **be surprised at ～**（～によって驚かされる→～に驚く）
- □ **be interested in ～**（～によって興味を持たされる→～に興味を持っている）

STEP2 単語と例文で音読訓練しよう！ 🎧CD2 25

☐ ❶ **Spanish isn't spoken in this country.**
この国ではスペイン語が話されていません。

☐ ❷ **This washing machine was not used by Kate.**
この洗濯機は、ケイトによって使われませんでした。

☐ washing machine 洗濯機

☐ ❸ **This gesture wasn't understood by the locals.**
この身振りは、地元の人々によって理解されなかった。

☐ local [lóukəl] 名 地元の人

☐ ❹ **The website is not used now.**
そのウェブサイトは、現在使われておりません。

☐ website [wébsáit] 名 ウェブサイト

☐ ❺ **The soldiers weren't killed in the war.**
その兵隊たちは、戦争で殺されませんでした。

☐ kill [kíl] 動 殺す
☐ war [wɔ́ːr] 名 戦争
☐ in the war 戦争で

☐ ❻ **His advice wasn't taken by his little brother.**
彼のアドバイスは、彼の幼い弟に受け入れられなかった。

☐ ❼ **This present wasn't received by Jane.**
このプレゼントは、ジェーンに受け取られなかった。

☐ present [préznt] 名 プレゼント

☐ ❽ **The contest isn't held here.**
そのコンテストは、ここでは開催されません。

中学 **3** 年　受動態②

347

- ❾ **Is Spanish spoken in this country? / Yes, it is.**

  この国では、スペイン語が話されていますか。／はい。

- ❿ **Was this music understood by young people? / Yes, it was.**

  この音楽は、若い人々によって理解されましたか。／はい。

- ⓫ **Was a lot of money stolen by the robber? / No, it wasn't.**

  多くのお金が、その強盗によって盗まれたのですか。／いいえ。

  ☐ robber [rɑ́bər] 名 強盗

- ⓬ **Was this diamond ring loved by Mary? / Yes, it was.**

  このダイヤモンドの指輪は、メアリーによって愛されましたか。／はい。

  ☐ diamond [dáiəmənd] 名 ダイヤモンド
  ☐ ring [ríŋ] 名 指輪

- ⓭ **Was chess played by children? / No, it wasn't.**

  チェスは、子供たちによってされましたか。／いいえ。

  ☐ chess [tʃés] 名 チェス

- ⓮ **Were many photos taken by the man? / Yes, they were.**

  多くの写真が、その男性によって撮られましたか。／はい。

  ☐ photo [fóutou] 名 写真
  ☐ take a photo 写真を撮る

- ⓯ **Was this key left on the train? / No, it wasn't.**

  このかぎは電車の中に置き忘れられましたか。／いいえ。

- ⓰ **Were the landmines in Cambodia removed? / No, they weren't.**

  カンボジアの地雷は、取り除かれましたか。／いいえ。

  ☐ landmine [lǽndmáin] 名 地雷
  ☐ remove [rimúːv] 動 取り除く
  ☐ Cambodia [kæmbóudiə] 名 カンボジア

| 月 日 | 月 日 | 月 日 |

STEP3 エクササイズで復習しよう！

以下の文章を（　）に従って書き換えてみよう。
1. The website is used now.（否定文に）
2. This key was left in the train.（疑問文にしてNoで答える）

正しいものを選んでみましょう。
1. That man (wasn't killed / weren't killed) in the war.
   あの男性はその戦争で殺されませんでした。
2. (Is / was) this watch (made / making) in Singapore?
   この時計は、シンガポールで作られたのですか。

次の日本語の意味を表すように、（　）の中の英単語を並べ替えましょう。
1. このプレゼントは、彼女によって受け取られましたか。　はい。
   (present / was / this / received / her / by)？(was／, ／it／yes).

2. そのコンテストはそこで開催されますか。いいえ。
   (Is／the／there／contest／held)？(isn't／no／it／,)

3. この国ではスペイン語が話されていません。
   (isn't／Spanish／in／country／spoken／this)

次の日本語を英語にしましょう。
1. カンボジアの地雷は取り除かれましたか。いいえ。

2. そのウェブサイトは、現在使われておりません。

3. 多くの写真が、その男性によって撮られましたか。はい。

☆正解は475ページ☆

中学3年　受動態②

Section 78 いろいろな不定詞① 形式主語の it

例文 It is important to study English.
（英語を勉強することは重要です）

STEP1 文法ルールを学ぼう！

不定詞の名詞的用法（→Section58）のカタマリが文の主語になった場合、その主語が長くなってしまうことがあります。これを、itを主語にした〈It is ~ (for …) to + 動詞の原形〉（〈…にとって〉Vすることは~です）という構文に書きかえることで、主語を短くできます。

このitを「形式主語」と呼び、これを用いた文を形式主語構文といいます。itは形式的な主語なので、「それは」と訳さないようにしましょう。

```
To study English   is   important.
      S            V        C
= It is  important  to study English.
   ↑               └─ to+動詞の原形
   形式主語のit
```
← 不定詞の名詞的用法がSになった文＝Sが長い！
← 形式的な主語itで、Sを短縮！

なお、この構文では、以下のような形容詞がよく使われます。

☐ interesting　おもしろい　　☐ necessary　必要な　　☐ difficult　難しい
☐ easy　かんたんな　　　　　☐ possible　可能な　　　☐ impossible　不可能な
☐ good　よい　　　　　　　　☐ dangerous　危険な

疑問文には、〈Yes, it + be動詞.〉〈No, it + be動詞〉と答えます。

✎ これも覚えよう！　to不定詞の前に入る for ~

to Vの前に、for ~ を置くことがあります。この~は、Vをするのがだれなのかを示しています。語順に気を付けましょう。

例　It is important to study hard.　←一般論として「一生懸命勉強することは重要だ」と言っている
　→ It is important for us to study hard.　←for us が入ることで、より具体的・限定的になる

月 日　月 日　月 日

STEP2 単語と例文で音読訓練しよう！ 🎧CD2 26

☐ ❶ **It is important to study English.**
英語を勉強することは重要です。

☐ ❷ **It is necessary to stay healthy.**
健康を保つことは必要です。

☐ stay [stéi] 動 保つ
☐ stay healthy
　健康を保つ

☐ ❸ **It is bad to tell a lie.**
嘘をつくことは悪いです。

☐ bad [bǽd] 形 悪い
☐ lie [lái] 名 嘘

☐ ❹ **It is very good to help elderly people.**
お年寄りの人々を助けることはとてもよいことです。

☐ elderly [éldərli]
　形 お年寄りの

☐ ❺ **It is difficult to reach the goal.**
そのゴールにたどり着くことは難しいです。

☐ goal [góul] 名 ゴール

☐ ❻ **It is not good to speak ill of others.**
他人の悪口を言うことは、いいことではありません。

☐ ❼ **It is natural for babies to cry.**
赤ちゃんが泣くことは当然です。

☐ natural [nǽtʃərəl]
　形 当然の

☐ ❽ **It was important for her to go alone.**
彼女が1人で行くことは、重要でした。

中学 **3** 年　いろいろな不定詞①

☐ ❾ It is possible for him to master this language.

彼がこの言語をマスターするのは可能です。

☐ possible [pάːsəbl]
形 可能な

☐ ❿ Is it convenient for you to come here?

あなたにとってここに来ることは、都合がいいですか。

☐ convenient [kənvíːnjənt]
形 都合が良い

☐ ⓫ Is it safe for girls to go out in the evening?

女の子たちが夜に外出することは、安全ですか。

☐ go out 外出する

☐ ⓬ Is it impossible for them to use these computers?

彼らがこれらのコンピュータを使うことは不可能ですか。

☐ impossible [impάsəbl] 形 不可能な

☐ ⓭ Is it polite to bow in Japan?

日本では、お辞儀をすることは、礼儀正しいことですか。

☐ bow [báu] 動 お辞儀をする

☐ ⓮ Is it dangerous for boys to swim in this river?

少年たちがこの川で泳ぐことは危険ですか。

☐ ⓯ Was it common to work more than 8 hours a day here?

ここでは1日に8時間以上働くことは、よくあったのですか。

☐ common [kάmən]
形 よくある；共通の
☐ more than ～ ～以上
☐ a day 1日に

☐ ⓰ Is it usual for you to get up at five o'clock in the morning?

あなたが朝の5時に起きることは、いつものことですか。

☐ usual [júːʒuəl]
形 よくある
☐ o'clock [əklάːk]
副 ～時

| 月 日 | 月 日 | 月 日 |

STEP3 エクササイズで復習しよう！

itを用いて書き変えてみましょう。

1 To speak English is difficult.　私にとって英語を話すことは難しいです。

2 To use dictionaries is necessary for students.
学生にとって辞書を使うことは必要です。

次の日本語の意味を表すように、（　）の中の英単語を並べ替えましょう。

1 日本人は、お辞儀をするのが普通です。
（for ／ bow ／ it ／ to ／ is ／ common ／ Japanese）．

2 彼女にとって、ここに住むことは便利なのですか。
（is ／ live ／ to ／ here ／ for ／ it ／ convenient ／ her）？

Itを文頭にして英作文をしてみましょう。

1 女の子たちが夜に外出することは、安全ですか。

2 健康を保つことは必要です。

3 ここでは1日に8時間以上働くことは、よくあったのですか。

4 あなたは、ここに来ることは、都合がいいですか。

5 お年寄りの人々を助けることはとてもよいことです。

☆正解は475ページ☆

Section 79 いろいろな不定詞②
what to 動詞の原形

> 例文
> He knows **what to do**. （彼は何をすべきか分かっています）
> Do you know **what to buy** for his present?
> （あなたは、彼へのプレゼントに何を買ったらよいか知っていますか）

STEP1 文法ルールを学ぼう！

疑問詞と〈to＋動詞の原形〉を用いた表現について学習しましょう。

これまで、疑問詞は文頭で使うと学習してきましたが、疑問詞の後ろに不定詞を置き、〈疑問詞＋to＋動詞の原形〉という形で文の中に置くことで、意味のカタマリを作ることができます。ここでは、疑問詞の代表選手の1つであるwhatを使って、「何をVするべきか」という表現を学びましょう。

| He (S) | knows (V) | **what to do**. 〈動詞の原形〉 |
| Do | you (S) know (V) | **what to buy** 〈動詞の原形〉 for his present? |

なお、この表現は、動詞tell（言う）やknow（知っている）の後で使われることが多いです。

✎これも覚えよう！　what to 〜の応用形

whatと〈to＋動詞の原形〉の間に名詞を入れた〈what＋名詞＋to＋動詞の原形〉という形で、「どんな名詞を［動詞］するべきか」とすることもできます。

例　Do you know **what** subject **to choose**?
　　　　　　　　　　　　名詞　　to＋動詞の原形
（あなたはどんな科目を選択すべきかわかりますか）

| 月 日 | 月 日 | 月 日 |

STEP2 単語と例文で音読訓練しよう！ 🎧CD2-27

☐ ❶ He knows what to do.
　彼は何をすべきか分かっています。

☐ ❷ Ask him what to do to be happy.
　幸せになるために、何をするべきか彼にたずねなさい。

☐ ❸ My boss told me what to do next.
　私の上司は次に何をするべきか私に言いました。
　　☐ next [nékst] 副 次に

☐ ❹ I told these children what to study.
　私はこれらの子どもに何を勉強すべきか話しました。

☐ ❺ The designer told me what to wear today.
　デザイナーは今日何を着るべきかを私に話しました。
　　☐ designer [dizáinər] 名 デザイナー

☐ ❻ My teacher will tell us what to bring.
　先生は私たちに、何を持ってくるべきかを話すでしょう。

☐ ❼ Ms.Smith told us what to understand about the global society.
　スミス先生は私たちに、国際社会の何を理解すべきか話した。
　　☐ society [səsáiəti] 名 社会
　　☐ global society 国際社会

☐ ❽ Please tell me what to copy on the blackboard.
　黒板の何を写すべきかを私に教えてください。
　　☐ copy [kápi] 動 写す
　　☐ blackboard [blǽkbɔ̀ːrd] 名 黒板

中学3年　いろいろな不定詞②

355

☐ ❾ **Do you know what to buy for his present?**

彼への贈り物に何を買ったらよいか知っていますか。

☐ ❿ **I don't know what to ask my professors.**

私は何を教授にたずねるべきか分かりません。

☐ ⓫ **They didn't know what to choose.**

彼らは何を選ぶべきか分かりませんでした。

☐ ⓬ **Does your partner know what to pay attention to?**

あなたのパートナーは、何に注意を払うべきか知っていますか。

☐ partner [pá:rtnər]
名 パートナー

☐ ⓭ **Did they know what to talk about in the conference?**

彼らは会議で何について話すべきか分かっていましたか。

☐ ⓮ **Did you ask them what training to do?**

あなたは彼らに、どんなトレーニングをするべきかたずねましたか。

☐ training [tréiniŋ]
名 トレーニング

☐ ⓯ **Do you know what skills to acquire?**

あなたはどんな技術を習得するべきか分かりますか。

☐ acquire [əkwáiər]
動 習得する

☐ ⓰ **Do you know what goal to aim for?**

あなたは何を目標とするべきか分かっていますか。

☐ aim for 〜 〜を目標とする

| 月 日 | 月 日 | 月 日 |

STEP3 エクササイズで復習しよう！

正しいものを選びましょう。

1 This is (what to do / what do to) next.
  これが次にやるべきことです。
2 Could you tell me (to read what / what to read) ?
  あなたは私に何を読んだらよいか教えてくれませんか。

次の日本語の意味を表すように、（　　）の中の英単語を並べ替えましょう。

1 彼はなんと言ってよいのか分かりませんでした。
  He didn't know (to / say / what).

  ....:

2 母は私に彼の誕生日に何を買ったらよいか教えてくれました。
  My mother told me (his / to / buy / birthday / for / what).

  ....:

3 何の科目を勉強するべきかを先生に質問しなさい。
  Ask (what / teacher / your / study / to / subject).

  ....:

次の日本語を英語にしましょう。

1 彼らは何を選ぶべきか分かりませんでした。

  ....:

2 彼女は私たちに、国際社会について理解するべきことを話した。

  ....:

3 私に黒板の何を写すべきかを教えてください。

  ....:

4 あなたのパートナーは、何に注意を払うべきか知っていますか。

  ....:

5 あなたはどんな目標を達成するべきか理解していますか。

  ....:

☆正解は475ページ☆

Section 80 いろいろな不定詞③ いろいろな疑問詞 + to V

例文
Do you know **how to master** English?
（英語をマスターする方法を知っていますか）

I can't tell you **when to announce** the plan.
（私はその計画をいつ発表するべきか言うことはできません）

I asked the teacher **where to take** a rest.
（私は先生に、どこで休息をとるべきかたずねました）

STEP1 文法ルールを学ぼう！

what以外の疑問詞の後ろに不定詞を続けて、意味のカタマリを作ることができます。基本的な使い方はwhatと同じと考えれば大丈夫です。

疑問詞		意味
how	to + 動詞の原形	どのようにVするべきか
when		いつVするべきか
where		どこにVするべきか
which		どちらをVするべきか

例文でしっかり確認していきましょう。

これも覚えよう！　which to ～の応用形

今回学習した疑問詞のほかによく出てくるものとして、which to + 動詞の原形（どちらをVするべきか）があります。このwhichは、後ろに名詞を置いて、〈which + 名詞 + to 動詞の原形〉の形で、「どちらの［名詞］をVするべきか」を表すこともできます。

例　Do you know **which** **to choose**?
　　　　　　　　どちらを　to＋動詞の原形
（あなたは、どちらを選ぶべきか知っていますか）

Please tell me **which** bus **to take**.
　　　　　　　どちらの　名詞　to＋動詞の原形
（どちらのバスに乗るべきか教えてください）

STEP2 単語と例文で音読訓練しよう！ CD2-28

☐ ❶ Do you know how to master English?

英語をマスターする方法を知っていますか。

☐ ❷ She told me how to make the handhouts.

☐ handout [hǽndáut] 名 資料

彼女は私に資料の作り方を教えました。

☐ ❸ They didn't ask the instructor how to swim fast.

☐ instructor [instrʌ́ktər] 名 インストラクター

彼らはインストラクターに、速く泳ぐ方法をたずねなかった。

☐ ❹ Did you tell your students how to communicate?

☐ communicate [kəmjúːnəkèit] 動 コミュニケーションをとる

あなたは、コミュニケーションをとる方法を学生たちに教えましたか。

☐ ❺ The film director taught the actor how to perform.

☐ film [fílm] 名 映画

映画監督はその俳優に、どのように演じるかを教えた。

☐ ❻ Please tell us when to eat snacks.

☐ snack [snǽk] 名 軽食

いつ軽食を食べるべきか私たちに教えてください。

☐ ❼ The business person told them when to finish the task.

☐ task [tǽsk] 名 業務

そのビジネスマンは彼らに、いつ業務を終えるべきか話した。

☐ ❽ Will you ask him when to start working overseas?

☐ overseas [òuvə-síːz] 副 海外で

彼にいつ海外で働き始めるべきかたずねてもらえますか。

中学 3 年 いろいろな不定詞③

- ❾ **I can't tell you when to announce the plan.**
  私はその計画をいつ発表すべきか言えません。

  ☐ announce [ənáuns]
  動 発表する

- ❿ **I asked the teacher where to take a rest.**
  私は先生に、どこで休息をとるべきかたずねました。

- ⓫ **Some guests asked me where to get on the bus.**
  何人かの客はどこでバスに乗るべきか私にたずねた。

  ☐ get on 乗る

- ⓬ **I asked the man where to get off the train.**
  私は男性に、どこで電車を降りるべきかたずねた。

  ☐ get off 降りる

- ⓭ **Did you ask her where to advertise our new car?**
  私たちの新車をどこで広告するべきか彼女にたずねましたか。

  ☐ advertise [ǽdvərtàiz]
  動 広告する

- ⓮ **Do you know which one to buy?**
  あなたはどちらを買うべきか分かりますか。

- ⓯ **I can't tell you which way to go.**
  私はどちらの道を行くべきか分かりません。

  ☐ way [wéi] 名 道

- ⓰ **You have to judge which person to trust.**
  あなたはどちらの人を信頼すべきか判断しなければならない。

STEP3 エクササイズで復習しよう！

正しいものを選びましょう。

1 These students learned (to how study / how to study) a foreign language.
これらの生徒たちは、外国語の勉強の仕方を学びました。

2 Please tell us (to where take / where to take) a rest.
私たちに、どこで休憩をとるべきか教えてください。

次の日本語の意味を表すように、（　）の中の英単語を並べ替えましょう。

1 そのインストラクターはうまく泳ぐ方法を教えてくれました。
The instructor taught us (swim / how / fast / to).

2 彼は私にこの資料をいつ使うべきなのか、教えてくれました。
He told me (this / when / use / to / handout).

3 私の上司は、私に、その仕事をどこでやるべきなのかを教えてくれました。
My boss (where / me / to / task / the / do / told).

次の日本語を英語にしましょう。

1 彼女は私に資料の作り方を教えました。

2 英語をマスターする方法を知っていますか。

3 いつ軽食を食べるべきか私たちに教えてください。

4 何人かの客は、どこでバスに乗るべきか私にたずねた。

5 私はどちらの道を行くべきか分かりません。

☆正解は475～6ページ☆

Section 81 いろいろな不定詞④ too ~ to と so ~ that

例文
The waiter was **too** busy **to** take my order.
The waiter was **so** busy **that** he couldn't take my order.
（ウェイターはとても忙しかったので、私の注文を取れなかった）

STEP1 文法ルールを学ぼう！

〈too ~ to + 動詞の原形〉で「とても~なのでVできません」という意味を表す構文です。この構文は、〈so ~ that S cannot V〉で「とても~なのでSはVできません」という構文に書きかえられます。例文で確認してみましょう。

> The waiter was **too** busy **to** take my order.
> 　　　　　　　　　とても ~なのでVできない
> ＝ The waiter was **so** busy **that** he couldn't take my order.
> 　　　　　　　　　とても~なので　　　SはVできない

これも覚えよう！ that の前後で主語が異なる場合

例 そのスーツケースはとても重かったので私は運べなかった。

The suitcase was so heavy that I couldn't carry it.
　主語①　　　　　　　　　　主語②　　　V　　　主語①を表す言葉

この文は、thatの前と後ろの主語が違います。その場合、1つ目の主語（この場合はthe suitcase）を表す言葉（代名詞など）を文末に置きます。
ではこれをtoo ~ to…の文に書きかえると、どうなるでしょうか。

The suitcase was too heavy to carry.

文末のitがなくなります。この文では、the suitcaseが主語であるとともにcarryの目的語でもあります。その場合はitを文末に入れる必要がないのです。
carryする人がだれなのかを言いたい場合、toの前にfor ~の形で、動作の主を入れます。

The suitcase was too heavy for me to carry.
　　　　　　　　　　　　　　　動作の主　　V

STEP2 単語と例文で音読訓練しよう！ CD2 29

☐ ❶ The waiter was too busy to take my order.
ウェイターはとても忙しかったので、私の注文を取れなかった。

☐ waiter [wéitər] 名 ウェイター
☐ order [ɔ́ːrdər] 名 注文

☐ ❷ The man is too old to drive a car.
その男性はとても高齢なので、自動車を運転することができません。

☐ ❸ The old man was too hungry to do anything.
その老人はとても空腹だったので、何もできなかった。

☐ ❹ They were too upset to think about anything.
彼らはとても混乱していたので、何も考えられなかった。

☐ upset [ʌpsét] 形 混乱して

☐ ❺ The mechanic was working too hard to take a rest.
その機械工はとても一生懸命働いていたので、休けいできなかった。

☐ mechanic [məkǽnik] 名 機械工

☐ ❻ My brother-in-law was too nervous to smile.
私の義理の兄はとても緊張していて、ほほえむことができなかった。

☐ brother-in-law [brʌ́ðər-ən-lɔ́ː] 名 義理の兄弟

☐ ❼ The suitcase was too heavy for me to carry.
そのスーツケースはとても重かったので、私には運べなかった。

☐ suitcase [súːtkèis] 名 スーツケース

☐ ❽ The man was too fat to wear the costume.
その男性はとても太っていて、その衣装を着れなかった。

中学 3 年　いろいろな不定詞 ④

❾ The neighbor worked so hard that he couldn't sleep.

その隣人はとても一生懸命働いたので、眠ることができなかった。

- neighbor [néibər]
  名 隣人

❿ David was so impolite that no one liked him.

デイビッドはとても失礼だったので、だれも彼を好きではなかった。

- no [nóu]
  形 少しの～もない

⓫ This is so poisonous that we can't eat it.

これはとても有毒なので、食べられません。

- poisonous [pɔ́izənəs]
  形 有毒な

⓬ He was so sleepy that he couldn't concentrate on his work.

彼はとても眠かったので、仕事に集中できなかった。

- concentrate on ～
  ～に集中する

⓭ Our boss believed it so strongly that nobody could argue against him.

私の上司はとても強くそれを信じていたので、だれも反対できなかった。

- strongly [strɔ́ːŋli] 副 強く
- nobody [nóubàːdi]
  代 だれも～ない
- argue [áːrgjuː] 動 議論する
- argue against ～に反対意見を言う

⓮ He spoke so fast that they couldn't understand him.

彼はとても速く話したので、彼らは理解できなかった。

⓯ Brad was so shy that he coudn't say a word.

ブラッドはとても恥ずかしがりだったので、ひと言も話せなかった。

- shy [ʃái]
  形 恥ずかしがりの
- not say a word
  ひと言も話さない

⓰ The building is so tall that some people don't want to live there.

その建物はとても高いので、そこに住みたくない人たちもいます。

STEP3 エクササイズで復習しよう！

各2文がほぼ同じ意味になるように英単語をいれましょう。

1 I was too nervous to sleep well.
　I was (　) nervous (　) I couldn't sleep well.
　私はとても緊張していて十分に眠れなかった。

2 This question is so difficult that I can't answer it.
　This question is (　) difficult (　) me (　) answer.
　この質問は難しすぎて私には答えることはできません。

次の日本語の意味を表すように、(　) の中の英単語を並べ替えましょう。

1 この川は深すぎるので泳ぐことはできません。
　(river / deep / too / this / to / swim / is) in.

2 彼女は忙しすぎて昼ごはんを食べることができなかった。
　She was (have / busy / so / she / that / couldn't) lunch.

3 私の義理の兄はとても年をとっていて速く歩くことができません。
　My brother-in-law (is / so / walk / he / old / that / can't) fast.

[　] の単語を使って、日本語を英語にしましょう。

1 その機械工はとても一生懸命働いていたので、休憩を取れなかった。[too]

2 彼はとても眠かったので、仕事に集中することができなかった。[so]

3 そのスーツケースはとても重かったので、私には運べなかった。[too]

4 私の上司はとても強くそれを信じていたので、だれも反対できなかった。[so]

5 その男性はとても太っていて、その衣装を着れなかった。[too]

☆正解は476ページ☆

Section 82 いろいろな不定詞⑤
～ enough to と so ～ that

例文
The man was rich **enough to** own five cars.
The man was so rich **that he could** own five cars.
（その男性は5台の自動車を所有するのに十分お金持ちでした）

STEP1 文法ルールを学ぼう！

〈～ enough to ＋動詞の原形〉は、「(Sが) Vするのに十分に～」という意味を表す構文です。この構文は、Section81で学んだ〈so ～ that …〉の構文に書きかえられる場合もあります。例文を見てみましょう。

The man was rich **enough to own** five cars.
　　　　　　　　　　　　　　[動詞の原形]
= The man was **so** rich **that** he own**s** five cars.
　　　　　　　　[とても～なので]　[SはVする]　↑書きかえの際、3人称単数現在のsを忘れずに!

✏️ これも覚えよう！　thatの前後で主語が異なる場合の書きかえ

次の例文を見てください。

例　これらのかばんはとても軽いので、私は簡単にそれらを運べる。

These bags are so light that I can carry them easily.
[主語①]　　　　　　[主語②]↑　　V　　↑[主語①を表す言葉]

この文は、thatの前と後ろの主語が違います。その場合、1つ目の主語（この場合はthese bags）を表す言葉（代名詞など）を文末に置きます。
ではこれをenough toの文に書きかえると、どうなるでしょうか。

These bags are light enough to carry easily.

carryの目的語のthem (=these bags) は、文の主語と同じなので、enough toの構文では、書く必要はありません (too ～ toと同じですね)。
ですが、これだけだと、carryする人がだれなのかがわかりませんので、toの前にfor ～の形で、動作の主を入れます。

These bags are light enough **for me** to carry easily.
　　　　　　　　　　　　　　　[動作の主]

STEP2 単語と例文で音読訓練しよう！

❶ The man was rich enough to own five cars.
その男性は5台の自動車を所有できるほどお金持ちでした。

- enough [inʌ́f] 副 十分に
- own [óun] 動 所有する

❷ The man was brave enough to rescue a drowning child.
その男性はとても勇敢だったので、溺れる子供を助けた。

- rescue [réskjuː] 動 助ける
- drowning [dráun] 形 溺れている

❸ The old man was healthy enough to travel with his family.
その老人は家族と旅行に行けるだけ十分に健康でした。

❹ The girl was kind enough to help the disabled people.
その少女はとても親切だったので、体の不自由な人々を手伝った。

- disabled [diséibld] 形 体が不自由な

❺ The man is old enough to drive a car.
その男性は自動車を運転するのに十分な年齢です。

❻ The engineer was skillful enough to repair my car.
その技術者はとても技術があったので、私の車を修理した。

- skillful [skílfəl] 形 技術がある

❼ My sister-in-law was cute enough to be loved by her classmates.
私の義理の姉は同級生に愛されるほど可愛かった。

- sister-in-law [sístər-ən-lɔ́ː] 名 義理の姉［妹］
- classmate [klǽs-méit] 名 同級生

❽ The package was light enough to carry.
そのパッケージはとても軽いので、運ぶことができた。

- light [láit] 形 軽い

中学3年　いろいろな不定詞⑤

367

❾ The man worked so hard that he could earn a lot of money.

その男性はとても一生懸命働いたので、多くのお金を稼げた。

❿ Mike is so polite that everyone looks up to him.

マイクはとても礼儀正しいので、みんな彼を尊敬している。

- everyone [évriwÀn] 代 だれでも
- look up to ~ ~を尊敬する

⓫ This ethnic food is so delicious that we can eat more.

このエスニック料理はとても美味しいので、私たちはもっと食べられる。

- ethnic food [éθnik fú:d] 名 エスニック料理

⓬ He was so tired that he was able to sleep well yesterday.

彼はとても疲れていたので、昨日はよく眠れた。

⓭ The sunset was so beautiful that I took many pictures.

日没がとても美しかったので、私は多くの写真を撮りました。

- sunset [sÁnsèt] 名 日没

⓮ He spoke so slowly and clearly that they could understand him.

彼はとてもゆっくりそしてはっきりと話したので、彼らは理解できた。

- clearly [klíərli] 副 はっきりと

⓯ The young man was so shy that I gave the speech instead.

その若い男性はとてもシャイだったので、私が代わりにスピーチした。

- instead [instéd] 副 代わりに

⓰ The city center was so crowded that I couldn't find him.

街の中心はとても混雑していたので、私は彼を見つけられなかった。

- city center [síti séntər] 名 街の中心
- crowded [kráudid] 形 混雑している

STEP3 エクササイズで復習しよう！

各2文がほぼ同じ意味になるように英単語をいれましょう。

1. He is rich enough to buy an expensive car.
   He is (　　) rich (　　) he can buy an expensive car.
   彼は十分にお金持ちなので高価な車を買うことができる。

2. They got up so early that they could catch the bus.
   They got up (　　)(　　)(　　) catch the bus.
   彼らは十分に早く起きたので、バスに間に合った。

次の日本語の意味を表すように、(　　)の中の英単語を並べ替えましょう。

1. 彼は十分に親切なので私を助けてくれました。
   He (help ／ enough ／ was ／ kind ／ to) me.

2. 私達は十分に早く起きたので、電車に間に合いました。
   We got up (to ／ catch ／ the ／ early ／ enough ／ train)．

[　]の単語を使って、日本語を英語にしてみましょう。

1. 彼はとても疲れていたので、昨日はよく眠れた。[so]

2. マイクはとても礼儀正しいので、みんな彼を尊敬している。[so]

3. その男性はとても勇敢だったので、溺れている子供を助けた。[enough]

4. その女の子はとても親切だったので、体の不自由な人々を手伝った。[enough]

5. その技術者はとても技術があったので、私の車を修理した。[enough]

☆正解は476ページ☆

Section 83 いろいろな不定詞⑥
want ～ to と would like ～ to

例文
We **wanted** him **to** do his homework.
（私たちは彼に宿題をやってほしかったです）
I **would like** you **to** say hello to your parents.
（私は、あなたの両親によろしく伝えていただきたいです）

STEP1 文法ルールを学ぼう！

不定詞の名詞的用法（Section58）で学習した、〈S want to V〉や〈S would like to V〉は、「SがVすることを望む」という表現でした。今回学習するのは、そこからステップアップした形です。

S want ～ to V	Sは～にVしてほしい
S would like ～ to V	Sは～にVしてほしい

これらは、別の人に何かを求めるときに用いる表現です。
〈want ～ to V〉と〈would like ～ to V〉は形や意味はとてもよく似ていますが、would like を使うと want に比べてていねいな感じで相手に伝えられます。

We **wanted** him **to** do his homework.
　　　　　　↑（Vしてほしい）人　V
I **would like** you **to** say hello to your parents.
　　　　　　　↑（Vしてほしい）人　V

🖊 これも覚えよう！　want ～ to V を使った疑問文

〈want ～ to V〉を使った疑問文について少し学びましょう。
例　あなたは私にたばこをやめてほしいですか。
　　Do you want me to stop smoking?
この〈Do you want me to V ～ ?〉という形で、「あなたは私に～してほしいですか」という意味を表します。これは、Section50で学習した〈Shall I ～ ?（～しましょうか）〉と同じように、何かを申し出るときに使うことができます。とても便利な表現ですので、覚えておきましょう。

| 月 日 | 月 日 | 月 日 |

STEP2 単語と例文で音読訓練しよう！ 🎧CD2-31

☐ ❶ **We wanted him to do his homework.**
私たちは彼に宿題をやってほしかったです。

☐ ❷ **My teacher wanted us to be silent.**
私の先生は私たちに静かにしてもらいたかった。

☐ ❸ **Mrs. Smith wanted us to do our best.**
スミス先生は私たちにベストを尽くしてもらいたかった。

☐ do one's best
～のベストを尽くす

☐ ❹ **I want you to come to a conclusion.**
私はあなたに結論を出してほしいです。

☐ come to a conclusion
結論付ける

☐ ❺ **He wanted me to forget the past.**
彼は私に過去を忘れてもらいたかった。

☐ past [pǽst]
名 過去

☐ ❻ **Do you want me to stop smoking right now?**
あなたは私にすぐに喫煙をやめてほしいですか。

☐ ❼ **Does the manager want you to quit?**
そのマネージャーは、あなたに辞めてほしいと思っていますか。

☐ quit [kwít] 動 辞める

☐ ❽ **Do you want him to carry the bookcase?**
あなたは彼にその本棚を運んでほしいですか。

☐ bookcase [búk keis]
名 本棚

中学3年 いろいろな不定詞⑥

☐ ❾ I don't want him to understand the situation.

私はその状況を彼に理解してほしいとは思いません。

☐ ❿ We don't want her to change her original idea.

私たちは彼女に、もとの考えを変えてほしいとは思いません。

☐ original [ərídʒənl] 形 もともとの

☐ ⓫ I would like you to say hello to your parents.

私はあなたの両親によろしく伝えてほしいです。

☐ say hello to 〜 〜によろしく言う

☐ ⓬ I would like him to learn Japanese traditions.

私は彼に、日本の伝統を学んでほしいです。

☐ tradition [trədíʃən] 名 伝統

☐ ⓭ I would like my pupils to depend on me.

私は生徒たちに、私を頼りにしてもらいたいのです。

☐ depend [dipénd] 動 頼る
☐ depend on 〜 〜に頼る

☐ ⓮ I would like my boss to change his ways of thinking.

私は私の上司に、考え方を変えてもらいたいのです。

☐ way of thinking [wéi əv θíŋkiŋ] 名 考え方

☐ ⓯ I would like them to do meaningful activities.

私は彼らに、意義深い活動をしてほしいのです。

☐ meaningful [mí:niŋfəl] 形 意義深い

☐ ⓰ I would like you to show me your passport.

私はあなたのパスポートを見せてほしいです。

☐ passpor [pǽspɔ:rt] 名 パスポート

| 月 日 | 月 日 | 月 日 |

STEP3 エクササイズで復習しよう！

正しいものを選びましょう。

1 My teacher (wants him to / want to him) study English.
　私の先生は、彼に英語を勉強してもらいたいと思っています。

2 He (wanted to us / wanted us to) move this bookcase.
　彼は私達にこの本棚を動かしてほしいと思っていました。

次の日本語の意味を表すように、（　）の中の英単語を並べ替えましょう。

1 彼の母親は、私に、私の両親によろしく伝えてもらいたいと思っています。
　His mother (to ／ hello ／ say ／ wants ／ me) to my parents.

　＿＿＿＿＿＿＿＿＿＿＿＿＿＿＿＿＿＿＿＿＿＿＿＿＿＿＿＿＿＿＿＿＿＿＿．

2 私は、私の上司に考え方を変えてもらいたいと思っているのです。
　(would ／ I ／ like ／ boss ／ to ／ his ／ change ／ my ／ ways) of thinking.

　＿＿＿＿＿＿＿＿＿＿＿＿＿＿＿＿＿＿＿＿＿＿＿＿＿＿＿＿＿＿＿＿＿＿＿．

[　]の単語を使って日本語を英語にしましょう。

1 彼は私に過去を忘れてもらうことを望みました。[want]

　＿＿＿＿＿＿＿＿＿＿＿＿＿＿＿＿＿＿＿＿＿＿＿＿＿＿＿＿＿＿＿＿＿＿＿．

2 そのマネージャーは、あなたに辞めてほしいと思っていますか。[want]

　＿＿＿＿＿＿＿＿＿＿＿＿＿＿＿＿＿＿＿＿＿＿＿＿＿＿＿＿＿＿＿＿＿＿＿．

3 私はあなたに結論を出してほしいです。[want]

　＿＿＿＿＿＿＿＿＿＿＿＿＿＿＿＿＿＿＿＿＿＿＿＿＿＿＿＿＿＿＿＿＿＿＿．

4 私は生徒たちに、私を頼りにしてもらいたいのです。[would like]

　＿＿＿＿＿＿＿＿＿＿＿＿＿＿＿＿＿＿＿＿＿＿＿＿＿＿＿＿＿＿＿＿＿＿＿．

5 私は私の上司に、考え方を変えてほしいのです。[would like]

　＿＿＿＿＿＿＿＿＿＿＿＿＿＿＿＿＿＿＿＿＿＿＿＿＿＿＿＿＿＿＿＿＿＿＿．

中学3年 いろいろな不定詞⑥

☆正解は476ページ☆

Section 84 いろいろな不定詞⑦
tell 〜 to と ask 〜 to

例文
We **told** him **to** join the party.
（私たちは彼に、パーティに参加するように言いました）
I **asked** him **to** work here.
（私は彼に、ここで働くように頼みました）

STEP1 文法ルールを学ぼう！

〈want 〜 to 動詞の原形〉と同じような形をとる動詞に、tell と ask があります。

> S tell 〜 to 動詞の原形　　Sは〜にVするように言う
> S ask 〜 to 動詞の原形　　Sが〜にVするように頼む

want や would like のときと同じように、〜の部分には、（おもに人を表す）名詞が入ります。また、tell や ask 以外に、order（命じる）や advise（忠告する）などの動詞も、この構文ではよく使われます。

これも覚えよう！　「Vしないように…」の場合

〈tell 〜 to V〉で「(Sは)〜にVするように言う」という文を学習しましたが、「(Sは)〜にVしないように言う」と表現したい場合には、to の前に not を置いて、〈not to V〉という形にします。ask の場合も want の場合も同様です。

例　I told him to smoke here.（私は彼にここでタバコを吸うように言った）

　　I told him **not to smoke** here.（私は彼にここでタバコを吸わないように言った）
　　　　　　　not は to V を否定

　　We asked the boys to run around.（私たちはその少年たちに、走り回るように頼んだ）

　　We asked the boys **not to run** around.
　　　　　　　　　　　　not は to V を否定
（私たちはその少年たちに、走り回らないように頼んだ）

ちなみに、I told him to smoke here. に didn't をつけて、I did not tell him to smoke here. という文にすると、not は tell を否定し、「私は彼にここでタバコを吸うように言わなかった」という意味になります。混同しないように！

STEP2 単語と例文で音読訓練しよう！ CD2-32

❶ We told him to join the party.
私たちは彼に、パーティに参加するように言いました。

❷ My father told me to walk on the other side of the road.
私の父は私に、道路の反対側を歩くように言いました。
- side [sáid] 名 側
- on the other side of ～ ～の反対側に

❸ My boss told the employee to continue to work.
私の上司は従業員に、働き続けるように言いました。
- continue [kəntínjuː] 動 続ける

❹ She told her son to come back by five.
彼女は彼女の息子に、5時までに帰ってくるように言いました。
- by [bái] 前 ～までに

❺ The coach will tell the team to fight fairly.
コーチはチームのメンバーたちに、公平に戦うように言いました。

❻ Did you tell her to express her feelings?
あなたは彼女に、感情を表現するように言いましたか。
- express [iksprés] 動 表現する
- feeling [fíːliŋ] 名 感情

❼ Did your grandmother tell you to remember the tragedy of war?
あなたの祖母はあなたに、戦争の悲劇を覚えておくよう言いましたか。
- tragedy [trædʒədi] 名 悲劇
- remember [rimémbər] 動 覚えている

❽ Did you tell him to arrange his schedule?
あなたは彼にスケジュールを調整するように言いましたか。
- arrange [əréindʒ] 動 調整する
- schedule [skédʒuːl] 名 スケジュール

中学3年 いろいろな不定詞⑦

❾ I asked him to work here.

私は彼に、ここで働くように頼みました。

- ask [ǽsk] 動 (人に) 頼む

❿ He asked me to raise a national flag.

彼は私に、国旗を掲げるように頼みました。

- raise [réiz] 動 揚げる
- national [nǽʃənl] 形 国の

⓫ I didn't ask anybody to help me.

私はだれにも、私を助けてくれるよう頼みませんでした。

- anybody [énibàdi] 代 だれも

⓬ My boss asked me to work at the head office.

上司は私に、本社で働くように頼みました。

- head office [héd ɔ́:fis] 名 本社

⓭ The country asked Japan to think about the problem.

その国は日本に、その問題について考えるように頼みました。

⓮ The officer asked me to show him my driver's license.

その役人は私に、運転免許証を見せるように頼みました。

- driver's license [dráivərz láisəns] 名 運転免許証

⓯ The man asked me to speak his native language.

その男性は私に、母語を話すように頼みました。

- native [néitiv] 形 祖国の
- native language [néitiv lǽŋgwidʒ] 名 母語

⓰ Did he ask you to have a personal computer?

彼はあなたにパソコンを持つように頼みましたか。

- personal [pə́:rsənl] 形 個人的な
- personal computer [pə́:rsənl kəmpjú:tər] 名 パソコン

| 月 日 | 月 日 | 月 日 |

STEP3 エクササイズで復習しよう！

正しいものを選びましょう。

1 My teacher (told him to / told to him) think about it more seriously.
私の先生は、彼にそれについてもっと真面目に考えるように言いました。

2 He (asked us to / told to us / wanted to us) work at the head office.
彼は、本社で働くように、私たちにお願いしました。

次の日本語の意味を表すように、（　）の中の英単語を並べ替えましょう。

1 私は、彼女に、今晩のパーティに参加するようにお願いしました。
I (asked / to / party / join / her / tonight's).

2 彼はあなたに、自分の気持ちを表現するように言ったのですか。
(express / feelings / he / told / you / to / your / did)?

日本語を英語にしましょう。

1 彼は私に、国旗を掲げるように頼みました。

2 私の父は私に、道路の反対側を歩くように言いました。

3 その役人は私に、運転免許証を見せるように頼みました。

4 彼女は彼女の息子に、5時までに帰ってくるように言いました。

5 彼はあなたにパソコンを持つように頼んだのですか。

☆正解は476ページ☆

Section 85 間接疑問文① what

例文
Please tell me **what we should do**.
（私たちが何をすべきか教えてください）

Do you know **what I mean**?
（私が何を意味しているか分かりますか）

STEP1 文法ルールを学ぼう！

ここでは、間接疑問文について学習しましょう。間接疑問とは、より大きな文の中に、疑問文が入りこんでいる状態で、〈疑問詞＋S V〉という形をとります。たとえば、〈what S V〉なら「Sが何をVするか」という意味のカタマリになります。間接疑問文の場合は、疑問詞の後ろは必ずふつうの文の形（S→Vという語順）が続くということを覚えておきましょう

```
                What  should  we    do?   ←疑問文
Please tell me  what  we      should do.  ←間接疑問文
                      S       V
                What  do      I     mean? ←疑問文
Do you know     what  I       mean?       ←間接疑問文
                      S       V
```

これも覚えよう！　主語の働きをするwhat

間接疑問文で1つ注意しなくてはいけないのは、What was happening then?（そのとき何が起こっていましたか）のような、疑問詞（この場合はwhat）が主語になっている疑問文です。このタイプの疑問文が間接疑問文になるときは、疑問詞の後ろの語順は変わりません。

例　What was happening then?（そのとき何が起きていましたか）
　→I didn't know what was happening then.
　　　　　　　　（私はそのとき、何が起きているのかわかりませんでした）
　→Do you know what was happening then?
　　　　　　　　（そのとき何が起きていたのか知っていますか）

STEP2 単語と例文で音読訓練しよう！ 🎧CD2 33

☐ ❶ **Please tell me what we should do.**

私たちが何をすべきか教えてください。

☐ should [ʃúd]
　助 すべきだ

☐ ❷ **Please tell me what I should buy.**

私が何を買うべきか教えてください。

☐ ❸ **Please show us what the student wrote.**

私たちにその生徒が何を書いたか見せてください。

☐ ❹ **I told him what I wanted to say.**

私は彼に何を言いたかったのか伝えました。

☐ ❺ **They are surprised to know what we discovered.**

彼らは、私たちが何を発見したのかを知って驚いている。

☐ discovered [diskʌ́vər]
　動 発見する
☐ surprise [sərpráiz]
　動 驚かせる

☐ ❻ **I'm interested in what they are talking about.**

私は彼らが何を話しているかに興味を持っています。

☐ ❼ **I finally understood what he meant.**

私は最後に、彼が何を意味していたのか理解しました。

☐ finally [fáinəli] 副 最後に
☐ mean [míːn] 動 意味する

☐ ❽ **We don't know what the champion will say.**

私たちはチャンピオンが何を言うか知りません。

☐ champion [tʃǽmpiən]
　名 チャンピオン

中学 **3** 年　間接疑問文①

☐ **❾ I don't know what they were discussing at lunchtime.**

私は昼食時間に彼らが何を議論していたのか知りません。

☐ lunchtime [lʌ́ntʃtáim] 名 昼食時間

☐ **❿ I want to know what the prime minister will say.**

私は総理大臣が何を言うか知りたい。

☐ prime minister [práim mínəstər] 名 総理大臣

☐ **⓫ I have to tell you what is happening.**

私は、何が起こっているのかをあなたに伝えねばならない。

☐ **⓬ I couldn't realize what that man imagined.**

私はあの男性が何を想像していたのか理解できなかった。

☐ imagine [imǽdʒin] 動 想像する

☐ **⓭ Many people found out what the great hero achieved.**

多くの人々は、偉大な英雄が何を達成したのか理解した。

☐ find out 理解する
☐ hero [híərou] 名 英雄
☐ achive [ətʃíːv] 名 達成する

☐ **⓮ I didn't know what was happening then.**

私はそのとき、何が起こっているかわかりませんでした。

☐ **⓯ Do you know what I mean?**

私が何を意味しているか分かりますか。

☐ mean [míːn] 動 意図する

☐ **⓰ Do you know what the Internet user did?**

そのインターネットのユーザーが何をしたか知っていますか。

☐ Internet user [íntɚːrnét júːzər] 名 インターネットのユーザー

| 月 日 | 月 日 | 月 日 |

STEP3 エクササイズで復習しよう！

正しいものを選びましょう。

1 I can't understand what (he wants to say / does he want to say).
   私は彼が何を言いたいのか理解できません。

2 Please tell me what (you bought / did you buy).
   あなたが何を買ったか私に教えてください。

次の日本語の意味を表すように、(　　) の中の英単語を並べ替えましょう。

1 私は、あなたが何をしているか興味があります。
   I am interested in (doing / you / what / are).

2 彼らは、その少年がやったことに驚きました。
   They (boy / the / what / surprised / were / at / did).

日本語を英語にしましょう。

1 私が何を言いたいのかが分かりますか。

2 私たちが何を買うべきか教えてください。

3 私は総理大臣が何を言うか知りたい。

4 私は彼らが何を話しているかに興味を持っています。

5 私は昼食時間に彼らが何を議論していたのか知りません。

☆正解は476ページ☆

Section 86 間接疑問文② whenとwhere

例文
Please tell me **when the store will open**.
（その店がいつオープンするか教えてください）
Do you know **where the festival will take place**?
（あなたはその祭りがどこで開催されるか知っていますか）

STEP1 文法ルールを学ぼう！

間接疑問文を〈疑問詞＋Ｓ Ｖ〉で作ることは学習しました。ここでは、whenやwhereを使った間接疑問文を学びましょう。

when S V	いつSはVするか
where S V	どこで[に]SはVするか

When	will	the store	open?	←疑問文
Please tell me	when	the store (S)	will open. (V)	←間接疑問文
Where	will	the festival	take place?	←疑問文
Do you know	where	the festival (S)	will take place? (V)	←間接疑問文

これも覚えよう！　疑問文での注意点

Do you know where the festival will take place? のように、文全体が疑問文でも、疑問詞の後ろのＳ Ｖはふつうの文の形のままにすることに注意しましょう。

また、たとえば、Do you know where she lives?（彼女がどこに住んでいるか知っていますか）のように、間接疑問文が3人称単数現在である場合、動詞にsをつけるのを忘れないようにしましょう。

さらに、「彼女がそのときどこに住んでいたか知っていますか」と、過去のことについて言いたい場合は、Do you know where she lived then? のように、間接疑問文の中の動詞を過去形にします。

STEP2 単語と例文で音読訓練しよう！ CD2 34

❶ **Please tell me when the department store will open.**

そのデパートがいつオープンするか教えてください。

❷ **Please tell me when the mayor of New York will come here.**

いつニューヨーク市長がここに来るのか教えてください。

- mayor [méiər] 名 市長

❸ **I told them when they should take the subway.**

私は彼らにいつ地下鉄に乗るべきかを伝えました。

❹ **Do you know when I should blow out the candle?**

私がいつろうそくを吹き消すべきか知っていますか。

- blow [blóu] 動 吹く
- blow out ～ ～を吹き消す
- candle [kǽndl] 名 ろうそく

❺ **We don't know when the actor will be on stage.**

私たちはその俳優がいつステージに上がるか知りません。

❻ **We are interested in when the dolphin will appear.**

私たちはそのイルカがいつ現れるのかに興味があります。

- appear [əpíər] 動 現れる

❼ **The parents still don't know when the baby will be born.**

その両親はいつ赤ちゃんが生まれるかまだ知らない。

- still [stíl] 副 まだ
- be born 生まれる
- bear [béər] 動 産む

❽ **I will ask my friend when our school will begin.**

私はいつ学校が始まるのかを友だちにたずねるつもりです。

中学3年 間接疑問文②

- ❾ **I want to know where these products are produced.**
  私はこれらの製品がどこで生産されるか知りたいです。
  - produce [prədjúːs] 動 生産する

- ❿ **We don't know where she will go on Christmas Day.**
  私たちは彼女がクリスマスの日にどこに行くのか知りません。
  - Christmas Day [krísməs déi] 名 クリスマスの日

- ⓫ **Please tell us where the famous journalist went.**
  その有名なジャーナリストがどこに行ったか、我々に教えてください。

- ⓬ **Please tell us where this treasure was found.**
  この宝物がどこで見つけられたのか、我々に教えてください。
  - treasure [tréʒər] 名 宝物

- ⓭ **They want to know where the missing child disappeared.**
  彼らはその行方不明の子供がどこで消えたのか知りたい。
  - missing [mísiŋ] 形 行方不明の
  - disappear [dìsəpíər] 動 消える

- ⓮ **People don't know where the couple went by plane.**
  人々はそのカップルが飛行機でどこに行ったのか知らない。
  - by plane 飛行機で

- ⓯ **Do you know where the festival will take place?**
  あなたはその祭りがどこで開催されるか知っていますか。
  - take place 開催される

- ⓰ **Do you know where the earthquake happened last night?**
  あなたは昨晩地震がどこで起こったのか知っていますか。

STEP3 エクササイズで復習しよう!

正しいものを選びましょう。

1 I don't know (when he wants / when does he want) to leave.
私は、彼がいつ出発することを望んでいるのか知りません。

2 Please tell me (where you bought / where did you buy) these goods.
どこでこれらの商品を購入したのか教えてください。

次の日本語の意味を表すように、(　)の中の英単語を並べ替えましょう。

1 私は、あなたがどこで音楽を勉強したかに興味があります。
I (where / interested / in / am / you / studied / music).

2 そのジャーナリストが次にどこに行くつもりか想像できますか。
(you / journalist / the / where / will / go / next / can / imagine)?

日本語を英語にしましょう。

1 いつニューヨーク市長がここに来るのか教えてください。

2 私たちはいるかがいつ現れるのかに興味があります。

3 その両親はいつ赤ちゃんが生まれるかまだ知らない。

4 彼らはその行方不明の子供がどこで消えたのか知りたい。

5 あなたはその祭りがどこで開催されるか知っていますか。

☆正解は476ページ☆

Section 87 間接疑問文③ whyとhow

例文
I don't know **why that man was arrested**.
（私はなぜあの男性が逮捕されたのか分かりません）
We don't know **how we should behave here**.
（私たちはどのようにここで行動するべきなのか分かりません）

STEP1 文法ルールを学ぼう！

次は、疑問詞のwhyやhowを使った間接疑問文を見てみましょう。

| why S V | なぜSはVするのか（理由） |
| how S V | どのようにSはVするのか（方法・手段） |

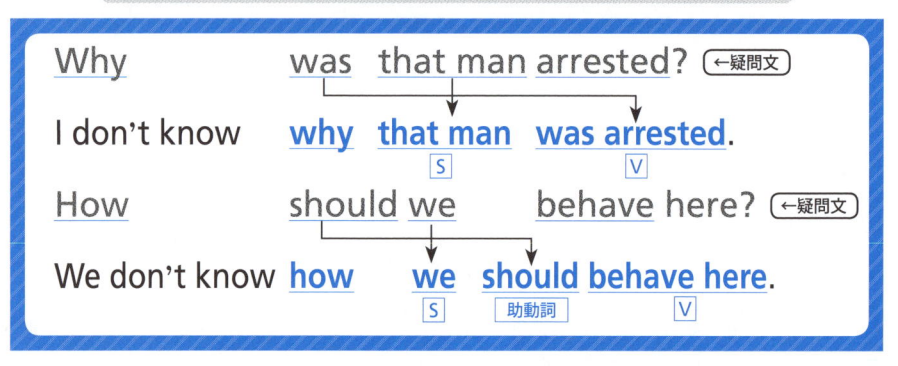

Why was that man arrested?　←疑問文
I don't know why that man was arrested.
　　　　　　　　　　S　　　　　V

How should we behave here?　←疑問文
We don't know how we should behave here.
　　　　　　　　S　助動詞　　V

これも覚えよう！　文全体の主語になる間接疑問文

ここまで勉強してきたもの以外でも、さまざまな疑問文がよく間接疑問文になって使われます。ここでもう一度、疑問詞についてまとめてさらっておきましょう。

- □ when　いつ〔時〕
- □ who　だれが〔人〕
- □ what　何〔もの〕
- □ why　なぜ〔理由〕
- □ where　どこで〔場所〕
- □ whose　だれの〔所有物〕
- □ which　どちらの
- □ how　どのように〔方法〕；どのくらい〔程度〕

その中でもhowはその後に形容詞や副詞をともなって、「どのくらいの～」と、ものの程度をたずねる表現がたくさんあります。もちろんこれらも間接疑問文で使うことができます（次のSection88でくわしく学習します）。

STEP2 単語と例文で音読訓練しよう！ 🎧 CD2 35

☐ ❶ **I don't know why that man was arrested.**
私はなぜその男性が逮捕されたのか分かりません。

☐ ❷ **The doctor told us why baby's skin is very smooth.**
その医者は私たちに、赤ちゃんの肌はなぜとてもなめらかなのか言った。

☐ skin [skín] 名 肌
☐ smooth [smúːð] 形 なめらかな

☐ ❸ **I want to know why they can't stop surfing the net.**
私はなぜ彼らがネットサーフィンを止められないのか知りたいです。

☐ surf the net インターネットを見て回る

☐ ❹ **Please tell me why the worker didn't keep the rules.**
なぜその労働者が規則を守らなかったのか、私に教えてください。

☐ keep [kíːp] 動 （法律などを）守る；保つ

☐ ❺ **Please tell me why these gifts are on the table.**
なぜこれらの贈り物が机の上にあるのか、私に教えてください。

☐ gift [gíft] 名 贈り物

☐ ❻ **We know why fresh air is important for our health.**
私たちはなぜ新鮮な空気が健康に重要かを知っています。

☐ air [éər] 名 空気

☐ ❼ **I understand why some people are working with masks.**
私はなぜマスクをつけて働いている人々がいるか理解している。

☐ ❽ **Do you know why Kate got on the wrong train?**
なぜケイトが間違った電車に乗ったのか分かりますか。

☐ wrong [rɔ́ːŋ] 形 間違った

中学3年　間接疑問文③

- ❾ **We don't know how we should behave here.**
  私たちはここでどう行動するべきなのか分かりません。

- ❿ **I can understand how you felt.**
  私はあなたがどのように感じたか理解できます。
  - feel [fiːl] 動 感じる

- ⓫ **Please tell us how these people overcame the problems.**
  この人々がどのように問題を克服したか我々に教えてください。
  - overcome [òuvərkám] 動 克服する

- ⓬ **I want to know how people celebrate national holidays.**
  私は人々がどうやって国民の休日を祝うか知りたいです。
  - celebrate [séləbrèit] 動 祝う
  - national holiday [nǽʃənl hálədèi] 名 国民の休日
  - holiday [háːlədèi] 名 休日

- ⓭ **Please show me how the machines were invented.**
  どうやってその機械が発明されたのか、私に教えてください。
  - invent [invént] 動 発明する

- ⓮ **They taught me how they pronounced "l" and "r" correctly.**
  彼らは私に、どのように「l」と「r」を正しく発音するか教えた。
  - pronounce [prənáuns] 動 発音する
  - correctly [kəréktli] 副 正しく

- ⓯ **Nobody knows how the animals escaped from the cages.**
  どのようにして動物がおりから逃げたのかだれも知りません。
  - escape [iskéip] 動 逃げる

- ⓰ **Do you know how we should get to the post office?**
  あなたは郵便局に着くにはどうすべきか知っていますか。
  - post office [póust ɔ́ːfis] 名 郵便局

STEP3 エクササイズで復習しよう！

正しいものを選びましょう。
1. The expert explained (how the accident happened / how did the accident happen).
   その専門家はどのようにその事故が起こったのかを説明しました。

2. Please tell me (why the man didn't / why didn't the man) come.
   なぜ、その男性が来なかったのか、私に教えてください。

次の日本語の意味を表すように、（　）の中の英単語を並べ替えましょう。
1. 私は、なぜあなたが教師になったのかということに興味があります。
   (why / interested / in / am / you / became / teacher / a / I).

2. 私は、どのように子どもが言葉を学習するのか、知りたいです。
   (to / how / children / I / want / language / a / learn / know).

日本語を英語にしましょう。
1. なぜその労働者が規則を守らなかったのか、私に教えてください。

2. どのようにしてその機械が発明されたのか、私に教えてください。

3. その医者は私たちに、赤ちゃんの肌はなぜとてもなめらかなのか言った。

4. 彼らは私に、どのように「l」と「r」を正しく発音するか教えました。

5. 私たちはどのようにここで行動するべきなのか分かりません。

☆正解は477ページ☆

Section 88 間接疑問文④ how + 形容詞[副詞]

例文
Please tell me how old your children are.
（あなたの子どもたちが何歳なのか、私に教えてください）
I know how far it is from the bank to the hospital.
（私は銀行から病院までどれくらいの距離があるか知っています）

STEP1 文法ルールを学ぼう！

howにはもう1つ大切な使い方があります。それは、Section87に出てきた「方法」ではなく、「どれだけ～」という意味で「程度」を表します。

〈how + 形容詞[副詞] + S V〉　どれだけの[形容詞/副詞] SはVするのか（程度）

この場合も、ほかの疑問詞のときと同様、〈how + 形容詞[副詞]〉の後は、SVという語順になります。例文を見ていきましょう。

How old are your children?　←疑問文
　　　　　 V　 S
Please tell me how old your children are.　←間接疑問文
　　　　　　　 how 形容詞　 S　　　　 V
How far is it from the bank to the hospital?
　　　　 V S
I know how far it is from the bank to the hospital.
　　　 how 形容詞　S V

これも覚えよう！　いろいろなhow + 形容詞[副詞]

〈how + 形容詞[副詞]〉の種類はいろいろあります。まとめて見てみましょう。

□ how many + 数えられる名詞　　いくつの[名詞]
□ how much + 数えられない名詞　どのくらいの量の[名詞]
□ how much　いくら　　　　　　□ how old　　何歳
□ how long　どれくらいの期間　　□ how often　どのくらいよく
□ how far　　どれくらいの距離　　□ how tall [high]　どのぐらいの高さ

例　Could you tell me how many friends you had in America?
（あなたはアメリカで何人の友達がいたか教えてくれませんか）

STEP2 単語と例文で音読訓練しよう！ 🎧 CD2 36

☐ ❶ Please tell me how old your children are.
あなたの子どもたちが何歳なのか私に教えてください。

☐ ❷ I know how far it is from the bank to the hospital.
私は銀行から病院までどれだけの距離があるか知っている。
- ☐ from ~ to… ～から…まで
- ☐ bank [bǽŋk] 名 銀行

☐ ❸ We don't know how many dinosaurs there were on this planet.
私たちはどれくらいの数の恐竜がこの惑星にいたのか知らない。
- ☐ dinosaur [dáinəsɔ̀:r] 名 恐竜
- ☐ planet [plǽnit] 名 惑星

☐ ❹ I was surprised to know how many people died of cancer.
私はどれだけの数の人々ががんで死んだのか知って驚いた。
- ☐ die of ~ ～で死ぬ

☐ ❺ I'm interested in how far we can go from here on foot.
私は徒歩でここからどれほど遠くまで行けるか興味がある。
- ☐ on foot 徒歩で

☐ ❻ I'm not sure how tall my daughter will be in a few years.
私は2～3年後娘がどれくらいの身長になるか分からない。

☐ ❼ I can't imagine how many ordinary people were killed in this accident.
私はどれくらいの一般の人々がこの事故で死んだのか想像できない。
- ☐ ordinary [ɔ́:dəneri] 形 一般の

☐ ❽ I want to know how far it is from the station to the bus stop.
私は、駅からバス停までがどれだけの距離か知りたい。
- ☐ bus stop [bʌ́sstɑ̀p] 名 バス停

中学 3 年　間接疑問文④

☐ ❾ I don't know how tall my son will be in a couple of years.
私は息子が2～3年でどれだけの背の高さになるか分からない。

☐ a couple of 2～3の

☐ ❿ I'll check how many capitals of nations in the world you remember.
私は世界のいくつの首都をあなたが覚えているか確認しましょう。

☐ capital [kǽpətl] 名 首都

☐ ⓫ Please tell me how old your lovely baby will be next year.
あなたの愛らしい赤ちゃんが来年で何歳になるのか教えてください。

☐ lovely [lʌ́vli] 形 愛らしい

☐ ⓬ Please tell me how old this ballpark will be next year.
来年でこの球場ができてどれくらい経つのか教えてください。

☐ ⓭ Please tell me how many countries you visited during the summer vacation.
夏休みの間あなたが何ヵ国を訪れたか教えてください。

☐ during [djúəriŋ] 前 ～の間
☐ summer vacation 夏休み

☐ ⓮ Can you guess how tall my son is now?
あなたは私の息子が今どれくらいの身長か推測できますか。

☐ guess [gés] 動 推測する

☐ ⓯ Can you imagine how far it is from Earth to Mars?
あなたは地球から火星までがどれくらいの距離か想像できますか。

☐ Mars [má:rz] 名 火星
☐ Earth [ə́:rθ] 名 地球

☐ ⓰ Can you imagine how many words he was able to memorize?
あなたは彼がどれだけの数の単語を暗記できたか想像できますか。

☐ memorize [méməràiz] 動 暗記する

| 月 日 | 月 日 | 月 日 |

STEP3 エクササイズで復習しよう！

正しいものを選びましょう。

1 I don't know (how old she will be / how old will be she) next year.
　私は来年で彼女が何歳になるのか知りません。

2 Please tell us (how far is it / how far it is) from here to the station .
　ここから駅までどれくらいの距離があるのか教えてください。

次の日本語の意味を表すように、（　）の中の英単語を並べ替えましょう。

1 私は、銀行から病院まで、どれくらいの距離なのか知りたいです。
　(far ／ the ／ to ／ how ／ is ／ want ／ from ／ it ／ know ／ I ／ bank) to the hospital.

2 私はその小さな少年が2〜3年後どれくらいの身長になっているのか知りたいです。
　(to ／ how ／ the little boy ／ I ／ want ／ tall ／ will ／ be ／ know) in a few years.

日本語を英語にしましょう。

1 夏休みの間あなたが何カ国を訪れたか教えてください。

2 私たちはどれくらいの数の恐竜がこの惑星にいたのか知りません。

3 あなたの愛らしい赤ちゃんは来年で何歳になるのか教えてください。

4 私はどれくらいの数の人々ががんで死んだのか知って驚きました。

5 あなたは彼がどれくらいの数の単語を暗記できたか想像できますか。

☆正解は477ページ☆

Section 89 感嘆文 howとwhat

例文
How stupid he is!（彼はなんておろかなのでしょう）
What a kind girl she was!
（彼女はなんて親切な少女だったのでしょう）

STEP1 文法ルールを学ぼう！

感嘆文とは簡単に言うと、驚きを表す表現です。「なんて〜なのでしょう」と覚えておけばいいでしょう。感嘆文には、howとwhatを用いる2種類の作り方があります。

```
How ＋ 形容詞   ＋ S V 〜！
     [副詞]
            Sはなんて[形容詞/副詞]なのでしょう
What ＋(a)＋ 形容詞 ＋ 名詞(s)＋ S V 〜！
            Sはなんて[形容詞]な[名詞]なのでしょう
```

感嘆文の最後には、「！（エクスクラメーションマーク）」をつけます。

He was stupid.（彼はおろかだった）　←ふつうの文
➡ **How** **stupid** he was!　←感嘆文
　　　形容詞　S　V

She was a kind girl.（彼女は親切な少女だった）　←ふつうの文
➡ **What a** **kind** **girl** she was!　←感嘆文
　　　形容詞　名詞　S　V

なお、これらの感嘆文の最後のSVは、省略されることが多いです。

✏ これも覚えよう！ 「正直」にご注意を⁉

He is a very honest boy.（彼はとても正直な少年です）を感嘆文に書きかえると、What **an** honest boy he is! となります。honestはhという子音字から始まっていますが、最初の音が母音であるために、冠詞はaではなくanにする必要があります。

STEP2 単語と例文で音読訓練しよう！

❶ **How** stupid he is!
彼はなんて愚かなのでしょう。

- stupid [stjúːpid]
  形 愚かな

❷ **How** pretty she was!
彼女はなんてかわいかったのでしょう。

❸ **How** nervous the man is!
その男性はどれほど緊張しているのでしょう。

❹ **How** sacred these areas were!
これらの地域はなんて神聖だったのでしょう。

- sacred [séikrid]
  形 神聖な

❺ **How** brave these soldiers were!
これらの兵隊はなんて勇敢だったのでしょう。

❻ **How** fresh these vegetables are!
これらの野菜はなんて新鮮なのでしょう。

❼ **How** sweet the peaches look!
その桃はなんて甘そうに見えるのでしょう。

❽ **How** clearly the man answered the questions!
その男性はなんてはっきりと質問に答えたのでしょう。

- ❾ **What a kind girl she was!**

  彼女はなんて親切な少女だったのでしょう。

- ❿ **What a greedy man he was!**

  彼はなんて欲深い男性だったのでしょう。

  □ greedy [gríːdi] 形 欲深い

- ⓫ **What a personal and complex problem he has!**

  彼はなんて個人的で複雑な問題を持っているのでしょう。

  □ complex [kəmpléks] 形 複雑な

- ⓬ **What social animals human beings are!**

  人間はなんて社会的な動物なのでしょう。

  □ social [sóuʃəl] 形 社会的な

- ⓭ **What vivid pictures they were!**

  それらはなんて生き生きとした絵だったのでしょう。

  □ vivid [vívid] 形 生き生きとした

- ⓮ **What a comfortable environment we live in!**

  私たちはなんて心地よい環境で生活しているのでしょう。

  □ comfortable [kʌ́mfərtəbl] 形 心地よい

- ⓯ **What faithful dogs they are!**

  それらはなんて忠実な犬なのでしょう。

- ⓰ **What a good sense of humor he has!**

  彼はなんてよいユーモアのセンスを持っているのでしょう。

  □ sense [séns] 名 センス
  □ humor [hjúːmər] 名 ユーモア
  □ a sense of humor ユーモアのセンス

| 月 日 | 月 日 | 月 日 |

STEP3 エクササイズで復習しよう！

次の文のveryを[　]の単語に書きかえて感嘆文を作りましょう。

1 The word is very important.（その単語は、とても重要です。）[how]

2 These are very difficult problems.（これらはとても難しい問題です。）[what]

3 The soldier was very brave.（その兵隊は、とても勇敢でした。）[how]

次の空所に入るものを選んで丸で囲みましょう。

1 (　) book this is!　　　① What a good　② How a good　③ Very good
2 (　) girls they are!　　① What cute　② How cute　③ What a cute
3 (　) the train could run!　① What fast　② How fast　③ What a fast

日本語に合うように並び変えましょう。

1 その男性は、なんて一生懸命働いたのでしょう。
　（how ／ worked ／ man ／ hard ／ the）!

2 彼女の話は、なんと面白いのでしょう。
　（interesting ／ how ／ her ／ story ／ is）!

3 それは、なんと高い自転車なのでしょう。
　（expensive ／ what ／ bicycle ／ an ／ is ／ it）!

4 彼らは、なんとかっこいい俳優なのでしょう。
　（they ／ cool ／ what ／ actors ／ are）!

中学3年　感嘆文

☆正解は477ページ☆

Section 90 付加疑問文
肯定文 + 否定形 + S

例文
Mary is happy, isn't she? (メアリーは幸せですね)
They will buy an electric heater, won't they?
（彼らは、電気ヒーターを買うでしょうね）

STEP1 文法ルールを学ぼう！

付加疑問文というのは、相手に同意などを求めるときに使う「～ですね？」や「～でしょう？」というものです。肯定文の後に、「,（カンマ）」と否定形＋主語を置きます。

be動詞を使った肯定文	+, +**be動詞**
一般動詞を使った肯定文	+, +**do[does]**
助動詞を使った肯定文	+, +**助動詞**

の否定の短縮形＋S＋？

前の文の主語が固有名詞やthe boysのような名詞である場合、最後に置くSは代名詞にします。過去形の場合は、be動詞はwasn'tかweren't、一般動詞はdidn't、助動詞はそれぞれ過去形の否定の短縮形にします。

```
              固有名詞や名詞は代名詞におきかえる
Mary is happy, isn't       she?
              , be動詞の否定  主語
They will buy an electric heater, won't they?
                                , 助動詞の否定  主語
```

これも覚えよう！　元の文が否定文の場合

もとの文が否定文の場合は、付加疑問文の部分にnotを使わずに作ります。

例 **She can't walk, can she?** (彼女は歩くことができないのですね)

なお、元の文が否定文の付加疑問文への答え方は注意しなければなりません。

「はい、歩けません」　→ No, she can't.
「いいえ、歩けます」　→ Yes, she can.

英語では、No,の後には否定の表現、Yes,の後には肯定の表現が来ます。日本語に引きずられて「Yes, she can't.」などとしないように気をつけましょう。

STEP2 単語と例文で音読訓練しよう！ CD2 38

❶ **Mary is happy, isn't she?**
メアリーは幸せですね。

❷ **The man is intelligent, isn't he?**
その男性は知的ですね。

❸ **These ladies are very kind, aren't they?**
これらの女性はとても親切ですね。

❹ **The helmet was very hard, wasn't it?**
そのヘルメットはとても固かったですね。

- helmet [hélmit] 名 ヘルメット
- hard [háːrd] 形 固い

❺ **The soap smells sweet, doesn't it?**
その石鹸は甘いにおいがしますね。

- smell [smél] 動 ～なにおいがする

❻ **She has a cotton handkerchief, doesn't she?**
彼女は木綿のハンカチを持っていますね。

- cotton [kátn] 名 木綿

❼ **He donated a lot of money to the charity, didn't he?**
彼はたくさんのお金を慈善団体に寄付しましたね。

- donate [dóuneit] 動 寄付する
- charity [tʃærəti] 名 慈善団体

❽ **The boy has a slight fever, doesn't he?**
その少年は少し熱がありますね。

- slight [sláit] 形 少しの
- fever [fíːvər] 名 熱

中学 **3** 年　付加疑問文

- ❾ **There are many cows in this area, aren't there?**
  - この地域には多くのメウシがいますね。
  - □ cow [káu] 名 メウシ

- ❿ **There is a large shelf in this room, isn't there?**
  - この部屋には大きな棚がありますね。
  - □ shelf [ʃélf] 名 棚

- ⓫ **There was a pharmacist in the drugstore, wasn't there?**
  - その薬局には薬剤師がいましたね。
  - □ pharmacist [fáːrməsist] 名 薬剤師

- ⓬ **They will buy an electric heater, won't they?**
  - 彼らは電気ヒーターを買うでしょうね。
  - □ electric [iléktrik] 形 電気の
  - □ heater [híːtər] 名 ヒーター

- ⓭ **There aren't any scientists here, are there?**
  - ここには科学者は1人もいませんね。

- ⓮ **The car company will introduce a new model, won't it?**
  - その車の会社は新モデルを導入するでしょうね。
  - □ introduce [ìntrədjúːs] 動 導入する

- ⓯ **She can make a delicious stew, can't she?**
  - 彼女はおいしいシチューを作れるんですね。
  - □ stew [stjúː] 名 シチュー

- ⓰ **The little boy can't count to ten, can he?**
  - その小さな少年は10まで数えられないんですね。
  - □ count [káunt] 動 数える

STEP3 エクササイズで復習しよう!

次の空所に入るものを選びましょう。

1 These are very big discoveries, (   ) ?
   ① aren't they   ② isn't it   ③ didn't they

2 Mr. Brown will answer your questions, (   ) ?
   ① doesn't he   ② won't he   ③ won't they

3 You have a good car, (   ) ?
   ① doesn't it   ② don't you   ③ aren't you

空所をうめて、付加疑問文を作りましょう。

1 Those helmets were very hard, (   ) ?
   あれらのヘルメットはとても固かったですよね。

2 She has an good opinion, (   ) ?
   彼女は、良い意見を持っているのですね。

3 He can jump very high, (   ) ?
   彼はとても高くジャンプできるのですね。

日本語に合うように並べ替えましょう。

1 あなたの祖母は、毎朝、早く起きるのですね。
   You grandmother (in / morning / gets / early / up / doesn't / she / the / ,) ?

2 あなたの息子は、来年、ロンドンに行くのですね。
   Your son (he / going / to / go / year / next / is / London / to / isn't / ,) ?

3 あなたは、かっこいい車を買ったのですね。
   You (didn't / cool / a / bought / car / you / ,) ?

4 彼女たちは、とても素晴らしい女性ですね。
   They (aren't / very / women / are / wonderful / they / ,) ?

☆正解は477ページ☆

Section 91 現在完了形① 経験用法「Vしたことがある」

例文
I have visited Kyoto once.
（私は1度、京都を訪れたことがあります）

He has visited Kyoto once.
（彼は1度、京都を訪れたことがあります）

STEP1 文法ルールを学ぼう！

英語は、動詞の形を変えることによって時間のちがいを表します。この、「時間を表す動詞の形」を時制と言います。これまで学習した現在形・過去形・未来形・現在進行形・過去進行形のほかに、これから学習する現在完了形と呼ばれる時制があります。

現在完了形は〈have [has] + Vpp〉で表します。日本語では、「Vしたことがある（経験）」と「ずっとVしている（継続）」と「（もう）Vしてしまった（完了）」の3つがあり、ここでは、経験を表す用法を学習します。

I visited Kyoto.
 Vp
　←「（過去のある時点において）京都を訪れた」という単なる事実

I have visited Kyoto once.
 have + Vpp　　　　（1度）
　←「（過去から現在までの間に）京都を訪れた経験がある」という、過去から現在にかけての経験

ここで使われるhave[has]は、動詞ではなく助動詞です（だから「持っている」という意味はない）。また、haveは「've」、hasは「's」と短縮できます。

なお、「一度も～したことがない」と否定したい場合は、have[has]とVppの間にneverを置きます（→Section94で学習します）。

これも覚えよう！　手がかりになる語句

現在完了形は、大きく分けて3種類の用法があるので、それぞれで使われる語句を手がかりにして、意味の理解を仕分けることが大切です。ここでは、経験用法とともによく使われる語句を紹介しておきましょう。

- □ before（主に文の最後で）以前に
- □ once（主に文の最後で）1度
- □ twice（主に文の最後で）2度
- □ three times（主に文の最後で）3度

STEP2 単語と例文で音読訓練しよう！ CD2 39

☐ ❶ **He has visited Kyoto once.**
彼は1度、京都を訪れたことがあります。

☐ once [wʌ́ns] 副 1度

☐ ❷ **I have never eaten boiled octopus.**
私はゆでたタコを食べたことがありません。

☐ never [névər] 副 一度も〜ない
☐ boil [bɔ́il] 動 ゆでる
☐ octopus [ɑ́ktəpəs] 名 タコ

☐ ❸ **I have seen a snake before.**
私は以前に、ヘビを見たことがあります。

☐ before [bifɔ́ːr] 前 前に
☐ snake [snéik] 名 ヘビ

☐ ❹ **She has won the contest twice.**
彼女は2度、そのコンテストに入賞したことがあります。

☐ twice [twáis] 副 2回

☐ ❺ **Jake has made the suggestion many times.**
ジェイクは何度も提案をしたことがあります。

☐ suggestion [səgdʒéstʃən] 名 提案

☐ ❻ **Tom has shaken hands with the actor before.**
トムは以前その俳優と握手をしたことがあります。

☐ shake hands with 〜
〜と握手する

☐ ❼ **Lucy has learned sign language before.**
ルーシーは以前手話を学んだことがあります。

☐ sign language [sáin læŋgwidʒ] 名 手話

☐ ❽ **Sally has used this shampoo once.**
サリーはこのシャンプーを1度使ったことがあります。

☐ shampoo [ʃæmpúː] 名 シャンプー

中学3年 現在完了形①

☐ ❾ Ken has ordered a hamburger in English times.

ケンは何度か英語でハンバーガーを注文したことがある。

☐ order [ɔ́ːrdər] 動 注文する

☐ ❿ I have held a baby koala in New Zealand before.

私は以前、ニュージーランドで赤ちゃんコアラを抱いたことがある。

☐ New Zealand [zíːlənd] 名 ニュージーランド

☐ ⓫ She's never eaten *udon* nooldles.

彼女はうどんを食べたことがありません。

☐ noodle [núːdl] 名 麺

☐ ⓬ We've never seen a wild bear.

私たちは野生のクマを見たことがありません。

☐ wild [wáild] 形 野性の
☐ bear [béər] 名 クマ

☐ ⓭ He's had a severe stomachache before.

彼は以前、激しい腹痛がしていました。

☐ severe [səvíər] 形 激しい

☐ ⓮ People in this region have seen a falling stone several times.

この地域の人々は数回、隕石を見たことがあります。

☐ fall [fɔ́ːl] 動 落ちる
☐ falling stone [fɔ́ːl stóun] 名 いん石

☐ ⓯ I have never eaten such a large steak before.

私はこんなに大きなステーキを食べたことがありません。

☐ ⓰ I've never seen such a beautiful woman as you before.

私はあなたのように美しい女性に会ったことがありません。

| 月 日 | 月 日 | 月 日 |

STEP3 エクササイズで復習しよう！

正しいものを選びましょう。

1 I (was visiting / have visited) Paris before.
   私は、以前パリを訪れたことがあります。

2 We (have met / were meeting) that actress many times.
   私たちは、何度もあの女優に会ったことがあります。

3 I (have eaten / eaten) Japanese pizza once.
   私は、お好み焼きを1度食べたことがあります。

日本語に合うように並べ替えましょう。

1 私はこの話を、2度聞いたことがあります。
   I (heard / have / story / this) twice.

2 私達は何度もあの雑誌を読んだことがあります。
   We (times / read / have / magazine / that / many).

3 彼女はその有名な教授に以前に会ったことがあります。
   (professor / famous / met / has / before / she / the).

日本語を英語にしましょう。

1 私の息子は英語でハンバーガーを注文したことある。

2 私の祖母は以前手話を学んだことがあります。

3 彼は以前、激しい腹痛がありました。

4 私の兄は何度も提案をしたことがあります。

☆正解は477ページ☆

Section 92 現在完了形② 継続用法「ずっとVしている」

例文 I have studied English for 10 years.
（私は英語を10年間勉強しています）

STEP1 文法ルールを学ぼう！

ここでは、〈have[has] + Vpp〉で過去から現在にかけての継続を表す「ずっとVしている」という意味の「継続用法」を学びましょう。

I study English.
　現在形
← 「私が（習慣的に）英語を勉強する」という現在の事実

I have studied English for 10 years.
　have + Vpp　　　　　　（～の間）
← 「私が（10年前から今まで）英語を勉強している」という、過去から現在までの継続

ここではbe、live、know、studyのような、主語の状態を表す動詞や、長い間続けられたり繰り返されたりする行動を表す動詞がよく使われます。

これも覚えよう！　継続用法で使われる語句

■**since ～**　～以来ずっと　※～の部分には、名詞のほかにＳＶを続けられます。
　例　since last year　　　　　　　　　　　　　　（昨年からずっと）
　　　since I came to Tokyo　　　　　　　　　　（私が東京に来てからずっと）

■**for ～**　～の間ずっと
　例　for five years　（5年間）　　for a couple of years　（2～3年の間）

■**年号を表す数字**

　上に出てきたsinceと一緒に、「2002」や「1999」などといった具体的な年号を表す数字が良く使われます。日本語とちがい英語では、年号を下から２けたずつ区切って上から読むのが基本です。ただし、1000年と2000年は、one[two] thousandと読みます。

　例　645　→6と45　→six (hundred and) forty-five
　　　1999→19と99→nineteen (hundred and) ninety-nine
　　　2011→20と11→twenty eleven または two-thousand eleven

STEP2 単語と例文で音読訓練しよう！

❶ I have studied English for 10 years.
私は英語を10年間勉強しています。

❷ She has lived in Malaysia since 2002.
彼女は2002年からマレーシアに住んでいます。
- Malaysia [məléiʒə] 名 マレーシア
- since [síns] 前 ～以来

❸ He's had this mobile phone for a year.
彼はこの携帯電話を1年間所有しています。
- mobile phone [móubəlfóun] 名 携帯電話

❹ The cat has been asleep for half an hour.
そのネコは30分間眠っています。
- half an hour [hæf ən áuər] 形 30分

❺ The patient has been very ill since last week.
その患者は先週からとても具合が悪くなっています。
- patient [péiʃənt] 名 患者

❻ The passenger has waited for their departure for almost an hour.
その乗客はほぼ1時間出発を待っている。
- departure [dipá:rtʃər] 名 出発
- almost [ɔ́:lmoust] 副 ほとんど

❼ The actress has kept a diary since last spring.
その女優は昨年の春から日記をつけています。
- spring [spríŋ] 名 春

❽ Mary has had a headache since last October.
メアリーは去年の10月以来ずっと頭痛がしています。
- October [aktóubər] 名 10月
- headache [hédèik] 名 頭痛

中学3年　現在完了形②

407

- ❾ **David has known my brother since 1999.**

  デビッドは1999年から私の兄を知っている。

- ❿ **They've stayed in Singapore since they retired.**

  - Singapore [síŋəpɔ̀:r] 名 シンガポール

  彼らは退職してからずっとシンガポールにいます。

- ⓫ **She's been sick in bed since last August.**

  - sick in bed 病気で寝ている
  - August [ɔ́:gəst] 名 8月

  彼女は昨年の8月からずっと病気で寝ています。

- ⓬ **He's been dead for 30 years.**

  - dead [déd] 形 死んだ

  彼は30年間死んだままである。(彼は30年前に死にました)

- ⓭ **Mike and Kate have been good friends ever since they graduated.**

  マイクとケイトは卒業してからずっとよい友だちです。

- ⓮ **These immigrants have been in San Francisco for more than 20 years.**

  - immigrant [ímigrənt] 名 移民
  - San Francisco [sæn frənsískou] 名 サンフランシスコ

  これらの移民たちは20年以上、サンフランシスコにいます。

- ⓯ **They've lived in Bangkok since their son was born.**

  - Bangkok [bæŋkɑk] 名 バンコク

  彼らは息子が生まれてからずっとバンコクにいます。

- ⓰ **She's stayed in the desert without water for two days.**

  - desert [dézərt] 名 砂漠
  - without [wiðáut] 前 ～なしに
  - water [wɑ́:tər] 名 水

  彼女は2日間、水なしで砂漠に滞在しています。

| 月 日 | 月 日 | 月 日 |

STEP3 エクササイズで復習しよう！

正しいものを選びましょう。

1. I (have live / have lived) in Singapore for ten years.
   私はシンガポールに10年間住んでいます。

2. We (have stayed / have staying) at this hotel for a week.
   私たちは1週間このホテルに滞在しています。

3. She (has known / have known) him for six months.
   彼女は彼を知って6ヶ月になります。

日本語に合うように並べ替えましょう。

1. 私達の家族は、5年間、大阪に住んでいます。
   (family／for／has／lived／my／Osaka／in) 5 years.

   _____

2. 私達は彼のことを知って2週間になります。
   (known／we／him／have／two／for／weeks).

   _____

3. 彼女は昨晩からずっと仕事をしています。
   (she／worked／since／last／has／night).

   _____

日本語を英語にしましょう。

1. その乗客はほぼ1時間出発を待っている。

   _____

2. そのネコは30分間眠っています。

   _____

3. メアリーは去年の10月以来ずっと頭痛がしています。

   _____

4. 彼は30年前に死にました。

   _____

☆正解は477~8ページ☆

Section 93 現在完了形③
完了用法「もうVしてしまった」

例文
We **have already eaten** our dessert.
（私たちは、デザートをすでに食べてしまいました）

Your plane **has just taken** off.
（あなたの飛行機はちょうど離陸しました）

STEP1 文法ルールを学ぼう！

過去と現在の両方の意味合いを持つ現在完了形は、〈have[has] + Vpp〉という形で表され、「経験（→Section91）」「継続（→Section92）」「完了」という3つの用法があります。

ここでは、なにかが完了していることを表す「（もう）Vしてしまった（今）Vしたところだ」という意味の「完了用法」を学びましょう。

We ate our dessert.
　　[Vp]
←「私たちが（過去のある時点において）デザートを食べた」という過去の事実

We **have already eaten** our dessert.
　　　　　(すでに)
　　　[have + Vpp]
←「私たちが（過去の行いによって今現在すでに）デザートを食べ終わってしまっている」という、動作の完了

Your plane took off.
　　　　　[Vp]
←「あなたの飛行機が（過去のある時点において）離陸した」という過去の事実

Your plane **has just taken** off.
　　　　　(ちょうど)
　　　[has + Vpp]
←「あなたの飛行機が（過去の行いによって今ちょうど）離陸したところだ」という動作の完了

✎ これも覚えよう！　完了用法で使われる語句

完了用法とともによく使われる語句を確認しておきましょう。

☐ just（主にhaveとVppの間で）　　　ちょうど
☐ already（主にhaveとVppの間で）　もうすでに

justは「今ちょうど～したところだ」という直前の完了を、alreadyは「すでに～してしまっている」という完了の状態を表現します。上の2つの例文を見比べてみると、そのニュアンスがわかりやすいのではないでしょうか。

STEP2 単語と例文で音読訓練しよう！ CD2 41

❶ We have already eaten our dessert.
私たちはデザートをすでに食べてしまいました。

- dessert [dizə́ːrt] 名 デザート
- already [ɔːlrédi] 副 すでに

❷ Your plane has just taken off.
あなたの飛行機はちょうど離陸しました。

- take off 離陸する

❸ He's already introduced her to his parents.
彼はすでに彼女を自分の両親に紹介しました。

- introduce [ìntrədjúːs] 動 紹介する
- introduce ~ to… ~を…に紹介する

❹ The old man has just left the showroom.
その老人はちょうど展示室を出たところです。

- showroom [ʃóu rúːm] 名 展示室

❺ You have already borrowed some books from the public library.
あなたはすでに公立図書館から本を数冊借りています。

- public [pʌ́blik] 形 公の

❻ I've just talked with the referee.
私はちょうど審判と話をしたところです。

- referee [rèfəríː] 名 審判

❼ My mother has already dressed casually.
私の母はすでに普段着になっています。

- dress [drés] 動 服を着る
- casually [kǽʒuəli] 副 カジュアルに

❽ My boss has just signed his contract.
私の上司は契約にちょうど署名をしたところです。

- sign [sáin] 動 署名をする

中学 3 年　現在完了形 ③

- ❾ **Taku has already received a postcard from her.**

  タクは彼女からすでにハガキを受け取っています。

  □ postcard [póustkáːrd] 名 ハガキ

- ❿ **I have just finished my homework.**

  私はちょうど宿題を終えたところです。

- ⓫ **My father has already refused to buy this product.**

  私の父はすでにこの製品を買うことを断っています。

  □ refuse [rɪfjúːz] 動 断る

- ⓬ **The news reporter has just left the office.**

  ニュースレポーターはちょうどオフィスを出たところです。

  □ news reporter [njúːz ripóːrtər] 名 ニュースレポーター

- ⓭ **The students have already learned about ancient Rome.**

  学生たちは古代ローマについてすでに学習しました。

- ⓮ **A frog has just jumped onto the rock.**

  カエルがちょうど岩の上にジャンプしました。

  □ frog [frág] 名 カエル
  □ onto [ántə] 前 〜の上に

- ⓯ **The moon has already risen in the sky.**

  月は空にすでに出ています。

  □ moon [múːn] 名 月

- ⓰ **The sun has just set in the west.**

  太陽が西にちょうど沈んだところです。

  □ sun [sán] 名 太陽
  □ set [sét] 動 (太陽や月が)沈む
  □ west [wést] 名 西

STEP3 エクササイズで復習しよう！

正しいものを選びましょう。

1 I (have just told / have telling just) him the truth.
私はちょうど彼に真実を話しました。

2 My son (has just finished / have just finished) lunch.
私の息子は昼食をちょうど終えたところです。

3 The plane (have just taken / has just taken) off.
その飛行機はちょうど離陸しました。

日本語に合うように並べ替えましょう。

1 彼女の父はちょうど新聞を読んだところです。
Her father (already / read / has / newspaper / the).

----

2 あなたの上司はちょうどオフィスに戻ってきました。
(boss / come / just / your / has / back) to the office.

----

3 学生たちはちょうど帰宅したところです。
(students / home / just / have / come / the).

日本語を英語にしましょう。

1 学生たちは古代ローマについてもうすでに学習しました。

----

2 ニュースレポーターはちょうどオフィスを出ました。

----

3 その老人はちょうど展示室を出たところです。

----

4 太陽はちょうど東（east）の方向に上がりました。

☆正解は478ページ☆

Section 94 現在完了形④ 経験・継続用法の否定文

例文
I **have never seen** a priest **before**.
（私は以前僧侶を見たことがありません）

My cousin **hasn't worked** here **since** last month.
（私のいとこは先月からここで働いていません）

STEP1 文法ルールを学ぼう！

現在完了形の否定文は、have [has] とVppの間にnotを置くのが基本です。短縮形を用いて、haven'tやhasn'tとすることもできます。

ただ、「Vしたことがある」という経験用法の否定文で「1度も～したことがない」と言う場合は、notの代わりにneverを使って表します。

I have　　　　seen a priest before.　← 「見たことがある」という経験

haveとVppの間にneverを置く
I **have** never **seen** a priest before.
　　 have + Vpp　　　　　　　　　　　　　← 「見たこと（経験）がない」と否定する

My cousin has　　worked here since last month.
　　　　　　　　　　　　　　　　　　　　　← 「先月から働いている」という継続

hasとVppの間にnotを置く
My cousin **has** not **worked** here since last month.
　　 has + Vpp　　　　　　　　　　　　　← 「先月から働いていない」という継続（否定）

これも覚えよう！　完了形で大活躍する言葉

完了形では、be動詞の過去分詞形のbeenが大活躍します。

① **have been to ～**（～に行ったことがある）⇨ 経験用法
　例　I **have never been** to America before.
　　（私はアメリカに行ったことが1度もありません）

② **have been in ～**（～にいる；～に住んでいる）⇨ 継続用法
　例　He **has been** in Australia for a month.
　　（彼は1ヶ月間、オーストラリアにいます）

STEP2 単語と例文で音読訓練しよう！ 🎧 CD2 42

☐ ❶ **I have never seen a priest before.**

私は以前、僧侶を見たことがありません。

☐ ❷ **The young man has never owned a gun before.**

その若者は以前、銃を所有したことがありません。

☐ gun [gÁn] 名 銃

☐ ❸ **My brother has never climbed Mt. Fuji before.**

私の兄は富士山に登ったことがありません。

☐ Mt. Fuji [máunt fúːdʒí] 名 富士山

☐ ❹ **My little daughter has never seen a rainbow before.**

私の小さな娘は以前に虹を見たことがありません。

☐ rainbow [réinbòu] 名 虹

☐ ❺ **I've never had a toothache before.**

私は以前、歯が痛くなったことがありません。

☐ toothache [túːθèik] 名 歯の痛み

☐ ❻ **Kate has never seen the pyramids.**

ケイトはピラミッドを見たことがありません。

☐ pyramid [pírəmìd] 名 ピラミッド

☐ ❼ **He has never been to the memorial park.**

彼はその共同墓地に行ったことがありません。

☐ memorial park [məmɔ́ːriəl páːrk] 名 共同墓地

☐ ❽ **He's not used this pillow for a month.**

彼は1ヶ月間、この枕を使っていません。

☐ ❾ **I have not played the drum for 10 years.**

私は10年間たいこを演奏していません。

☐ ❿ **She's not lived in my neiborhood since 2002.**

彼女は2002年から私の近所に住んでいません。

☐ neighborhood [néibərhùd] 名 近所

☐ ⓫ **The beetle hasn't moved for a couple of hours.**

そのカブトムシは2〜3時間動いていません。

☐ beetle [bíːtl] 名 カブトムシ

☐ ⓬ **Their salary hasn't been equal since last year.**

彼らの給料は昨年から平等ではありません。

☐ salary [sǽləri] 名 給料
☐ equal [íːkwəl] 形 平等

☐ ⓭ **Jim hasn't been in Sapporo to do his business since March.**

ジムは3月から仕事をするために札幌にいません。

☐ March [máːrtʃ] 名 3月

☐ ⓮ **My cousin hasn't worked here since last month.**

私のいとこは先月からここで働いていない。

☐ cousin [kʌ́zn] 名 いとこ

☐ ⓯ **They haven't studied computers for a year.**

彼らは1年間コンピュータを学んでいません。

☐ ⓰ **They haven't been here to avoid the conflict since the end of last year.**

彼らはその衝突を避けるため、昨年末からずっとここにいない。

☐ avoid [əvɔ́id] 動 避ける
☐ conflict [kənflíkt] 名 衝突
☐ end [énd] 名 終わり

| 月 日 | 月 日 | 月 日 |

STEP3 エクササイズで復習しよう！

次の文を否定文にしましょう。

1 I have lived in Tokyo for a long time.

....

2 I have visited London before.

....

日本語に合うように並べ替えましょう。

1 彼は長い間ドイツにいません。
（long ／ been ／ Germany ／ not ／ has ／ in ／ he ／ a ／ for ／ time）

....

2 私はそれほど長い間、ロンドンに滞在していません。
I (not ／ have ／ stayed ／ London ／ in) for such a long time.

....

日本語を英語にしましょう。

1 私はたいこを10年間演奏していません。

....

2 その若者は以前、銃を所有したことがありません。

....

3 彼らの給料は昨年から平等ではありません。

....

経験・継続・完了用法の区別をしましょう。

1 I have been in Tokyo since I graduated. [　　　]
2 My family has visited Rome several times before. [　　　]
3 The train has already left the station. [　　　]

☆正解は478ページ☆

Section 95 現在完了形⑤ 完了用法の否定文

例文
I have not realized my dream yet.
（私はまだ、私の夢を実現していません）
She has not brushed her teeth yet.
（彼女はまだ歯を磨いていません）

STEP1 文法ルールを学ぼう！

　現在完了形の否定文は、have [has] とVppの間にnotを置いて作るのが基本ということは学習しましたね。ここでは、「もうVしてしまった」という完了用法の否定文「まだVしていない」を学習しましょう。完了用法を否定文にするときには、justやalreadyの代わりに、「まだ（〜ない）」という意味のyetという単語を使うのが一般的です。
　〈have [has] + not + Vpp 〜 + yet.〉という形になります。

I have already realized my dream. ←実現してしまった（完了）
　　　　すでに（完了した状態を表す）
I have not realized my dream yet. ←まだ実現していない
　have[has]+Vppの間に not　　（まだ〜ない）
She has just brushed her teeth. ←磨いてしまった（完了）
　　　　　ちょうど（直前の完了を状態を表す）
She has not brushed her teeth yet. ←まだ磨いていない
　　　have[has]+Vppの間に not　（まだ〜ない）

これも覚えよう！　have gone toの考え方

　I have gone to America. という文をどのように考えますか？
　have gone to 〜は一般的に、「〜に行ってしまった（もうここにはいない）」という意味の、完了用法の表現なのです。前のセクションに出てきたhave been to 〜（〜に行ったことがある）は経験用法なので区別して覚えましょう。

　例　He has already gone to Beijing. （彼はすでに北京へ行ってしまった）
　　　He has been to Beijing before. （彼は以前北京に行ったことがある）

STEP2 単語と例文で音読訓練しよう！ CD2 43

❶ **I have not realized my dream yet.**
私はまだ、私の夢を実現していません。

□ realize [ríːəlàiz]
動 実現する

❷ **She has not brushed her teeth yet.**
彼女はまだ歯を磨いていません。

❸ **You have not taken a shower yet.**
あなたはまだシャワーを浴びていません。

□ take a shower
シャワーを浴びる

❹ **The baby has not fallen asleep yet.**
その赤ちゃんはまだ眠りに落ちていません。

□ fall asleep
眠りに落ちる

❺ **My son has not written them down yet.**
私の息子はまだそれらを書きとめていない。

□ write down
書きとめる

❻ **The doctor hasn't examined his patients yet.**
その医者はまだ患者を検査していません。

❼ **People have not put on their coats yet.**
人々はまだコートを身につけていません。

□ put on ～
～を身につける

❽ **His wife hasn't forgiven him yet.**
彼の妻は彼をまだ許していません。

□ forgive [fərgív] 動 許す

中学 **3** 年 　現在完了形 ⑤

❾ My cousin has not gone to Beijing yet.

☐ Beijing [bèidʒíŋ] 名 北京

私のいとこはまだ北京へ行っていません。

❿ The young men haven't gotten jobs yet.

その若い男たちはまだ仕事を得ていません。

⓫ The tourists haven't seen the Japanese garden yet.

その旅行者たちはまだ日本庭園を見ていません。

⓬ Charlie hasn't eaten another slice of pizza yet.

チャーリーはまだピザをもう1枚食べていません。

⓭ Mary has not gone to Paris to study art yet.

☐ Paris [pǽris] 名 パリ

メアリーはまだ、芸術を学ぶためにパリへ行っていない。

⓮ They have not understood the company's motto yet.

☐ motto [mátou] 名 モットー

彼らは会社のモットーをまだ理解していない。

⓯ The workers have not gone to another branch office in Tokyo yet.

☐ branch office [bræntʃɔ́:fis] 名 支店

その労働者たちはまだ東京の別の支店に行っていない。

⓰ My grandparents have not gone to Brazil to watch soccer games yet.

☐ grandparents [grǽndpèərənts] 名 〔複〕祖父母
☐ Brazil [brəzíl] 名 ブラジル

私の祖父母はまだ、サッカーの試合を見るためにブラジルへ行っていない。

| 月 日 | 月 日 | 月 日 |

STEP3 エクササイズで復習しよう！

次の文章を否定文にしましょう。

1 My brother has already eaten another slice of pizza.

----

2 The tourists have already seen the Japanese garden.

日本語に合うように並べ替えましょう。

1 彼は、まだ仕事を終えていません。
（yet ／ finished ／ work ／ has ／ his ／ he ／ not ）．

----

2 私のいとこは、まだ韓国に行っていません。
（has ／ cousin ／ yet ／ gone ／ my ／ to ／ Korea ／ not ）．

日本語を英語にしましょう。

1 その旅行者たちは、まだ、日本庭園を見ていません。

----

2 人々は、まだコートを身につけていません。

----

3 その労働者たちはまだ、東京の別の支店に行っていません。

経験・継続・完了用法の区別をしましょう。

1 My son and daughter has gone to the amusement park. [　　]
2 I have been in Sapporo since I was born. [　　]
3 Mike has been to Okinawa before. [　　]

☆正解は478ページ☆

Section 96 現在完了形⑥ 疑問文と答え方

例文
Have you removed the snow from the roof yet?
（あなたは、屋根の雪をもう取り除きましたか）
Have you ever seen a ghost before?
（あなたは以前に、幽霊を見たことがありますか）
Yes, I have.（はい、あります）
No, I have not [haven't].（いいえ、ありません）

STEP1 文法ルールを学ぼう！

現在完了形の完了用法の疑問文は基本的に、〈Have + S + Vpp 〜 ?〉という語順で表せます。

「Sは今までにVしたことがありますか」という経験用法の場合、Vppの前にever（今までに）という単語を置いて〈Have S ever Vpp 〜 ?〉と表現することが多いです。

「SはもうVしてしまいましたか」という完了用法では、〈Have S Vpp 〜 yet?〉のように、yet（もうすでに）を文末に置くことが多いです。

| **Have** | **you** | **ever** | **seen** | a ghost before? ←経験用法 |
| have | S | ever | Vpp | everによって、経験を問われていることが明らかに！ |

答え方は、Yes, S have [has].（はい）や No, S have [has] not.（いいえ）です。経験用法では、No, never.（いいえ、1度も）とも答えられます。

これも覚えよう！ 完了用法と過去形の違いって？

たとえば、I lost my wallet.（過去形）とI have lost my wallet.（完了形）では何が違うのでしょうか。完了形のhave lostはlost（失った）という状態を、今もhaveしている（持っている）と考えるとわかりやすいのではないでしょうか。つまり、完了形のhave lostの方は、「財布をなくして、今もまだ見つかっていない」という事実が隠されているのです。一方過去形は、過去の事実のみを伝えているので、それが見つかったかどうかについては不明のままなのです。

STEP2 単語と例文で音読訓練しよう！

❶ Have you ever seen a ghost before? / Yes, I have.
あなたは以前に、幽霊を見たことがありますか。/ はい。

- ghost [góust] 名 幽霊

❷ Have you removed the snow from the roof yet? / No, I haven't.
あなたは屋根の雪を取り除きましたか。/ いいえ。

- snow [snóu] 名 雪
- roof [rúːf] 名 屋根

❸ Have you ever swum across the river?
あなたはかつてその川を泳いで渡ったことがありますか。

- across [əkrɔ́ːs] 前 ～を横切って

❹ Has your father ever joined a fireworks display? / Yes, he has.
あなたの父親はかつて、花火大会に参加したことがありますか。/ はい。

- fireworks display [fáiəwəːrks displéiz] 名 花火大会

❺ Have you ever become a leader?
あなたはかつてリーダーになったことがありますか。

- leader [líːdər] 名 リーダー

❻ Have you ever been to Hawaii before?
あなたは以前、ハワイに行ったことがありますか。

- Hawaii [həwáiiː] 名 ハワイ

❼ Have they gone to the beautiful islands? / Yes, they have.
彼らは美しい島々へ行ってしまったのですか。/ はい。

❽ Has he lived near the national borders for a year?
彼は1年間、国境近くに住んでいますか。

- national border [nǽʃənl bɔ́ːrdər] 名 国境線

中学 **3** 年　現在完了形⑥

- ❾ **Has** she **used** this belt for a month? ／ No, she hasn't.
  彼女はこのベルトを1ヶ月間使っていますか。／いいえ。
  - belt [bélt] 名 ベルト

- ❿ **Have** Mike and Ken **been** good friends for a long time?
  マイクとケンは長い間親友ですか。
  - for a long time 長い間

- ⓫ **Has** Janet **been** in Fukuoka since last May?
  ジャネットは昨年の5月から福岡にいますか。
  - May [méi] 名 5月

- ⓬ **Have** your family members **been** fine since then?
  あなたの家族はそのとき以来元気ですか。

- ⓭ **Has** Bob **ever experienced** an earthquake before? ／ No, he hasn't.
  ボブは以前に、地震を経験したことがありますか。／いいえ。
  - experience [ikspíəriəns] 動 経験する

- ⓮ **Has** he **ever visted** the historical places in Vietnam?
  彼はベトナムの歴史的な場所を訪れたことがありますか。
  - historical [histɔ́:rikəl] 形 歴史的な

- ⓯ **Have** the biologists **made** a speech in this hall yet?
  生物学者たちはもうこのホールでスピーチをしましたか。
  - biolosist [baiɑ́lədʒist] 名 生物学者
  - hall [hɔ́:l] 名 ホール

- ⓰ **Has** this movie director **been** in Nara prefecture for three months?
  その映画監督は3ヶ月間奈良県にいますか。
  - prefecture [prí:fektʃər] 名 県

| 月 日 | 月 日 | 月 日 |

STEP3 エクササイズで復習しよう！

次の文を疑問文にして、[ ]を使って答えましょう。

1 You have eaten French food. [yes]

2 The tourists have already seen the festival. [no]

日本語に合うように並べ替えましょう。

1 (have / you / ever / joined) a fireworks display?
あなたはかつて、花火大会に参加したことがありますか。

2 (have / become / a / leader / ever / you / before)?
あなたは以前に、リーダーになったことがありますか。

3 (to / they / before / ever / have / been / Hawaii)?
彼らは以前に、ハワイに行ったことがありますか。

日本語を英語にしましょう。

1 あなたの家族はそのとき以来元気ですか。はい。

2 あなたはかつてその川を泳いで渡ったことがありますか。はい。

3 生物学者たちはもうこのホールでスピーチをしたのですか。いいえ。

空所にはいる適切なものを選びましょう。

1 Has your best friend ( ) to the ballpark before? [   ]
① visited ② been ③ went

2 Have you ( ) in Tokyo for a long time? [   ]
① come ② gone ③ been

3 Has Mike ( ) to Okinawa alone? [   ]
① went ② came ③ gone

☆正解は478ページ☆

中学 **3** 年　現在完了形 ⑥

Section 97 現在完了形⑦ How many times ~ ?

例文 How many times have you used this plastic bag?
（あなたは何回このビニール袋を使いましたか）

STEP1 文法ルールを学ぼう！

　現在完了形とともによく使われる疑問詞を学びましょう。How many times ~ ? は、「何度」や「何回」という意味で、主に経験用法や完了用法とともに使われます。How many timesの後ろには疑問文が続きます。つまり、〈How many times have[has] S Vpp ~ ?〉で、「Sは何回Vしたことがありますか」という、頻度や回数をたずねる疑問文を作れます。

```
You have used this plastic bag before.  ←ふつうの文
    使ったことがある
Have you used this plastic bag before?   ←疑問文
    使ったことがあるか？
How many times have you used this plastic bag?
    何回？           ↑疑問文が続く        ↑回数を聞く疑問文
```

　答え方としては、I have used it twice.（2回使いました）のように、〈S have[has] Vpp ~〉の文の最後に回数をつけて答えるか、Twice.（2回です）のように、回数だけを答えてもいいです。
　否定する場合は、I have never used it.のように、〈S have[has] never Vpp ~〉の形で答えます。これも〈S have[has] Vpp ~〉の部分を省略して、Never.（1度もありません）だけで答えてもいいですね。

✏ これも覚えよう！ 回数・頻度をたずねるもう1つの表現

　それは**how often**です。how many timesと同じように使えます。
　例　How many times have you been to Korea by ship?
　　→ How often have you been to Korea by ship?
　　（あなたは何度船で韓国へ行きましたか）

STEP2 単語と例文で音読訓練しよう！ 🎧 CD2 45

❶ **How many times have you used this plastic bag?**
あなたは何回このビニール袋を使いましたか。

- plastic bag [plǽstik bǽɡ] 名 ビニール袋

❷ **How many times have you visited the temple before?**
あなたは以前に何回そのお寺を訪れたことがありますか。

❸ **How many times has Tom noticed his error before?**
トムは何回彼の間違いに気づきましたか。

- notice [nóutis] 動 気づく
- error [érər] 名 間違い

❹ **How many times has this bear attacked oridinary citizens?**
このクマは何回一般市民を攻撃しましたか。

- citizen [sítəzən] 名 市民

❺ **How many times has Mary broken the rules?**
メアリーは何回規則を破ったことがありますか。

- break the rule(s) 規則を破る

❻ **How many times has the UN changed the international laws?**
国連は何回国際法を変えたことがありますか。

- the UN [ðə júːén] 名 国連

❼ **How many times have you made a comment about this topic?**
あなたはこの話題に関して何回コメントをしましたか。

- make a comment コメントをする

❽ **How many times have you tried to assist developing countries?**
あなたは何回発展途上国を援助しようとしましたか。

- try to 〜 〜しようとする
- assist [əsíst] 動 援助する

中学3年 現在完了形⑦

❾ **How many times** have Mike and Bob taken part in her concert?

マイクとボブは何回彼女のコンサートに参加しましたか。

- take part in 〜
  〜に参加する

❿ **How many times** has Mary listened to this classical music before?

メアリーは以前に何回このクラシック音楽を聴いたことがありますか。

- classical music [klǽsikəl mjúːzik] 名 クラシック音楽
- classical [klǽsikəl] 形 古典の

⓫ **How many times** has Jack used this musical instrument?

ジャックは何回この楽器を使ったことがありますか。

- musical instrument [mjúːzikəl ínstrəmənt] 名 楽器
- musical [mjúːzikəl] 形 音楽の
- instrument [ínstrəmənt] 名 器械

⓬ **How many times** has this researcher been to Kyoto before?

この研究者は以前に何回京都に行ったことがありますか。

- researcher [risə́ːrtʃər] 名 研究者

⓭ **How many times** have the astronauts been to the moon before?

宇宙飛行士たちは以前に何回月に行ったことがありますか。

⓮ **How many times** have you visted Hong Kong?

あなたは何回香港を訪れたことがありますか。

- Hong Kong [hɑ́ŋ kɑ̀ŋ] 名 香港

⓯ **How many times** have you been to the cram school this month?

あなたは今月何回塾に行きましたか。

- cram school [krǽm skùːl] 名 塾

⓰ **How often** have you been to Korea by ship?

あなたは船を使って何回韓国に行ったことがありますか。

- by ship
  船を使って

STEP3 エクササイズで復習しよう！

How many times を使って疑問文を作りましょう。

1. He has visited London twice.
   彼はロンドンに2度訪れたことがあります。

2. They have met that actress three times.
   彼らは3度あの女優に会ったことがあります。

3. I have used the new machine many times.
   私は何度も新しい機械を使ったことがあります。

日本語に合うように並べ替えましょう。

1. あなたは今までに、この話を何回聞いたことがありますか。
   (many / you / how / times / heard / have / ever) this story?

2. 彼女は何回規則を破ったのですか。
   (the / times / broken / how / has / she / many / rules).

3. 彼女は彼に以前何回に会ったことがありますか。
   (many / met / has / how / she / times / him) before?

日本語を英語にしてみましょう。

1. あなたはこの話題に関して何回コメントをしましたか。

2. メアリーは何回規則を破ったのですか。

3. このクマは何回一般市民を攻撃したのですか。

4. その男性は何回彼の間違いに気づきましたか。

☆正解は478ページ☆

Section 98 現在完了形⑧ How long ～ ?

例文 How long has he been in London?
（彼はどれくらいの間、ロンドンにいますか）

STEP1 文法ルールを学ぼう！

現在完了形とともに使われることの多い疑問詞をもう1つ学びましょう。How longは、「どれくらいの間」という意味の、期間を表す疑問詞で、おもに継続用法（完了用法のときもあります）とともに使われます。How longの後ろに続ける文は疑問文で、〈How long have[has] S Vpp ～ ?〉で、「Sはどれくらいの期間Vしていますか」という疑問文を作れます。

He has been in London for two weeks. ←ふつうの文
　　「～にいる」
Has he been in London for two weeks? ←疑問文
　「～にいるか?」
How long has he been in London? ←期間を聞く疑問文
どのくらいの間？　　↑疑問文が続く

期間を答える場合は、He has been there for three weeks. やHe's been there since last month. のように、for ～ や since ～ を使った現在完了の文で答えるといいでしょう。

これも覚えよう！　似てるが違う！ how far

how longと区別したい表現に、how farがあります。how longが「期間」をたずねる疑問詞なのに対し、how farは、「どれくらい遠く」と、「距離」をたずねます。

例　How far can the athlete throw the ball?
（そのアスリートは、ボールをどれくらい遠くまで投げることができますか）

| 月 日 | 月 日 | 月 日 |

STEP2 単語と例文で音読訓練しよう！ 🎧CD2 46

☐ ❶ **How long has he been in London?**

彼はどれくらいの間、ロンドンにいますか。

☐ ❷ **How long have you stayed at this excellent hotel?**

どれくらいの間、あなたはこの素晴らしいホテルに滞在していますか。

☐ excellent [éksələnt] 形 素晴らしい

☐ ❸ **How long have these children used this dirty water?**

どれくらいの間、この子どもたちはこの汚い水を使っていますか。

☐ dirty [də́ːrti] 形 汚い

☐ ❹ **How long have human beings depended on natural gas?**

人類はどれくらいの間、天然ガスに頼っていますか。

☐ natural gas [nǽtʃərəl gǽs] 名 天然ガス
☐ natural [nǽtʃərəl] 形 天然の

☐ ❺ **How long have these senior citizens used this community center?**

どれくらいの間、高齢者たちはこの公民館を利用していますか。

☐ senior citizen [síːnjər sítəzn] 名 高齢者
☐ community center [kəmjúːnəti séntər] 名 公民館

☐ ❻ **How long has Mary used that old rice cooker?**

メアリーはどれくらいの間、あの古い炊飯器を使ってますか。

☐ rice cooker 炊飯器

☐ ❼ **How long has he been a member of this club?**

彼はどれくらいの間このクラブの一員ですか。

☐ a member of 〜 〜の一員
☐ club [klʌ́b] 名 クラブ

☐ ❽ **How long have John and Bob been close friends?**

ジョンとボブはどれくらいの間仲のいい友だちですか。

中学3年 現在完了形⑧

❾ How long has Mr. Green been in charge of this class?

グリーン氏はどれくらいの間このクラスの担当なのですか。

- be in charge of 〜　〜の担当である

❿ How long have you been in Turkey?

あなたはどれくらいの間トルコにいるのですか。

- Turkey [tə́ːrki] 名 トルコ

⓫ How long has your father been in Washington?

あなたの父親はどれくらいの間ワシントンにいますか。

- Washington [wɑ́ʃɪŋtən] 名 ワシントン

⓬ How far is it from this gate to the station?

このゲートから駅までどれくらいの距離ですか。

⓭ How far did you run in just an hour?

あなたはわずか1時間で、どれくらいの距離を走りましたか。

- just [dʒʌ́st] 副 ちょうど

⓮ How far can the athlete throw the ball?

そのアスリートは、どれくらい遠くまでボールを投げられますか。

- throw [θróu] 動 投げる
- ball [bɔ́ːl] 名 ボール

⓯ How far can we go from the earth by spacecraft?

私たちは宇宙船で、地球からどれくらいの距離を行かれますか。

- earth [ə́ːrθ] 名 地球
- spacecraft [spéiskræft] 名 宇宙船

⓰ How far did he go from the entrance of this building in half an hour?

彼は30分でこの建物の入口からどれほど遠くまで行きましたか。

| 月 日 | 月 日 | 月 日 |

STEP3 エクササイズで復習しよう！

How longを使って疑問文を作りましょう。

1 You have lived in Turkey for ten years.
あなたはトルコに10年間住んでいます。

2 They have stayed at this excellent hotel for three days.
彼らは3日間、この素晴らしいホテルに滞在しています。

3 She has known him for six weeks.
彼女は彼を知って6週間になります。

日本語に合うように並べ替えましょう。

1 あなたの家族は、どれくらいの間、ワシントンに住んでいるのですか。
（long / family / has / lived / your / how）in Washington?

2 彼女はどれくらいの間、このコミュニティセンターで仕事をしているのですか。
（she / worked / long / has / how）at this community canter?

3 彼は、どれくらいの間、病気で寝ているのですか。
（he / been / how / has / sick / long / bed / in）?

日本語を英語にしましょう。

1 あなたの父親はどれくらいの間、ワシントンにいるのですか。

2 どれくらいの間、これらの子どもたちはこの汚い水を使っているのですか。

3 グリーン氏はどれくらいの間、このクラスの担当なのですか。

4 どれくらいの間、あなたはこの素晴らしいホテルに滞在しているのですか。

☆正解は479ページ☆

Section 99 接続詞① thatを使った表現

例文
That he is kind is true.（彼が親切であるということは本当です）
My hope is that the world is peaceful forever.
（私の希望は、世界が永遠に平和であるということです）
I know that they speak Spanish.
（私は彼らがスペイン語を話すということを知っています）

STEP1 文法ルールを学ぼう！

thatには「あれは」という代名詞としての働きや、〈that + 名詞〉で名詞を修飾し、「あの [名詞]」という形容詞としての働きがありますが、thatにはもう1つ、接続詞としての働きがあります。thatの後ろにSVの文を置いて、「SがVするということ」という意味のカタマリを作れます。またこのカタマリは、文のSやOやCの位置に置けます（名詞が置かれるところに置けるので、名詞節と呼ばれます）。「節」とは2語以上の単語のカタマリで、その中に主語と動詞を含むものです。これに似たもので「句」がありますが、SとVは含まれません。

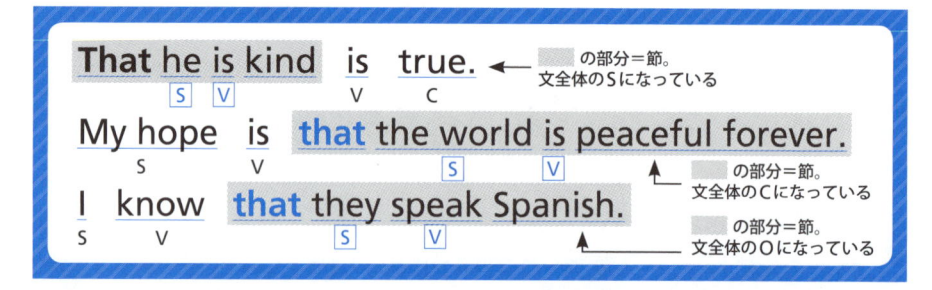

```
That he is kind   is   true.   ← ■の部分=節。
      S  V         V    C         文全体のSになっている

My hope   is   that the world is peaceful forever.
   S      V         S     V              ■の部分=節。
                                          文全体のCになっている

I  know   that they speak Spanish.
S   V           S     V              ■の部分=節。
                                      文全体のOになっている
```

📝 これも覚えよう！　省略されるthat

I think that he is kind.（私は、彼は親切だと思います）のように、that S Vが Oの位置で使われている場合、thatを省略して、I think he is kind. とすることもできます。

また、最初のSVを過去形にして、「私は〜と思いました」などとしたい場合は、thatの後ろの動詞や助動詞も過去形にしなくてはいけません。

STEP2 単語と例文で音読訓練しよう！

① **That** the earth goes around the sun is certain.

地球が太陽の周りを回っているというのは確かだ。

- certain [sə́:rtn] 形 確かな

② **That** the passenger lost the ticket is the fact.

その乗客がチケットをなくしたというのは事実だ。

- ticket [tíkit] 名 チケット

③ **That** Japan lost World War Ⅱ in 1945 is true.

日本が1945年に第二次世界大戦に負けたというのは本当です。

- World War Ⅱ [wə́:rld wɔ́:r túː] 名 第二次世界大戦

④ **That** he gave me 500 yen is not true.

彼が私に500円を与えたというのは、本当ではありません。

- yen [jén] 名 円

⑤ My hope is **that** the world is peaceful forever.

私の希望は、世界が永遠に平和であるということです。

- peaceful [píːsfəl] 形 平和な
- forever [fərévər] 副 永遠に

⑥ My dream is **that** I will succeed in having a large company.

私の夢は、大きな会社を持つのに成功するということです。

- dream [dríːm] 名 夢
- succeed in ～ ～に成功する

⑦ Our only hope is **that** our children will get along with each other.

私たちの唯一の望みは、子どもたちがお互いに仲良くやるということです。

- only [óunli] 形 唯一の
- hope [hóup] 名 希望
- get along with ～ ～と仲良くやる

⑧ The company's motto is **that** it will become the best company around the globe.

その会社のモットーは、世界でいちばんの会社になるということだ。

- around the globe 世界中で

中学3年 接続詞①

❾ I know that they speak Spanish.

私は彼らがスペイン語を話すということを知っています。

❿ I think that friendship is important.

☐ friendship [fréndʃip]
名 友情

私は、友情は重要だと思います。

⓫ We know that they are fond of mathematics.

☐ be fond of ~
　~を好きである

私たちは彼らが数学を好きであるということを知っています。

⓬ I believe that he went to the U.S. to learn management.

☐ U.S. [júːés] 名 アメリカ

私は彼が経営を学ぶためにアメリカへ行ったと信じている。

⓭ He doesn't know that this is one of the most popular songs in Japan.

☐ one of ~ ~の1つ

彼はこれが日本で最も人気のある歌の1つだということを知らない。

⓮ He found out that Shizuoka was famous for tea.

☐ be famous for
　~で有名な

彼は、静岡はお茶で有名だということを知りました。

⓯ Do you know that Mike has been to Mexico many times?

☐ Mexico [méksikòu]
名 メキシコ

マイクが何度もメキシコに行ったことがあるということを知っていますか。

⓰ Can you imagine that human beings will die out in the future?

☐ die out 絶滅する

人類が将来絶滅するということを想像できますか。

STEP3 エクササイズで復習しよう！

正しいものを選びましょう。

1. I think (that she is / that is she) beautiful.
   私は彼女は美しいと思います。
2. I don't think (that he is / that is he) kind.
   私は彼が親切だと思いません。
3. I believe (that they will / that will they) come here.
   私は彼らがここに来ると信じています。

日本語に合うように並べ替えましょう。

1. 私は彼がアメリカ人であることを知っています。
   I know (he / American / that / is).
2. 私達は彼がうそをついたということを知っています。
   We know (he / lie / told / a / that).
3. あなたは彼がここに来るということを知っていますか。
   Do you know (will / he / that / here / come)?
4. 地球が太陽の周りを回っているというのは本当です。
   (the / earth / around / moves / sun / the / that) is true.

日本語を英語にしましょう。

1. その乗客がチケットをなくしたというのは事実だ。
2. 私の希望は、世界が永遠に平和であるということです。
3. 私は彼が、科学に興味を持つだろうと思います。
4. 彼はこれが日本で最も人気のある歌の1つだということを知りません。
5. あなたは人類が将来絶滅するということを想像できますか。

☆正解は479ページ☆

Section 100 接続詞② whenやifを使った表現

例文
When I arrive at the lobby, I will call you.
I will call you when I arrive at the lobby.
（私はロビーに到着したら、あなたに電話します）

If it rains tomorrow, we won't go out.
We won't go out if it rains tomorrow.
（もし明日雨が降ったら、私たちは出かけません）

STEP1 文法ルールを学ぼう！

if S V（もしSがVすれば）やwhen S V（SがVするとき）のような意味のカタマリについて学習しましょう。後ろにS Vの文を続けることから、whenやifは接続詞と呼ばれます。

when S V	SがVするとき
When S_1 V_1〜 , S_2 V_2 ….	S_1がV_1するとき、
= S_2 V_2 … when S_1 V_1 〜.	S_2がV_2する
if S V	もしSがVすれば
If S_1 V_1〜 , S_2 V_2….	もしS_1がV_1すれば、
= S_2 V_2 … if S_1 V_1.	S_2がV_2する

When I arrive at the lobby, I will call you.
　S_1　V_1　　〜　　　　S_2　V_2

= I will call you when I arrive at the lobby.
　S_2　V_2　…　　　　S_1　V_1　　〜

✏️ これも覚えよう！ 現在形で未来を表す

If it rains tomorrow, we won't go out.のIf it rains tomorrowにあるように、ifやwhenの中で使われるVは、未来のことがらを表す内容でも、willを使わずに現在形を使います。

例 We **will go** shopping if it **will be** fine tomorrow. ➡ ✗
　　 We **will go** shopping if it **is** fine tomorrow. ➡ ◯

438

STEP2 単語と例文で音読訓練しよう！ CD2 48

☐ ❶ **When** I arrive at the lobby, I will call you.

☐ lobby [lábi]
名 (ホテルの) ロビー

私はロビーに到着したら、あなたに電話します。

☐ ❷ **When** he comes, we will go out together.

彼が来たら、私たちは一緒に出かけます。

☐ ❸ **When** John was a little boy, the color of his hair was different.

☐ color [kʌ́lər] 名 色

ジョンが小さな少年だったころ彼の髪の色は違っていた。

☐ ❹ **When** she was an elementary school student, she injured her right arm.

☐ right [ráit] 形 右の
☐ injure [índʒər]
動 傷つける

彼女が小学生だったとき、右腕を怪我しました。

☐ ❺ It began to rain suddenly **when** she got to the office.

☐ begin [bigín] 動 始まる
☐ suddenly [sʌ́dnli]
副 突然

彼女が職場に到着したとき、突然雨が降り始めた。

☐ ❻ The actor lived next to my house **when** I was 5 years old.

☐ next to ～　～の隣に

私が5歳だったときその俳優はうちの隣に住んでいた。

☐ ❼ He was still preparing for his presentation **when** I finished the work.

☐ presentation
[prèzəntéiʃən]
名 プレゼンテーション

私が仕事を終えたとき、彼はまだプレゼンの準備をしていた。

☐ ❽ Everyone laughed at me **when** I spoke.

☐ laugh [lǽf] 動 笑う
☐ laugh at　～を笑う

私が話をしたとき、みんな笑いました。

中学 **3** 年　接続詞 ②

- ❾ **If** the manager says, "Yes", we will carry out the plan.

  上司が「イエス」と言えば、私たちは計画を実行するだろう。

  - □ carry out　実行する

- ❿ **If** you hear the latest news, please contact me soon.

  もし最新のニュースを聞いたら、すぐに私に連絡してください。

  - □ contact [kántækt]　動 連絡をする

- ⓫ **If** I buy an electronic dictionary, I will give you my paper dictionary.

  私が電子辞書を買ったら、あなたに紙の辞書をあげます。

  - □ electronic dictionary　電子辞書

- ⓬ **If** the number of students increases, some of them won't be able to have a seat.

  もし学生数が増えれば、何人かの生徒は座れないでしょう。

  - □ the number of　〜の数
  - □ increase [inkríːs]　動 増える

- ⓭ We won't go out **if** it rains tomorrow.

  もし明日雨が降ったら、私たちは出かけません。

- ⓮ We will go on a picnic **if** it is fine tomorrow.

  明日晴れたら、私たちはピクニックに行くつもりです。

  - □ go on a picnic　ピクニックに行く

- ⓯ You can learn many things **if** you attend the workshop this afternoon.

  今日の午後勉強会に出席すれば、あなたは多くのことを学べる。

  - □ workshop [wə́ːrkʃɑ̀p]　名 勉強会

- ⓰ What can we depend on **if** we use up fossil fuels?

  化石燃料を使い果たせば、私たちは何に頼れるのでしょうか。

  - □ use up　〜を使い果たす
  - □ fossil fuel [fɑ́səl fjúːəl]　名 化石燃料

STEP3 エクササイズで復習しよう！

正しいものを選びましょう。

1. (When he comes / When does he come) here, I will meet him.
   彼がここに来たとき私は彼に会うつもりです。
2. I will not go on a picnic (if it is rainy / if is it rainy) tomorrow.
   あした雨が降っていたら、私はピクニックに行かないだろう。
3. (When he was / When was he) young, he lived in Rome.
   彼は幼かったとき、彼はローマに住んでいました。

日本語に合うように並べ替えましょう。

1. 明日晴れれば、私は彼と出かけます。
   (is / it / if / sunny) tomorrow, I will go out with him.

2. 昨日私がここに来たとき、彼は、私に連絡をしてきました。
   (when / here / I / came) yesterday, he contacted me.

3. 忙しければ、あなたは来る必要がありません。
   (you / are / if / busy), you don't need to come.

4. 何か問題があったときには、すぐに電話をしてください。
   Please call me soon (a / have / problem / you / when).

[　]からはじめて、日本語を英語にしましょう。

1. 彼女が職場に到着したとき、突然、雨が降り始めた。[when]

2. 私がロビーに到着したら、あなたに電話します。[when]

3. 明日天気がよければ、私たちはピクニックに行くつもりです。[if]

4. 彼女が小学生だったとき、右腕を怪我しました。[when]

5. 私が電子辞書を買ったら、あなたに紙の辞書をあげます。[if]

☆正解は479ページ☆

Section 101 接続詞② beforeやafterを使った表現

例文
Before I went upstairs to sleep, I took some medicine.
（私は寝るために2階へ上がる前に、薬を飲みました）
She nodded with a smile after he explained it to her.
（彼が彼女にそれを説明した後、彼女は笑顔でうなずきました）
The man couldn't hear the door bell because he was asleep.
（その男性は眠っていたので、ドアのベルが聞こえませんでした。）

STEP1 文法ルールを学ぼう！

before S V（SがVする前）やafter S V（SがVする後）について学習しましょう。beforeもafterも接続詞です。before S Vもafter S Vも、後ろの動詞で未来を表す場合、willを使わずに現在形を用います。

before S V	SがVする前
after S V	SがVする後
Before [After] S₁ V₁〜, S₂ V₂ …	S₁がV₁する前[後]、S₂がV₂する
= S₂ V₂ … before [after] S₁ V₁ 〜	

After he went out, it began to rain.
　S₁　V₁　　　　S₂　V₂　　〜
= It began to rain after he went out.
　S₂　V₂　　…　　　S₁　V₁

これも覚えよう！　もう1つ覚えたい接続詞 because

becauseは原因を表す接続詞で、because S Vで「SがVするので」という意味のカタマリを作ることができます。

例　We had to cancel the plan because he couldn't come.
　= Because he couldn't come, we had to cancel the plan.
（彼が来られなかったので、私たちはその計画を取りやめなければならなかった）

STEP2 単語と例文で音読訓練しよう！ 🎧CD2 49

❶ Before I went upstairs to sleep, I took some medicine.

私は寝るために2階へ上がる前に、薬を飲みました。

- go upstairs 上の階へ上がる

❷ He learned how to use a knife and folk **before** he went to a French restrant.

彼はフランス料理店に行く前に、ナイフとフォークの使い方を学習した。

- fork [fɔ́ːrk] 名 フォーク
- French restrant フレンチレストラン

❸ Before you apply for the job, you should listen to his advice.

その仕事を申し込む前に、彼のアドバイスを聞くべきです。

- apply for ～ ～を申し込む

❹ Brad will look in the mirror **before** he goes on stage.

ブラッドはステージに上がる前に、鏡を見るでしょう。

- mirror [mírər] 名 鏡

❺ Before these children go into the room, they have to wash their hands.

これらの子供は部屋に入る前に、手を洗わねばなりません。

- hand [hǽnd] 名 手

❻ You will have to change your lifestyle **before** you go to the hospital.

あなたは病院に行く前に、生活様式を変えなくてはならないでしょう。

- change [tʃéindʒ] 動 変える
- lifestyle [láifstáil] 名 生活様式

❼ After she graduated from university, she went to Germany.

彼女は大学を卒業した後、ドイツに行きました。

- Germany [dʒə́ːrməni] 名 ドイツ

❽ She nodded with a smile **after** he explained it to her.

彼が彼女にそれを説明した後、彼女は笑顔でうなずきました。

- nod [nád] 動 うなずく
- smile [smáil] 名 笑み
- explain [ikspléin] 動 説明する

中学 **3** 年　接続詞 ②

443

☐ ❾ **After** he threw some paper into the trash can, he went out.

☐ trash can [trǽʃ kən] 名 ゴミ箱

彼はゴミ箱に紙を捨てたあと、外出しました。

☐ ❿ Jane will be back **after** she buys some food in a nearby town.

☐ be back 戻ってくる
☐ nearby [níərbái] 形 近くの

ジェーンは近くの町で食料を買った後に戻ってくるだろう。

☐ ⓫ **After** the stormy weather is over, the sky will be clear.

☐ weather [wéðər] 名 気候

暴風雨が終わった後、空は澄みわたるでしょう。

☐ ⓬ The man couldn't hear the door bell **because** he was asleep.

☐ doorbell [dɔ́ːrbél] 名 玄関のベル

その男性は眠っていたので、ドアのベルが聞こえませんでした。

☐ ⓭ He looked very sad **because** his partner went abroad.

パートナーが外国に行ったので、彼はとても悲しそうに見えた。

☐ ⓮ **Because** Jake went to the barber, he couldn't watch the game on TV.

☐ barber [báːrbər] 名 理髪師

ジェイクは理髪店に行ったので、テレビでその試合を見られなかった。

☐ ⓯ Everybody likes Sally **because** she is clever and reliable.

☐ reliable [riláiəbl] 形 頼りになる
☐ everybody [évribádi] 代 だれでも

サリーは賢くて頼りになるので、だれもが彼女を好きだ。

☐ ⓰ **Because** the game was the final one, nearly 50,000 people gathered.

☐ nearly [níərli] 副 およそ
☐ gather [gǽðər] 動 集まる

その試合は最後の試合だったので、約5万人の人々が集まった。

| 月 日 | 月 日 | 月 日 |

STEP3 エクササイズで復習しよう！

正しいものを選びましょう。

1 (Before you have / Before have you) dinner, you must wash your hands.
夕食を食べる前に手を洗わなければなりません。

2 She will be at home (before he comes / before comes he) home.
彼が家に帰ってくる前に、彼女は家にいるでしょう。

3 (After she comes / After does she come) back, she will call him.
彼女が戻ってきたら、彼女は彼に電話するだろう。

日本語に合うように並べ替えましょう。

1 (back / she / comes / after), she will practice the violin.
彼女は戻ってきたら、バイオリンを練習するでしょう。

2 She will study English (graduates / after / she / university / from).
彼女は大学を卒業後、英語を勉強するだろう。

3 (comes / before / back / she), you have to finish your job.
彼女が戻ってくる前に、あなたは仕事を終えなければなりません。

[　]からはじめて、日本語を英語にしましょう。

1 私は寝るために2階へ上がる前に、薬を飲みました。[before]

2 彼女は大学を卒業した後、ドイツに行きました。[after]

3 その男性は眠っていたので、ドアのベルが聞こえませんでした。[because]

4 暴風雨が終わった後、空は澄みわたるでしょう。[after]

5 あなたはその仕事を申し込む前に、彼のアドバイスを聞くべきです。[before]

☆正解は479ページ☆

重要ポイントをチェック！
接続に関する重要語句

セットで使う接続詞

接続詞のand、or、butは、ある特定の単語とセットで使うことができます。

□ **both ～ and …**　～と…の両方とも
　【例】He can speak **both** English **and** Japanese.（彼は英語も日本語も話せます）

□ **either ～ or …**　～か…のどちらか
　【例】**Either** he **or** you are wrong.（彼かあなたが間違っています）

□ **neither ～ nor …**　～も…もどちらもない
　【例】She speaks **neither** French **nor** Spanish.
　　　　　　　　　　　　　　　　（彼女はフランス語もスペイン語もどちらも話さない）

□ **not only ～ but（also）…**　～だけではなく…もまた
☆alsoは、省略されることも多いです。
　【例】His lecture is **not only** useful **but also** interesting.
　　　　　　　　　　　　　　　　　　（彼の授業は役に立つだけでなく面白い）

□ **not ～ but …**　～ではなく…である
　【例】Mr. White is **not** a teacher **but** a scholar.（ホワイト氏は先生ではなく学者です）

副詞のカタマリを作る接続詞

〈接続詞＋文〉というカタマリが、文全体の副詞を作ることがあります。（Section100や101で学習した、時を表す接続詞のwhen、after、beforeや、理由を表すbecauseなどはそれにあたります）。ＳとＶのあるカタマリを「節」と呼ぶので、この接続詞＋文のカタマリを副詞節と呼びます。いくつかの意味に分類して確認していきましょう。

1 時を表すもの

□ **while**　while Ｓ Ｖで「ＳがＶする間」という意味の副詞節を作れます。
　【例】**While** Bob went out, Kate cooked and cleaned.
　　　　　　　　　　　　　（ボブが外出している間に、ケイトは料理と掃除をしました）

□ **till（until）**　till Ｓ Ｖで「ＳがＶするまで（ずっと）」という意味の副詞節を作れます。なお、tillはuntilと同じように使えます。
　【例】We will help you **till（until）** you finish the work.
　　　　　　　　　　　　　　　　（私たちはあなたが仕事を終えるまで、あなたを助けます）

□ **as soon as**　as soon as Ｓ Ｖで「ＳがＶするとすぐに」という意味の副詞節を作れます。as soon asは3つの単語で1つの接続詞と考えます。
　【例】**As soon as** I left home, it began to rain.（私が家を出るとすぐ雨が降り始めた）

- □ **as** as S Vで「SがVするとき」という意味です。このasはwhenとほぼ同様の意味と考えましょう。
  - 【例】**As** we entered the room, we had a big earthquake.
    （私たちが部屋に入ったとき、大きな地震がありました）
- □ **since** since S Vで「SがVするとき以来（ずっと）」という意味です。
  - 【例】He has known her **since** he was 8 years old.
    （彼は8歳のとき以来、彼女を知っています）

2 理由を表すもの

- □ **as** as S Vで「SがVするので」というbecauseと同様の意味の副詞節を作れます。
  - 【例】**As** he is still young, he doesn't have a driver's license.
    （彼はまだ若いので、運転免許を持っていません）
- □ **since** since S Vで「SがVするので」というbecauseやasと同様の意味の副詞節を作れます。
  - 【例】**Since** it is fine today, let's go out.（今日は天気がいいので、外出しましょう）

3 譲歩を表すもの

- □ **though** though S Vで「SがVするけれども」という逆接の意味を表します。
  - 【例】**Though** he is rich, he doesn't look happy.
    （彼はお金持ちだけど、幸せそうに見えない）
- □ **although** although S Vで「SがVするけれども」という意味です。thoughとほぼ同じ使い方ができます。
  - 【例】He couldn't speak English **although** he was born in America.
    （彼はアメリカで生まれたけれど、英語を話せませんでした）

文と文をつなぐ役割をする副詞や前置詞のカタマリ

接続詞は2つの文をつなぐ働きをしますが、接続詞以外にも、意味的に文をつなげる働きをする大切な表現があります。ここに挙げる単語は接続詞ではないので、2つの文を1つにつなげることはできませんが、2つの文の意味的なつながりを明確にする重要なものなので確認をしておきましょう。

- □ **however** しかしながら
  - ☆前の文と後ろの文が逆の関係、または、対比の関係であることを表す副詞です。
  - 【例】I like mathematics. **However**, he doesn't like it.
    （私は数学が好きです。しかし、彼は（数学を）好きではありません）
- □ **for example** 例えば
  - ☆前の文の内容を、2つめの文で具体的な例を出して説明するときに使う前置詞のカタマリです。
  - 【例】Smoking is not good for your health. **For example**, it sometimes causes lung cancer.
    （喫煙はあなたの健康によくありません。たとえば、それは時には肺がんを引き起こします）

単語 > まとめてチェック！ 不規則動詞 ✓

過去形や現在完了などで使う動詞の過去形と過去分詞形が不規則に変化する重要な動詞をまとめました。

◆ 原形・過去形・過去分詞形で、すべて形が違うもの（A-B-C型）

原形		意味	過去形		過去分詞形	
be / is / am	[bíː] / [iz] / [ǽm]	である	was	[wəz]	been	[bíːn]
be / are	[bíː] / [áːr]	である	were	[wə́ːr]	been	[bíːn]
begin	[bigín]	始まる	began	[bigǽn]	begun	[bigʌ́n]
break	[bréik]	壊す	broke	[bróuk]	broken	[bróukən]
choose	[tʃúːz]	選ぶ	chose	[tʃóuz]	chosen	[tʃóuzn]
do	[dúː]	する	did	[díd]	done	[dʌ́n]
draw	[drɔ́ː]	描く	drew	[drúː]	drawn	[drɔ́ːn]
drink	[dríŋk]	飲む	drank	[drǽŋk]	drunk	[drʌ́ŋk]
drive	[dráiv]	運転する	drove	[dróuv]	driven	[drívən]
eat	[íːt]	食べる	ate	[éit]	eaten	[íːtn]
fall	[fɔ́ːl]	落ちる	fell	[fél]	fallen	[fɔ́ːlən]
fly	[flái]	飛ぶ	flew	[flúː]	flown	[flóun]
forget	[fərgét]	忘れる	forgot	[fərgát]	forgotten [forgot]	[fərgátn] [fərgát]
get	[gét]	得る	got	[gát]	got [gotten]	[gát] [gátn]
give	[gív]	与える	gave	[géiv]	given	[gívən]
go	[góu]	行く	went	[wént]	gone	[gɔ́ːn]
grow	[gróu]	成長する	grew	[grúː]	grown	[gróun]
hide	[háid]	隠れる	hid	[híd]	hidden	[hídn]
know	[nóu]	知っている	knew	[njúː]	known	[nóun]
lie	[lái]	横たわる	lay	[léi]	lain	[léin]
ride	[ráid]	乗る	rode	[róud]	ridden	[rídn]
rise	[ráiz]	上がる	rose	[róuz]	risen	[rízn]
see	[síː]	目にする	saw	[sɔ́ː]	seen	[síːn]

	原形		意味	過去形		過去分詞形	
☐	shake	[ʃéik]	振る	shook	[ʃúk]	shaken	[ʃéikən]
☐	show	[ʃóu]	見せる	showed	[ʃóud]	shown [showed]	[ʃóun] [ʃóud]
☐	sing	[síŋ]	歌う	sang	[sǽŋ]	sung	[sʌ́ŋ]
☐	speak	[spíːk]	しゃべる	spoke	[spóuk]	spoken	[spóukən]
☐	steal	[stíːl]	盗む	stole	[stóul]	stolen	[stóulən]
☐	swim	[swím]	泳ぐ	swam	[swǽm]	swum	[swʌ́m]
☐	take	[téik]	とる	took	[túk]	taken	[téikən]
☐	tear	[tíər]	裂く	tore	[tɔ́ːr]	torn	[tɔ́ːrn]
☐	throw	[θróu]	投げる	threw	[θrúː]	thrown	[θróun]
☐	wear	[wéər]	身に着ける	wore	[wɔ́ːr]	worn	[wɔ́ːrn]
☐	write	[ráit]	書く	wrote	[róut]	written	[rítn]

◆ 原形と過去分詞形が、同じ形になるもの（A-B-A型）

	原形		意味	過去形		過去分詞形	
☐	become	[bikʌ́m]	なる	became	[bikéim]	become	[bikʌ́m]
☐	come	[kʌ́m]	来る	came	[kéim]	come	[kʌ́m]
☐	run	[rʌ́n]	走る	ran	[rǽn]	run	[rʌ́n]

◆ 過去形と過去分詞形が、同じ形になるもの（A-B-B型）

	原形		意味	過去形		過去分詞形	
☐	bring	[bríŋ]	持ってくる	brought	[brɔ́ːt]	brought	[brɔ́ːt]
☐	build	[bíld]	建てる	built	[bílt]	built	[bílt]
☐	burn	[bə́ːrn]	燃える	burnt	[bə́ːrnt]	burnt	[bə́ːrnt]
☐	buy	[bái]	買う	bought	[bɔ́ːt]	bought	[bɔ́ːt]
☐	catch	[kǽtʃ]	捕まえる	caught	[kɔ́ːt]	caught	[kɔ́ːt]
☐	feel	[fíːl]	感じる	felt	[félt]	felt	[félt]
☐	find	[fáind]	見つける	found	[fáund]	found	[fáund]
☐	have	[hǽv]	持っている	had	[hǽd]	had	[hǽd]
☐	hear	[híər]	耳にする	heard	[hə́ːrd]	heard	[hə́ːrd]
☐	hold	[hóuld]	持つ	held	[héld]	held	[héld]
☐	keep	[kíːp]	保つ	kept	[képt]	kept	[képt]
☐	lay	[léi]	横たえる	laid	[léid]	laid	[léid]
☐	lead	[líːd]	導く	led	[léd]	led	[léd]
☐	leave	[líːv]	去る	left	[léft]	left	[léft]

原形		意味	過去形		過去分詞形	
☐ lend	[lénd]	貸す	lent	[lént]	lent	[lént]
☐ lose	[lúːz]	なくす	lost	[lɔ́ːst]	lost	[lɔ́ːst]
☐ make	[méik]	作る	made	[méid]	made	[méid]
☐ mean	[míːn]	意味する	meant	[mént]	meant	[mént]
☐ meet	[míːt]	会う	met	[mét]	met	[mét]
☐ pay	[péi]	支払う	paid	[péid]	paid	[péid]
☐ say	[séi]	言う	said	[séd]	said	[séd]
☐ sell	[sél]	売る	sold	[sóuld]	sold	[sóuld]
☐ send	[sénd]	送る	sent	[sént]	sent	[sént]
☐ shoot	[ʃúːt]	撃つ	shot	[ʃát]	shot	[ʃát]
☐ shine	[ʃáin]	輝く	shone	[ʃóun]	shone	[ʃóun | ʃɔ́n]
☐ sit	[sít]	座る	sat	[sǽt]	sat	[sǽt]
☐ sleep	[slíːp]	眠る	slept	[slépt]	slept	[slépt]
☐ spend	[spénd]	費やす	spent	[spént]	spent	[spént]
☐ stand	[stǽnd]	立つ	stood	[stúd]	stood	[stúd]
☐ teach	[tíːtʃ]	教える	taught	[tɔ́ːt]	taught	[tɔ́ːt]
☐ tell	[tél]	言う	told	[tóuld]	told	[tóuld]
☐ think	[θíŋk]	考える	thought	[θɔ́ːt]	thought	[θɔ́ːt]
☐ understand	[ʌ̀ndərstǽnd]	理解する	understood	[ʌ̀ndərstúd]	understood	[ʌ̀ndərstúd]
☐ win	[wín]	勝つ	won	[wʌ́n]	won	[wʌ́n]

◆ 原形・過去形・過去分詞形が、すべて同じ形のもの（A-A-A型）

原形		意味	過去形		過去分詞形	
☐ cost	[kɔ́ːst]	〈費用が〉かかる	cost	[kɔ́ːst]	cost	[kɔ́ːst]
☐ cut	[kʌ́t]	切る	cut	[kʌ́t]	cut	[kʌ́t]
☐ hit	[hít]	たたく	hit	[hít]	hit	[hít]
☐ hurt	[háːrt]	傷つける	hurt	[háːrt]	hurt	[háːrt]
☐ let	[lét]	〜させる	let	[lét]	let	[lét]
☐ put	[pút]	置く	put	[pút]	put	[pút]
☐ quit	[kwít]	やめる	quit	[kwít]	quit	[kwít]
☐ read	[ríːd]	読む	read	[réd]	read	[réd]
☐ set	[sét]	置く	set	[sét]	set	[sét]
☐ shut	[ʃʌ́t]	閉じる	shut	[ʃʌ́t]	shut	[ʃʌ́t]

索引

A

- a couple of 392
- a cup of 128
- a lot of 124
- a member of ～ 97
- a pair of ～ 234
- a sense of humor 396
- abroad 188
- accident 222
- accurately 290
- achieve 222
- achive 380
- acquire 356
- across 423
- act 198
- action movie 297
- active 280
- activity 174
- actor 23
- actress 24
- add 136
- admire 336
- advertise 360
- advice 264
- Africa 188
- after 72
- after dinner 72
- after school 152
- afternoon 85
- again 132
- against 140
- ago 115
- agree 191
- agree with 191
- aim for ～ 356
- air 387
- airline 332
- airport 226
- alive 120
- almost 407
- alone 174
- along 108
- aloud 107
- already 411
- always 290
- amazed 271
- ambition 279
- ambitious 239
- America 192
- American 49
- amount 226
- amusing 335
- ancient 275
- and 112
- angry 23
- animal 38
- announce 360
- another 230
- answer .... 115、166
- any 67
- anybody 376
- anyone 244
- anything 275
- apologize 183
- apologize to 183
- appear 383
- apple 33
- apple pie 72
- apply for 443
- April 298
- architect 343
- area 148
- argue 364
- argue against 364
- arm 324
- around 102
- around the globe 435
- arrange 375
- arrest 214
- arrive 156
- art 268
- article 221
- artist 340
- as 283
- ask .... 140、376
- asleep 49
- assist 427
- astronaut 256
- at 123
- at a ～ speed 206
- at a time 170
- at home 336
- at the age of 327
- at the moment 102
- at the same time 197
- athlete 28
- atomic bomb 344
- attack 343
- attend 135
- attention 213
- attitude 120
- August 408
- aunt 86
- Australia 192
- Australian 54
- autograph 280
- avoid 416
- award 328

B

- baby 85
- bad 351
- bag 37
- bake 284
- ball 432
- ballpark 161
- band 132
- Bangkok 408
- bank 391
- barber 444
- bark 93
- baseball 60
- basketball 60
- bass 205
- bath 82
- bathroom 112
- bay 256
- be afraid of ～ 174
- be back 444
- be born 383
- be covered with 344
- be curious about 280
- be famous for ～ 436
- be filled with 344
- be fond of ～ 436

be in charge of 432	bottle 169	candy 252
be interested in 187	bow 352	cap 256
be satisfied with 183	box 42	capital 392
bear .... 383、404	boy 20	captain 306
beautiful 24	branch office 420	car 42
because 174	brave 293	card 162
become 263	Brazil 420	careful 239
bed 139	break 136	carefully 124
beer 98	break the rule(s) 427	carelessly 217
beetle 416	breakfast 63	carpenter 27
before 403	bridge 97	carrot 50
before long 179	bring 131	carry 124
begin 156	brother 76	carry out 440
behave 180	brother-in-law 363	cartoon 339
behavior 222	brown 120	case .... 225、260
Beijing 420	build 97	castle 344
believe 264	building 120	casually 411
belt 424	burn 98	cat 46
bench 107	bury 344	catch 131
beside 170	bus 90	cause .... 198、226
between 251	bus stop 391	celebrate 388
between～and ··· 255	business 140	cell phone 225
bicycle 68	business person 140	century 344
big 34	busy 20	ceremony 328
bike 86	buy 90	certain 435
biology 147	by 375	certainly 229
biolosist 424	by -self 214	chair 101
bird 151	by plane 384	champion 379
birthday 173	by ship 428	change 173
biscuit 233	by the way 230	character 339
black 127	by train 201	charity 399
blackboard 355		chat 290
blanket 234	**C**	cheap 41
blow 383	cabinet 323	check 72
blow out～ 383	cafeteria 98	cheer 240
blue 340	cage 251	cheer up 240
boat 148	cake 102	cheerful 115
body 344	calculate 294	cheese 233
boil 403	calculator 209	chemical 310
bomb 260	calendar 251	chemist 293
bonus 271	call 162	chemistry 140
book 37	calm down 202	chess 279
bookcase 371	Cambodia 348	chicken 233
bookstore 259	camera 165	child 19
borrow 166	Canadian 23	children 112
borrow～from ··· 239	cancer 198	Chinese 68
boss 76	candle 383	chocolate 305

choose 162	community center 431	**D**
Christmas Day 384	company 136	dad 289
church 152	compare 124	dance 102
citizen 427	complain about ～ 144	dance to music 102
city 259	completely 214	dancer 27
city center 368	complex 396	dangerous 310
class 135	computer 37	dark 179
classical 428	concentrate on 364	dash 183
classical music 428	concert 132	daughter 82
classmate 367	conclusion 294	dead 408
classroom 107	conference 179	death 272
clean 90	confident 264	deceive 217
clear 115	conflict 416	decide 263
clearly 368	connect 180	decorate 323
clerk 343	contact 440	deep 306
clever 28	contest 161	delicious 41
client 143	continue 375	dentist 38
climate 298	contract 184	depart 213
climb 331	convenience store 267	department store 267
close .... 136、276	convenient .... 33、352	departure 407
closet 251	cook 64	depend 372
clothes 139	cookie 233	depend on 372
cloud 127	cool .... 46、183	describe 222
cloudy 179	copy machine 214	desert 408
club 431	correct .... 119、328	design 229
co-worker 294	correctly 388	designer 355
CO2 344	costume 251	desk 81
coach 309	cotton 399	dessert 411
coat 165	count 400	destroy 344
coffee 72	country 59	detective 339
cold 306	couple 111	develop 98
colleague 297	courage 222	developing country 268
collect 169	cousin 416	diamond 348
college 173	cover .... 340、344	diary 64
color 439	cow 400	dictionary 33
come 94	cram school 428	die 327
come back 132	creature 256	die of ～ 391
come into 198	crowded 368	die out 436
come to 94	cry 85	difference 251
come to a conclusion 371	cucumber 255	different 197
comedian 173	culture 97	difficult 37
comfortable 396	curry and rice 248	dig 247
comic book 71	cushion 328	dinner 64
comment 293	customer 173	dinosaur 391
common 352	cut 101	director 111
communicate 359	cute 28	dirty 431
community 180		disabled 367

● 453

disappear	384
discovered	379
discuss	112
dish	41
distance	210
do	151
do one's best	371
do one's homework	89
doctor	23
document	144
dog	41
doll	38
dolphin	251
donate	399
door	136
doorbell	444
downtown	279
drama	85
draw	135
dream	94
dress	165、411
drink	67
drive	63
driver	290
driver's license	376
driving test	124
drop	344
drowning	367
drugstore	152
drum	60
duck	151
during	392

E

e-mail	68
each other	140
eagle	205
earn	124
earphone	259
earth	392
earthquake	123
easy	42
eat	63
effectively	198
effort	214
egg	33
elderly	351

electric	400
electricity	139
electronic dictionary	440
elementary school	202
elephant	34
employ	170
employee	210
empty	260
encouraging	293
end	132、416
endangered	247
energetic	239
engine	309
English	37
English	63
enjoy	240
enough	275、367
enter	173
entrance	340
entrance examination	214
environment	239
equal	416
equally	218
eraser	42
error	427
erupt	183
escape	388
ethnic food	368
Europe	135
evening	191
event	155
every	63
everybody	444
everyone	368
everything	85
examine	93
excellent	431
exchange	124
excited	116
exciting	294
excuse	243
exercise	191
expand	226
expensive	37
experience	275、424
expert	206
explain	222

express	375
express train	306
extremely	275
eye	82

F

factory	222
fail	124
failure	272
fairly	214
faithful	119
fall	404
fall asleep	419
falling stone	404
family	128
famous	28
fan	144
fantastic	310
farmer	148
fast	127
fat	183
father	82
favorite	188
February	192
feed	217
feel	388
feeling	375
festival	169
fever	399
fight	140
fill	344
film	359
final	267
final exam	267
finally	379
find	131
find out	268
finding	301
fine	27
finish	136
fire	128
fireworks display	423
first	331
fix	139
flag	252
flight	229
floor	128

fluently	289
flute	60
fly	197
fold	344
follow	210
foolish	135
football	75
for a long time	424
for a minute	205
for a while	234
for an hour	198
foreign	280
forest	259
forever	435
forget	132
forgive	419
fork	443
fossil fuel	440
France	268
free	24
freedom	284
freedom of speech	284
French	81
French restrant	443
fresh	289
Friday	68
fridge	210
friend	27
friendly	115
friendship	436
frog	412
from	127
from ~	391
front	198
fruit	45
furniture	267
future	179

G

game	98
gap	255
garbage	243
garden	151
gate	248
gather	444
gentle	53
gentleman	102
geography	314
Germany	443
gesture	209
get	206
get along with	435
get off	360
get on	360
get to	201
get up	155
ghost	423
gift	387
girl	20
give a speech	161
glad	27
glass	230
glasses	275
global	222
global society	355
glove	324
go	86
go on a diet	183
go on a picnic	440
go out	352
go out for	192
go shopping	279
go to bed	155
go to school	90
go to ~	86
go upstairs	443
goal	222
golfer	53
good	33
goods	213
governor	289
gradually	344
graduate	135
grandchild	272
grandfather	76
grandmother	76
grandparents	420
graph	229
grass	102
great	20
greedy	396
grocery	267
ground	102
group	98
grow up	127
guess	392
guide	328
guitar	60
guitarist	328
gun	415
guy	135

H

hair	305
hair style	225
half an hour	407
hall	424
hamburger	148
hand	144
handkerchief	234
handout	359
handsome	45
hanger	276
happen	123
happy	19
hard	180, 399
hat	127
have	63, 67
have a good time	248
Hawaii	423
head office	376
headache	407
health	180
hear	127
heater	400
heavily	191
heavy	124
helmet	399
help	72, 124
help ~ with	214
helpful	264
her	82
here	94
hero	380
high	197, 206
high school	45
hill	98
himself	202
his	82
historical	424
history	198

hit 128	information 213	kind 24
hobby 264	injure 439	king 336
hold .... 324、328	ink 276	kitchen 93
hole 247	insect 205	kitten 305
holiday 388	instead 368	knife 41
homework 89	instructor 359	knit 279
honest 50	instrument 428	know 63
Hong Kong 428	intelligent 313	koala 293
hope .... 284、435	interesting 34	Korean 67
horse 46	international 226	Korean drama 123
hospital 50	Internet user 380	
hotel 123	interpreter 331	**L**
hour 116	interviewer 174	laboratory 260
housework 221	introduce .... 400、411	lady 108
huge 255	introduce ～ to… 411	lake 112
human being 294	invent 388	land 184
humor 396	investigate 268	landmine 348
hungry 19	invite 336	language 136
hunter 343	island 343	large 102
hurry 247	issue 187	last 115
hurt 82	IT company 290	last name 240
husband 309		last night 115
	J	late 217
I	jacket 251	latest 302
ice 101	Japan 82	laugh 439
ice cream 327	Japanese .... 19、71	laugh at 439
ice hockey 290	Japanese history 198	law 226
idea 119	Japanese literature 279	lawyer 23
ill 116	job 143	lead 280
imagine 380	join 166	lead to 280
immigrant 408	joke 53	leader 162
importance 180	journalist 275	leader 423
important 264	judge 214	learn 90
impossible 352	jump 197	leave 156
impress 152	June 179	leave ～ alone 244
improve 283	junior high school 27	leave a message 234
in a month 187	just 432	left 82
in an hour 184		lemon 233
in front of 198	**K**	lend 336
in the distance 210	kangaroo 289	lesson 45
in the future 179	keep .... 64、387	letter 64
in the morning 86	keep a diary 64	library 86
in the war 347	keep in touch 247	lie .... 143、351
in those days 124	key 165	lifestyle 443
incident 289	keyboard 248	light ....267、367
India 169	kid 152	like 59
infant 293	kill 347	line 240

lion 59	match 108	Mt. Fuji 415
listen 97	math 59	much 213
listen to ~ 97	matter 112	museum 94
little 86	May 173	music 102
live 90	mayor 383	musical 428
living room 102	meal 230	musical instrument 428
lobby 439	mean 379	musician 28
location 309	meaning 340	my 76
London 192	meaningful 372	
long 305	meat 90	**N**
look .... 111、271、284	mechanic 363	name 132
look at ~ 111	medicine 136	nation 260
look for ~ 162	meet .... 63、132	national 376
look over ~ 230	meeting 148	national border 423
look up to 368	melon 34	national holiday 388
lose 127	memorial park 415	native 376
lots of 251	memorize 392	native language 376
loudly 244	men 37	natural .... 351、431
love 135	message 162	natural gas 431
lovely 392	meter 183	naturally 294
lucky 23	Mexico 436	near 255
lunch 81	microphone 328	nearby 444
lunchtime 380	middle 128	nearly 444
lung 198	mild 298	necessar 213
	milk 67	neglect 217
M	mirror 443	neighbor 364
machine 71	miss 179	neighborhood 416
magazine 34	missing 384	nephew 188
magic 309	mistake 127	nervous 191
magician 170	mobile phone 407	never 403
make 81	model 302	new 97
make a comment 427	mom 289	New York 328
make a reservation 234	money 124	New Zealand 404
make a speech 206	monkey 331	news 72
make excuse 243	month 72	news reporter 412
Malaysia 407	moon 412	newspaper 67
man 37	more than ~ 352	next .... 155、355
management 268	morning 63	next to ~ 439
manager 116	mother 82	nice 20
many 123	motorcycle 202	niece 187
map 53	motto 420	night 68
March 416	mountain 183	no 364
market 222	mouse 131	nobody 364
marry 179	move 210	nod 443
Mars 392	movie 75	noisy 28
mask 147	movie director 302	noodle 404
master 263	Mr. 86	noon 155

not say a word 364	over there 251	picture 33
notebook 151	overcome 388	piece 233
nothing 301	overseas 359	pill 143
notice 427	own .... 184、367	pillow 225
novel 45	owner 294	place 71
novelist 49		plan 162
November 298	**P**	plane 156
now 97	package 156	planet 391
nurse 20	page 240	plant 256
	paint 263	plastic bag 427
O	pamphlet 135	plate 230
o'clock 352	panda 248	play .... 60、276
object 323	pants 165	player 46
occur 152	paper bag 336	pocket 259
ocean 128	papers 139	poem 76
October 407	parents 135	poisonous 364
octopus 403	Paris 420	police officer 53
offer 263	park 86	policemen 162
office 108	partner 356	policy .... 209、339
office worker 139	party .... 156、217	polite 116
officer 28	pass .... 214、248	politician 42
often 264	passenger 209	pool 131
oil 324	passpor 372	poor 53
old 24	past 371	popular 28
on foot 391	patient 407	positive 247
on the Internet 230	pay 173	positively 180
on the other side of 375	pay attention to 213	possible 352
on the phone 108	peaceful 435	post office 388
on ∼ 86	peach 50	postcard 412
once 403	pen 37	pot 252
one 289	pencil 71	potato 54
one of ∼ 436	penguin 201	pour 230
onion 41	people 72	pour ∼ into … 230
only 435	pepper 136	powerful 309
onto 412	perform 132	practical 313
open 155	performance 305	practice 63
opinion 201	personal 376	prefecture 424
orange 46	personal computer 376	prepare for ∼ 213
order 363	pet 67	present 347
ordinary 391	pharmacist 400	presentation 439
organ 75	phone 108	president 156
original 372	photo 348	pressure 244
other 248	photographer 173	pretty 24
others 217	pianist 19	price 324
our 116	piano 60	priest 259
ourselves 214	pick 247	prime minister 380
over the phone 327	pick up ∼ 247	print 135

problem 144	reduce 226	sad.................................... 23
produce 384	referee 411	safe 313
product 301	refuse 412	safely 205
professional 263	region 252	salary 416
professor 108	relax 197	salt 136
program 85	reliable 444	same 197
programmer 289	remember 375	San Francisco 408
project 166	remove 348	sandwich 128
pronounce 388	repair 144	satisfied 183
pronunciation 293	rescue 367	Saturday 64
protect 239	research 280	sausage 263
psychology 209	researcher 428	save 226
public 411	reservation 234	say 127
punish 332	reserve 229	say hello to 372
pupil 102	respect 135	scenery 240
puppy 225	restaurant 59	schedule 375
purse 259	result 268	science 90
put on 419	retire 136	scientific 298
put pressure on 244	retirement 284	scientist 260
pyramid 415	return 229	score 206
	reuse 336	scramble 323
Q	rice cooker 431	scrambled egg 323
question 140	rich 49	screen 111
quickly 294	ride 68	sea 101
quiet 116	ride on 108	seat 239
quietly 310	right 439	second 128
quit 371	right now 214	secret 244
quite 271	ring .... 98、348	secretary 143
quiz 301	rise 324	see 127
	river 108	seem 306
R	robber 348	selfish 244
rabbit 252	rock 255	sell 127
racket 165	rocket 256	send 68
radio 97	Rome 123	senior citizen 431
rain 191	roof 423	sense 396
rainbow 415	room 90	sensible 264
raise 376	round 305	sentence 147
rapidly 98	route 313	serious .... 54、148
reach 294	rude 184	seriously 230
reach a conclusion 294	rugby 314	serve 240
read 63	rule 210	service 180
realize 180	rumor 264	set 412
really 272	run 102	several 239
receive 271	Russia 298	severe 404
recommend 336	Russian 314	shake 144
recycle 229	**S**	shake hands with 403
red 46	sacred 395	shake hands with ～ 144

shampoo ... 403	smart ... 120	staff ... 218
share ... 221	smell ... 251、399	stage ... 170
shelf ... 400	smile ... 123、443	stamp ... 169
shine ... 139	smoke ... 102	stand ... 98、222
ship ... 331	smoking ... 112	stand in line ... 240
shoe ... 45	smoking area ... 112	star ... 336
shoot ... 343	smooth ... 387	stare at ... 243
shop ... 256	snack ... 267、359	stare at ~ ... 139
shore ... 111	snake ... 403	start ... 155
short ... 161	snow ... 191、423	station ... 94
short story ... 161	snowy ... 184	stay ... 123、351
should ... 379	so ... 271	stay healthy ... 351
shout ... 124	soap ... 148	stay up late ... 217
show ... 229	soccer ... 60	steak ... 276
showroom ... 411	social ... 396	steal ... 324
shrine ... 259	society ... 355	stew ... 400
shy ... 364	sofa ... 102	still ... 383
sick ... 54	soft ... 50	stomachache ... 85
sick in bed ... 408	soldier ... 180	stop ... 264
side ... 375	solve ... 214	store ... 305
sign ... 209、411	some ... 63	stormy ... 183
sign language ... 403	someone ... 336	story ... 37
signature ... 124	something ... 86	strange ... 162
silent ... 247	sometimes ... 336	stranger ... 343
silly ... 243	son ... 76	strawberry ... 54
since ... 407	song ... 59	street ... 108
sing ... 93	soon ... 179	strict ... 120
Singapore ... 408	sorry ... 271	strong ... 20
singer ... 42	sound ... 127、297	strongly ... 364
sink ... 331	soup ... 306	stubborn ... 244
sister-in-law ... 367	sour ... 293	student ... 19
sit ... 101	spacecraft ... 432	studio ... 173
situation ... 221	spaceship ... 310	study ... 63
skate ... 101	spaghetti ... 75	stupid ... 395
ski ... 201	Spanish ... 68	subject ... 314
skill ... 340	speak ... 64	substance ... 310
skillful ... 367	speak ill of ... 248	subway ... 248
skin ... 387	special ... 335	succeed ... 268
skip ... 81	speech ... 161	succeed in ~ ... 435
sky ... 128	spell ... 240	success ... 272
skyscraper ... 306	spend ... 139	successful ... 293
sleep ... 139	sports car ... 298	such ... 90
sleepy ... 27	sports festival ... 343	suddenly ... 439
slice ... 233	spot ... 327	suggestion ... 403
slight ... 399	spread ... 280	suitcase ... 363
slowly ... 302	spring ... 407	summer ... 188
small ... 46	stadium ... 155	summer vacation ... 392

sun 412	task 359	together 128
Sunday 82	taste 293	tomato 252
sunglasses 240	taxi 89	toothache 415
sunny 179	taxi driver 290	topic 151
sunset 368	tea 67	touch 123
supermarket 120	teach 86	tough 120
support 82	teach ~ to… 86	tourist 147
sure 229	teacher 19	towel 166
surf the net 387	team 76	tower 327
surprise 379	technology 98	tradition 372
surprised 309	teeth 97	traditional 221
surprising 335	telephone 202	tragedy 375
survive 222	telescope 302	train 108
sweet 54	temple 81	trainer 283
swim 101	tennis 76	training 356
switch 85	tennis match 108	trash 221
Switzerland 327	terrible 34	trash can 444
	test 140	travel 192
T	textbook 97	travel expenses 210
table 33	Thailand 188	treasure 384
table tennis 112	thank you 127	treat 284
tail 305	the 71	truck 297
take 90	the amount of 229	TRUE 297
take ~ off 234	the day after tomorrow .. 187	trumpet 276
take ~ seriously 248	the number of 440	trunk 339
take a bath 82	the other day 124	trust 135
take a break 198	the UN 427	truth 188
take a look at 284	their 119	try 85
take a message 229	themselves 218	try to ~ 427
take a note 102	then 115	Turkey 432
take a photo 348	theory 210	turn off ~ 225
take a picture 230	these days 68	turn off ~ 267
take a rest 156	thick 54	turn on ~ 267
take a seat 239	thick 306	turtle 256
take a shower 419	thing 123	TV 64
take a trip 135	things 214	twice 403
take a vacation 173	think about ~ 140	type 143
take a walk 155	thirsty 50	typhoon 128
take care of 225	thought 301	
take off 411	three 85	**U**
take part in 428	throw 432	U.S 436
take place 384	throw ~ away 243	umbrella 131
talk 97	ticket 435	uncle 86
talk about ~ 144	tiger 42	under 166
talk to ~ 161	time 144	understand 132
talk with 97	tired 49	uniform 169
tall 37	toast 233	unique 339

university 135	wave 144	**Y**
unnecessary 217	way ....221、360	year 24
upset 363	way of living..................... 221	~ years old 24
use.. 64	way of thinking................ 372	yen..................................... 435
use up 440	wear 147	yesterday 115
useful................................... 37	weather............................. 169	yogurt................................ 289
usual.................................. 352	weather forecast 267	young 20
usually 152	website 347	your 93
	Wednesday 68	yourself 218
V	week 71	
vacation 173	weekend........................... 179	**Z**
vase 170	weekly............................... 132	zoo 152
vegetable........................... 50	weight 297	
vending machine............ 205	well.............................197、271	
very...............................45、50	west 412	
vet 340	whale 255	
video game........................ 50	whiskey 314	
view................................... 310	wild 152	
village............................... 161	win 161	
villager.............................. 284	win a championship 331	
violin................................... 76	window 136	
visit...................................... 71	windy 191	
vivid 396	wine 82	
voice.................................. 165	wing 339	
volcano 187	winter................................ 192	
volleyball........................... 60	wish................................... 263	
volunteer.......................... 174	without............................. 408	
volunteer.......................... 260	woman................................ 38	
	women................................. 38	
W	wonderful 34	
wait for ~ 147	word.................................. 147	
waiter 363	work ....136、148	
wake up 128	work for ~....................... 331	
walk..................................... 97	worker............................... 116	
wall.................................... 251	workshop.......................... 440	
wallet 331	world................................. 264	
want 64	World War 435	
want 263	worry................................. 244	
war 347	wrestler............................. 275	
warm 192	wrire a letter to 101	
wash.................................... 68	write 64	
washing machine 347	write down 419	
Washington 432	write to ~........................ 143	
waste 217	writer.................................. 24	
watch ....41、64	wrong................................ 387	
water................................. 408		
watermelon 59		

STEP3　エクササイズの解答

※5語以上の並べ替えや、文頭が含まれる並べ替えは、（　）の外のヒント語も含めて記載してあります。

◆Section 1
1 I am a pianist.
2 You are hungry.
3 I am a nurse.
4 You are a teacher.
5 I am happy.
1 I am young.
2 You are a student.
3 I am busy.
4 You are Japanese.
5 I am a child.

◆Section 2
1 He is kind.
2 She is a lawyer.
3 He's an actor.
4 She is free.
5 He is a writer.
1 She is sad.
2 He is old.
3 She is Mary.
4 He is Takashi Yamamoto.
5 She is a doctor.

◆Section 3
1 We are dancers.
2 They are carpenters.
3 We are sleepy.
4 They are busy.
5 We are musicians.
1 They are friends.
2 We are athletes.
3 They are fine.
4 We are officers
5 They are junior high school students.

◆Section 4
1 This is interesting.
2 That is a dictionary.
3 This is Nancy.
4 That is an egg.
5 This is terrible.
1 That is David.
2 This is a table.
3 That is an elephant.
4 This is a melon.
5 That is convenient.

◆Section 5
1 This bag is good.
2 This man is a dentist.
3 That animal is an elephant.
4 This book is interesting.
5 That dictionary is difficult.
1 That doll is nice.
2 This woman is a teacher.
3 This woman is tall.
4 This doctor is old.
5 That table is expensive.

◆Section 6
1 These are dishes.
2 Those are tigers.
3 These are onions.
4 Those are delicious.
5 These are easy.
1 Those are cheap.
2 These are erasers.
3 Those are knives.
4 These are politicians.
5 Those are computers.

◆Section 7
1 Those shoes are big.
2 These horses are very big.
3 Those players are handsome.
4 These erasers are cheap.
5 Those oranges are very delicious.
1 These girls are actresses.
2 Those novels are interesting.

3 These cars are red.
4 Those boys are high school students.
5 These lessons are very useful.

◆Section 8
1 I am not a nurse.
2 They are not hungry.
3 She is not asleep.
4 That novelist isn't rich.
5 Those peaches aren't big.
1 I am not thirsty.
2 She is not honest.
3 These vegetables are not carrots.
4 That man is not tired.
5 That hospital is not good.

◆Section 9
1 Are these strawberries sweet?
2 Are you a police officer?
3 Is this golfer famous?
4 Are those vegetables potatoes?
5 Is she gentle?
1 Is this man poor? Yes, he is.
2 Is David sick? No, he isn't.
3 Is Mary cute? Yes, she is.
4 Are you serious? Yes, I am.
5 Is that book thick? No, it is not.

◆Section 10
1 I like watermelons.
2 You like math.
3 I like this restaurant.
4 You play the guitar.
5 I play soccer.
1 You like those songs.
2 I like lions.
3 You play the piano.
4 I play basketball.
5 You play volleyball.

◆Section 11
1 I eat dinner every day.
2 I study English every day.
3 You cook breakfast every day.
4 I watch TV every day.
5 They know Mary.
1 You have some friends.

2 You eat apples [an apple] every morning.
3 I want some pens.
4 They write a letter [letters] every Saturday.
5 We practice the piano every day.

◆Section 12
1 You do not read newspapers.
2 I don't have any pets.
3 You don't speak Chinese.
4 I don't drink milk every morning.
5 You don't play the guitar.
1 You don't watch TV every night.
2 I don't know Tom.
3 You don't cook dinner.
4 I don't speak Spanish every day.
5 I don't study Korean.

◆Section 13
1 Do you play the piano?
2 Do you use this machine?
3 Do they speak English?
4 Do they watch TV every night?
5 Do those girls drink coffee?
1 Do you know Tom? / Yes, I do.
2 Do you check the news every night? / No, I don't.
3 Do you have any pencils? / Yes, I do.
4 Do they study Japanese every week? / No, they don't.
5 Do those boys eat apple pie? / Yes, they do.

◆Section 14
1 She likes spaghetti.
2 My son plays the flute.
3 Michael likes this magazine.
4 My boss likes this movie.
5 Kate likes soccer.
1 Tom likes Jane.
2 My grandmother likes this song.
3 My brother plays tennis.
4 My grandfather likes the team.
5 That woman plays the violin.

◆Section 15
1 She skips breakfast every day.

2 My daughter speaks French.
3 She makes dinner every day.
4 My father drinks wine every night.
5 My friend uses this desk every day.
1 Jane meets her friend(s) every week.
2 Japan supports some countries.
3 My mother visits this temple every month.
4 Mike drives his car every morning.
5 She takes a bath every night.

◆Section 16

1 She watches TV every night.
2 My son studies Chinese.
3 My boss tries everything
4 John teaches English to us.
5 The baby cries every morning.
1 Jane watches this drama every afternoon.
2 My aunt goes to the park every morning.
3 He watches this program every morning.
4 Mike washes his bike every morning.
5 She goes to the library on Sundays.

◆Section 17

1 My aunt dose not ride a taxi.
2 My son doesn't use this computer.
3 My father doesn't play the violin.
4 John doesn't study science.
5 She doesn't eat meat.
1 John doesn't clean his room.
2 My mother doesn't take the bus.
3 My father doesn't read novels.
4 He doesn't live in Japan.
5 My brother doesn't go to school on Saturdays.

◆Section 18

1 Does she read novels?
2 Does the man sing?
3 Does that woman use this bag?
4 Does this dog bark?
5 Does the boy have a dream?
1 Does Kate clean the kitchen every day? / Yes, she does.
2 Does Mr. White visit Japan every year? / No, he doesn't.
3 Does the doctor examine Mary? / Yes, he [she] does.
4 Does he go to the station every morning? / No, he doesn't.
5 Does she live here? / Yes, she does.

◆Section 19

1 I am listening to the radio now.
2 They are speaking English.
3 He is reading a textbook now.
4 They are building a new bridge now.
5 The baby is sleeping on the bed.
1 Mike is brushing his teeth.
2 They are eating lunch in the cafeteria.
3 He is watching a soccer game on TV now.
4 My sister is walking now.
5 My father is drinking beer.

◆Section 20

1 I am sitting on the sofa now.
2 They are dancing to music now.
3 He is running in the park now.
4 He is smoking in the cafeteria now.
5 Mike is driving a new car.
1 My mother is swimming in the sea.
2 They are sitting on the grass.
3 He is driving a large bus.
4 His mother is writing a letter to him.
5 She is skating on the ice.

◆Section 21

1 I am not talking on the phone now.
2 They are not practicing baseball now.
3 They aren't singing now.
4 She isn't cleaning the classroom.
5 He's not running along the river.
1 I am not listening to music.
2 They are not dancing.
3 My father is not sitting on the bench.
4 Tom is not watching a tennis match.
5 He is not smoking in the office.

◆Section 22

1 Is your aunt watching the movie now? / Yes, she is.

2 Are they discussing the matter now? / No, they aren't.
3 Is he riding a bicycle now? / Yes, he is.
4 Is your daughter cleaning the bathroom? / No, she's not.
5 Is he looking at the map? / Yes, he is.
1 Are the children practicing table tennis? / Yes, they are.
2 Are they watching the screen? / No, they aren't.
3 Is your uncle swimming in the lake? / Yes, he is.
4 Is Tom running along the shore? / No, he isn't.
5 Is the director talking with them? / Yes, he(she) is.

◆ Section 23
1 The lady was very polite.
2 They were very friendly.
3 The baby was asleep then.
4 The workers were very cheerful then.
5 He was very rich last year.
1 The dictionary was very expensive.
2 Our manager was in the office.
3 Her answer was very clear.
4 He was ill then.
5 They were in the park two hours ago.

◆ Section 24
1 The man was not tall.
2 His answer wasn't correct.
3 My dog wasn't faithful then.
4 Was your mother strict? / Yes, she was.
5 Were those girls in the supermarket? / No, they weren't.
1 Your idea was not great.
2 Were the cats brown? / No, they weren't.
3 Was the dog alive? / Yes, it was.
4 Were those boys smart? / No, they weren't.
5 Was Judy's attitude good? / Yes, it was

◆ Section 25
1 The man walked to the station yesterday.
2 My father stayed at this hotel last week.
3 She learned many things.
4 My mother watched a Korean drama three days ago.
5 They listened to the teacher carefully.
1 Mike earned a lot of money last year.
2 I carried the heavy bags to my room.
3 These children exchanged some books.
4 They smiled at me.
5 The earthquake happened last month.

◆ Section 26
1 The child grew up fast.
2 My father sold the computer to Mary.
3 The man went to the park this morning.
4 My family had a large dog.
5 I ate some sandwiches at this cafeteria.
1 I saw a black cloud from here.
2 They sang a famous song together.
3 He lost his hat.
4 He said, "Thank you".
5 We heard a big sound yesterday.

◆ Section 27
1 He did not find the map.
2 The boy did not bring an umbrella yesterday.
3 He didn't read the weekly magazine this morning
4 I didn't forget her name.
5 The old man didn't come back again.
1 They didn't understand English.
2 He didn't write a letter to Yuka.
3 The music band didn't perform the concert.
4 The cat didn't catch a mouse.
5 The young man didn't sit on the chair.

◆ Section 28
1 Did he speak many languages ? / Yes, he did.
2 Did the engineers finish the work yesterday? / No, they did not.
3 Did he graduate from a university? / Yes, he did.

4 Did you attend the class? / No, I didn't.
5 Did she print the pamphlets? / Yes, she did.
1 Did he respect his parents? / Yes, he did.
2 Did your brother break the window? / No, he didn't.
3 Did you take this medicine? / Yes, I did.
4 Did your father retire? / No, he didn't.
5 Did the boy close the door? / Yes, he did.

◆Section 29
1 I was thinking about the test then.
2 She was starting at something.
3 We were washing some dishes.
4 They were looking at each other.
5 My teacher was teaching English to us.
1 Those men were fighting against each other.
2 The office worker was checking some papers.
3 My brother was sleeping on the bed.
4 The student was talking on the phone.
5 I was fixing this machine.

◆Section 30
1 I was not writing to him then.
2 My secretary was not sending an e-mail then.
3 The officer wasn't checking the documents at that time.
4 The actress wasn't shaking hands with her fans.
5 She wasn't thinking about her job.
1 We weren't talking about our problem.
2 They weren't repairing this machine.
3 Jane wasn't complaining about the matter.
4 He wasn't lying on the bed.
5 The man wasn't waving his hand.

◆Section 31
1 Were you singing a popular song then? / Yes, I was.
2 Was the man eating a hamburger then? / No, he wasn't.
3 Were they waiting for you? / Yes, they were.
4 Was David teaching biology to you then? / No, he wasn't.
5 Were they talking about the meeting? / Yes, they were.
1 Was she using this soap then? / Yes, she was.
2 Was Tom checking these words? / No, he wasn't.
3 Were they working in a large area? / Yes, they were.
4 Was the doctor examining the baby? / No, he [she] wasn't.
5 Were you discussing the serious problem? / Yes, we were.

◆Section 32
1 What are these animals?
2 What is he eating?
3 What do you usually do after school?
4 What did he do in the church?
5 What was on the grass?
1 What is he washing in the garden?
2 What did you see in the zoo?
3 What did Takeshi buy in that drugstore?
4 What was the topic?
5 What occurred last night?

◆Section 33
1 What time is it now?
2 What time does the movie start?
3 What time did the plane arrive?
4 What time does the train leave?
5 What time do you get up in the morning?
1 What time did they come to the party?
2 What time does school begin?
3 What time did she finish her work?
4 What time do you usually go to bed?
5 What time did he meet you?

◆Section 34
1 Who is that man?
2 Who lives in this village?

3 Who did you call?
4 Who is standing on the hill?
5 Who gave the speech here?
1 Who was in the ballpark?
2 Who took a bath yesterday?
3 Who did they choose as their leader?
4 Who did she take to the hospital?
5 Who were the policemen looking for?

◆Section 35
1 Whose dictionary is this?
2 Whose camera are you using?
3 Whose rackets are those?
4 Whose question did he answer?
5 Whose projects are interesting?
1 Whose dresses are these?
2 Whose voice was that?
3 Whose pants is he wearing?
4 Whose eraser did you borrow?
5 Whose towel is under the chair?

◆Section 36
1 How is the weather in Okinawa?
2 How many stamps did you collect?
3 How many uniforms do they have?
4 How many workers did your uncle employ?
5 How many people came to the concert?
1 How is your sister?
2 How many vases did he break?
3 How many festivals do we have in a year?
4 How many dictionaries are beside the desk?
5 How many magicians performed on stage?

◆Section 37
1 When does he usually take a vacation?
2 Where did you see the comedian?
3 Why is she afraid of that dog?
4 How do they go to school?
5 Where did the woman change her clothes?
1 When is her birthday?
2 Where is the studio?

3 Why do you like The Beatles?
4 How did he come here alone?
5 When did they enter college?

◆Section 38
1 I will marry Tom next June.
2 It will be sunny tomorrow.
3 They will be back soon.
4 The boy will work hard.
5 The woman will complain about his attitude.
1 They will help old people in this community.
2 We will stay at this hotel.
3 The solders will fight in that country.
4 It will be rainy this weekend.
5 He will behave positively.

◆Section 39
1 My father will not be busy tomorrow.
2 She will not apologize to you.
3 It won't be snowy tomorrow.
4 Will it rain tomorrow? / Yes, it will.
5 Will the boy buy his own clothes?
1 He won't help us.
2 He won't help these rude men.
3 My niece won't go on a diet
4 Will he be satisfied with her answer? / No, he won't.
5 Will it be cool this weekend? / Yes, it will .

◆Section 40
1 My son is going to be free tomorrow.
2 She is going to eat breakfast tomorrow.
3 My boss is going to assist them.
4 It is going to rain tomorrow.
5 My daughter is going to go to Thailand this summer.
1 I am going to go abroad this year.
2 My father is going to practice the guitar.
3 My nephew is going to tell the truth to them.
4 This volcano is going to erupt soon.
5 He is going to be in Africa in a month.

◆Section 41
1 It's not going to be windy this evening.
2 She isn't going to come here today.
3 Are you going to attend the meeting? / Yes, I am.
4 Are they going to go to the concert tomorrow?
5 It isn't going to rain soon.
1 Is she going to go to Australia next year? / Yes, she is.
2 Are you going to go to the library tomorrow? / No, I'm not.
3 Is it going to rain heavily tomorrow? / Yes, it is.
4 I am not going to go out for lunch.
5 My parents are not going to go to London.

◆Section 42
1 He can use this machine effectively.
2 She can jump very high.
3 My father can skate very well.
4 He can swim very fast.
5 You can take a break for two hours.
1 You can relax here.
2 He can speak three different languages.
3 Mike can carry these heavy boxes at the same time.
4 You can come into this room with your dog.
5 This animal can run very fast.

◆Section 43
1 Penguins can't jump high.
2 Mike cannot speak Japanese.
3 You can't smoke in this area.
4 Can I ask you three questions? Yes, you can.
5 Can you teach English to elementary school students?
1 Can he repair this motorcycle? / Yes, he can.
2 Can I use the telephone? / No, you can't.
3 Can we talk to you for a minute? / Yes, you can.
4 They cannot agree with my opinion.
5 We cannot get to the museum by train.

◆Section 44
1 She is able to drive safely.
2 This insect is able to jump high.
3 My father was able to play the bass.
4 They are able to use this vending machine.
5 He will be able to get a high score in this test.
1 He will be able to find work.
2 I am able to make a delicious apple pie.
3 Tom is able to make a speech in front of many people.
4 The man is able to buy an expensive camera.
5 The large eagle is able to fly fast.

◆Section 45
1 I am not able to understand his gesture.
2 David isn't able to speak Chinese.
3 The employee isn't able to use this calculator.
4 Are they able to follow these rules? / Yes, they are.
5 Is the female student able to speak Chinese? / No, she isn't.
1 She isn't able to pay her travel expenses.
2 We aren't able to change our policy.
3 Are you able to understand psychology? / Yes, we are.
4 Are the passengers able to understand this sign? / No, they aren't.
5 Is he able to move the fridge? / Yes, he is.

◆Section 46
1 I must call him tonight.
2 You must prepare for tomorrow's test.
3 We must pay attention to this sign.
4 We must make efforts.
5 The workers must solve this problem right now.
1 We must judge things fairly.

2 We must pass the entrance examination.
3 We must repair the copy machine.
4 She must buy some necessary goods.
5 He must check these documents.

◆Section 47
1 You must not feed the animals in the zoo.
2 They must not waste much time.
3 You mustn't deceive others.
4 Must the police officers arrest those men?
   Yes, they must.
5 Must we depart right now?
   No, you don't have to.
1 You must not stay up late tonight.
2 You must not help him with his homework.
3 You must not neglect these sings.
4 Must she make a speech in the conference?
   Yes, she must.
5 Must we solve this problem right now?
   No, you don't have to.

◆Section 48
1 She has to take this trash with her.
2 The housewives have to prepare for tomorrow's party.
3 Our team has to support him.
4 You had to know the importance of this article.
5 He had to have the courage.
1 We have to know a traditional way of living.
2 You have to stand his behavior.
3 We have to share our housework.
4 We had to achieve a big goal.
5 The worker had to work in this factory.

◆Section 49
1 You don't have to turn off your cell phone.
2 She doesn't have to wear her uniform here.
3 You don't have to use a pillow.

4 Do they have to save these animals?
   Yes, they do.
5 Do you need to come here?
   No, I don't.
1 In this case, you don't have to go there.
2 He doesn't have to change his hair style.
3 Does this company have to expand abroad?
   Yes, it does.
4 Do they have to change the laws?
   Yes, they do.
5 Does this country need to have an international airport?
   No, it doesn't.

◆Section 50
1 Will you lend me your dictionary?
2 Will you show me that dress?
3 Shall I check your papers?
4 Shall I pour some milk into the glass?
5 Shall we have another glass of beer?
1 Will you show me that graph?
2 Shall I reserve your flight?
3 Shall we watch a movie here?
4 Shall I take a message?
5 Shall we look over this matter on the Internet?
   Yes, let's.

◆Section 51
1 Would you like another cup of coffee?
   Yes, thank you.
2 Would you like another piece of chicken?
   No, thank you.
3 Would you like to wear a sweater?
   Yes, thank you.
4 Would you like to use this handkerchief?
   No, thank you.
5 Would you like to make a reservation here?
   Yes, thank you.
1 Would you like some biscuits?
   Yes, thank you.
2 Would you like another slice of cheese?

470

No, thank you.
3 Would you like another slice of toast?
　Yes, thank you.
4 Would you like to buy a pair of shoes?
　No, thank you.
5 Would you like to take a rest for a while?
　Yes, thank you.

◆Section 52
1 Be kind to old people.
2 Please be careful here.
3 Please enjoy beautiful scenery.
4 Lie on the sofa, please.
5 Wear sunglasses, please.
1 Be ambitious.
2 Protect the environment.
3 Take a seat.
4 Borrow several books from the library.
5 Serve me a glass of wine, please.

◆Section 53
1 Don't be silly, please.
2 Don't be stubborn, please.
3 Don't be rude, please.
4 Please don't talk loudly.
5 Please don't put pressure on us.
1 Please don't leave her alone.
2 Don't tell anyone this secret, please.
3 Don't be selfish, please.
4 Don't stare at me.
5 Don't throw the garbage away.

◆Section 54
1 Let's be positive.
2 Let's be silent.
3 Let's pick up the trash.
4 Let's save the endangered animals.
5 Let's not take a subway.
1 Let's dig a hole.
2 Let's not take things seriously.
3 Let's see a panda in the zoo.
4 Let's have a good time.
5 Let's pass in the gate.

◆Section 55
1 There was a lion in the cage.
2 There's a jacket in the closet.
3 There is a calendar on the wall.
4 There're a lot of flags in front of the building.
5 There're some tomatoes in the box.
1 There is a difference between the two.
2 There are some magicians on the stage.
3 There're some rabbits here.
4 There were many boats on the lake.
5 There were some pots in the kitchen.

◆Section 56
1 There was not a tiger in the zoo.
2 There is not a coat on the chair.
3 There is not a cucumber in the fridge.
4 There were not any onions in the kitchen.
5 There was not a gap between you and me.
1 There weren't any costumes here.
2 There aren't any vegetables in the fridge.
3 There are not many islands around here.
4 There aren't many astronauts in the rocket.
5 There were not any caps at that shop.

◆Section 57
1 Is there a college in this city?
2 Are there any priests in this temple?
3 Were there any earphones on the table?
　Yes, there were.
4 Were there any animals in the forest?
5 Is there a shrine in this area?
　Yes, there is.
1 Is there a purse on the table?
　Yes, there is.
2 Are there three carrots in the box?
　No, there aren't.
3 Were there a lot of volunteers in the nation?
　Yes, there were.
4 Were there many bombs under the ground?
　No, there weren't.
5 Were there two scientists in the room?

Yes, there were.

◆Section 58
1 I want to become an English teacher.
2 He wants to become a famous scientist.
3 Our son likes to go fishing.
4 She decided to travel around the world.
5 To master English is not difficult.
1 Her dream is to become an astronaut.
2 She likes to cook sausages.
3 My father decided to stop smoking.
4 His goal is not to master English.
5 I like to visit an old museum in Europe.

◆Section 59
1 the department store to buy some furniture
2 France to study art
3 My son studied hard to pass the test.
4 She turned off the light to sleep.
5 Did you leave the country to do such a thing?
1 We must work hard to succeed.
2 He went to the developing countries to help poor people.
3 The police officers came here to investigate the accident.
4 My father turned on the radio to check the weather forecast.
5 She went to the grocery to buy some goods.

◆Section 60
1 I was amazed to hear the news.
2 He was very happy to know her success.
3 My son looked happy to see you.
4 Do they look happy to know each other?
5 I'm sorry to hear that.
1 He wasn't so happy to receive his bonus.
2 I was quite happy to know you well.
3 My parents looked happy to see their grandchildren.
4 She was sad to learn about the death of her cat.
5 Are you amazed to meet him again?

◆Section 61
1 I need some time to study English.
2 He has a dream to become a journalist.
3 We want something to drink.
4 Does he have any time to practice the trumpet?
5 Can I have anything to eat?
1 They need some time to learn about ancient Rome.
2 I have a dream to be a wrestler.
3 My father needs glasses to read with.
4 I want a knife to cut this steak with.
5 Does he need anything to wear in winter?

◆Section 62
1 My mother likes knitting.
2 My hobby is collecting autographs of famous people.
3 Having foreign friends is very interesting.
4 Being curious about something is very important.
5 Taking her advice will lead to your success.
1 He likes listening to music.
2 Tom likes talking about his ambitious.
3 My father's hobby is studying Japanese literature.
4 My hobby is watching movies.
5 Spreading the rumor is not good.

◆Section 63
1 I enjoyed talking with my friend in my room.
2 My sister finished doing her work.
3 The old woman stopped going to the station.
4 The trainer finished talking with the athlete.
5 The president wanted to expand his company.
1 His father hoped to go abroad after his retirement.
2 Tom decided to employ her as a secretary.

3 The doctor decided to give me an injection.
4 The villager stopped to take a look at the accident.
5 My parent stopped treating me as a child.

◆Section 64
1 Those children chatted as loudly as you.
2 The man is as old as your uncle.
3 Mike speaks Japanese as fluently as you
4 This milk is as fresh as this yogurt.
5 This programmer is as smart as that one.
1 Tom is as tall as my father.
2 This incident looks as terrible as that one.
3 The new movie is as interesting as the last one.
4 The IT company grew as fast as my company.
5 I can play ice hockey as well as Mike.

◆Section 65
1 The IT company didn't grow as rapidly as my company.
2 This elephant isn't as big as that one.
3 His idea wasn't as exciting as yours.
4 The man didn't look as healthy as he.
5 The infant can't speak as clearly as this child .
1 His pronunciation isn't as clear as yours.
2 The man didn't reach a conclusion as quickly as you.
3 Human beings can't calculate as fast as robots.
4 His speech wasn't as successful as her speech.
5 My co-worker can't think as positively as I can.

◆Section 66
1 That horse is larger than this horse.
2 This orange juice tastes sweeter than that one.
3 The weather in April is warmer than that in November.
4 The action movie is newer than that one.
5 His weight is heavier than mine.
1 That truck is larger than this truck.
2 The woman gets up earlier than her daughter.
3 This sports car can run faster than that one.
4 Your comment sounds truer than his.
5 The climate of Tokyo is milder than that of Russia.

◆Section 67
1 That product is more popular than this one.
2 This telescope is more expensive than that one.
3 The worker was more excited than the manager.
4 His attitude was more terrible than his son's.
5 His idea sounds more interesting than yours.
1 This latest computer is better than the old one.
2 This quiz is more difficult than that one.
3 This model is more beautiful than that one.
4 Does the movie director look more tired than the actress?
5 That company is growing up more rapidly than ours.

◆Section 68
1 The girl is the prettiest in this class.
2 This little boy is the noisiest in this school.
3 This chocolate is the sweetest in the store.
4 The round table is the cheapest of all the tables.
5 His plan looked the easiest of all.
1 The skyscraper was the highest in the world.
2 Kate got up the earliest of all.

3 This lake is the deepest of all the lakes in America.
4 The express train can run the fastest of all.
5 The climate of Hokkaido seems the coldest in Japan.

◆Section 69
1 The coach was the most popular in this team.
2 The baseball player became the most famous player in the team.
3 The textbook is the most difficult of all.
4 His magic was the most exciting of all.
5 can speak English the best in this class
1 This engine is the most powerful of all.
2 The chemical substances look the most dangerous in this room.
3 His novel is the most fantastic of all the novels.
4 My husband was the most surprised in my family to hear the news.

◆Section 70
1 Which is more delicious, this apple or that one?
2 Who was working harder, this man or that one?
3 Which do you like better, soccer or baseball?
4 Which does your father like better, wine or whiskey?
5 Which subject did you study harder, science or math?
1 Which do you like better, soccer or tennis?
2 Who can speak Russian more fluently, Mary or Judy?
3 Which student is more intelligent, Tom or Ken?
4 Which did you choose, this way or that way?
5 Which is more practical, this book or that one?

◆Section 71
1 barking
2 spoken
1 a used car
2 the broken vase
3 the decorated room
1 I found used gloves at the factory
2 Do you know the sleeping baby?
3 The selected athlete looked very happy.
4 We watched a singing bird.
5 People don't like the rising oil prices.

◆Section 72
1 screaming
2 running
3 talking
1 a bag made in Italy
2 the festival held in London
3 The girl playing on the sofa
1 The guide using a microphone is very tall.
2 The tower built in 2012 is a popular spot.
3 He is the professor given an award in this ceremony.
4 Which is the area visited by many politicians?

◆Section 73
1 which
2 who
1 the man who works
2 the man who climbed these mountains
3 a ship which sank under the sea
4 The man who works for our company is Mr. Wilson.
1 The man who can speak Spanish well is Tom.
2 Look at the monkeys which are playing on the rocks.
3 Is the man who punished the boys your father?

◆Section 74
1 that
2 that
1 the ribbon which you made
2 an experience which he can never forget
3 She is an actress that many girls respect.
4 I want a paper bag which I can reuse.
1 We would like to meet the king that many people admire.
2 Are there any restaurants which you can recommend?
3 Do you have a close friend that you sometimes visit?

◆Section 75
1 whose
2 whose
1 whose mother is a teacher
2 whose door is red
3 I know the boy whose father is a vet.
4 Where is the house whose door is red?
1 Frank is an artist whose works are fantastic.
2 This is the building whose entrance I couldn't find.
3 The boy whose father is a detective is Ken.

◆Section 76
1 was closed
2 was built by
1 was made
2 are sung
1 English is taught by Mr. Smith.
2 An old woman was attacked by someone.
3 His English was understood by people.
1 These animals were shot by a hunter.
2 The environment of this island was saved by many people.
3 The young man was attacked by a stranger.

◆Section 77
1 The website isn't used now.
2 Was this key left in the train? / No, it wasn't.
1 wasn't killed
2 Was / made
1 Was this present received by her? / Yes, it was.
2 Is the contest held there? / No, it isn't.
3 Spanish isn't spoken in this country.
1 Were the landmines in Cambodia removed? No, they weren't.
2 The website is not used now.
3 Were many photos taken by the man? / Yes, they were.

◆Section 78
1 It is difficult for me to speak English.
2 It is necessary for students to use dictionaries.
1 It is common for Japanese to bow.
2 Is it convenient for her to live here?
1 Is it safe for girls to go out in the evening?
2 It is necessary to stay healthy.
3 Was it common to work more than 8 hours a day here?
4 Is it convenient for you to come here?
5 It is very good to help elderly people.

◆Section 79
1 what to do
2 what to read
1 what to say
2 what to buy for his birthday
3 your teacher what subject to study
1 They didn't know what to choose.
2 She told us what to understand about the global society.
3 Please tell me what to copy on the blackboard.
4 Does your partner know what to pay attention to?
5 Do you know what goal to aim for?

◆Section 80
1 how to study
2 where to take
1 how to swim fast

2 when to use this handout
3 told me where to do the task
1 She told me how to make the handouts.
2 Do you know how to master English?
3 Please tell us when to eat snacks.
4 Some guests asked me where to get on the bus.
5 I can't tell you which way to go.

◆Section 81
1 so / that
2 too / for / to
1 This river is too deep to swim in.
2 so busy that she couldn't have
3 is so old that he can't walk
1 The mechanic was working too hard to take a rest.
2 He was so sleepy that he couldn't concentrate on his work.
3 The suitcase was too heavy for me to carry.
4 My boss believed it so strongly that nobody could argue against him.
5 The man was too fat to wear the costume.

◆Section 82
1 so / that
2 early enough to
1 was kind enough to help
2 early enough to catch the train
1 He was so tired that he was able to sleep well yesterday.
2 Mike is so polite that everyone looks up to him.
3 The man was brave enough to rescue a drowning child.
4 The girl was kind enough to help the disabled people.
5 The engineer was skillful enough to repair my car.

◆Section 83
1 wants him to
2 wanted us to
1 wants me to say hello

2 I would like my boss to change his ways
1 He wanted me to forget the past.
2 Does the manager want you to quit?
3 I want you to come to a conclusion.
4 I would like my pupils to depend on me.
5 I would like my boss to change his[her] ways of thinking.

◆Section 84
1 told him to
2 asked us to
1 asked her to join tonight's party
2 Did he told you to express your feelings?
1 He asked me to raise a national flag.
2 My father told me to walk on the other side of the road.
3 The officer asked me to show him[her] my driver's license.
4 She told her son to come back by five.
5 Did he ask you to have a personal computer?

◆Section 85
1 he wants to say
2 you bought
1 what you are doing
2 were surprised at what the boy did
1 Do you know what I mean?
2 Please tell me what we should buy.
3 I want to know what the prime minister will say.
4 I'm interested in what they are talking about.
5 I don't know what they were discussing at lunchtime.

◆Section 86
1 when he wants
2 where you bought
1 I am interested in where you studied music.
2 Can you imagine where the journalist will go next?
1 Please tell me when the mayor of New York will come here.
2 We are interested in when the dolphin

will appear.
3 The parents still don't know when the baby will be born.
4 They want to know where the missing child disappeared.
5 Do you know where the festival will take place?

◆Section 87
1 how the accident happened
2 why the man didn't
1 I am interested in why you became a teacher.
2 I want to know how children learn a language.
1 Please tell me why the worker didn't keep the rules.
2 Please show me how the machines were invented.
3 The doctor told us why baby's skin is very smooth.
4 They taught me how they pronounced "l" and"r"correctly.
5 We don't know how we should behave here.

◆Section 88
1 how old she will be
2 how far it is
1 I want to know how far it is from the bank to the hospital.
2 I want to know how tall the little boy will be in a few years.
1 Please tell me how many countries you visited during the summer vacation.
2 We don't know how many dinosaurs there were on this planet.
3 Please tell me how old your lovely baby will be next year.
4 I was surprised to know how many people died of cancer.
5 Can you imagine how many words he was able to memorize?

◆Section 89
1 How important the word is!
2 What difficult problems these are!
3 How brave the soldier was!
1 ①
2 ①
3 ②
1 How hard the man worked!
2 How interesting her story is!
3 What an expensive bicycle it is!
4 What cool actors they are!

◆Section 90
1 ①
2 ②
3 ②
1 weren't they
2 doesn't she
3 can't he
1 gets up early in the morning, doesn't she
2 is going to go to London next year, isn't he
3 bought a cool car, didn't you
4 are very wonderful women, aren't they

◆Section 91
1 have visited
2 have met
3 have eaten
1 have heard this story
2 have read that magazine many times
3 She has met the famous professor before.
1 My son has ordered a hamburger in English several times.
2 My grandmother has learned sign language before.
3 He's had a severe stomachache before.
4 My brother has made the suggestion many times.

◆Section 92
1 have lived
2 have stayed
3 has known
1 My family has lived in Osaka for
2 We have known him for two weeks.
3 She has worked since last night.

1 The passenger has waited for their departure for almost an hour.
2 The cat has been asleep for half an hour.
3 Mary has had a headache since last October.
4 He's been dead for 30 years.

◆Section 93
1 have just told
2 has just finished
3 has just taken
1 has already read the newspaper
2 Your boss has just come back
3 The students have just come home.
1 The students have already learned about ancient Rome.
2 The news reporter has just left the office.
3 The old man has just left the showroom.
4 The sun has just risen in the east.

◆Section 94
1 I have not lived in Tokyo for a long time.
2 I have not visited London before.
1 He has not been in Germany for a long time.
2 I have not stayed in London for such a long time.
1 I have not played the drum for 10 years.
2 The young man has never owned a gun before.
3 Their salary hasn't been equal since last year.
1 継続
2 経験
3 完了

◆Section 95
1 My brother has not eaten another slice of pizza yet.
2 The tourists have not seen the Japanese garden yet.
1 He has not finished his work yet.
2 My cousin has not gone to Korea yet.
1 The tourists haven't seen the Japanese garden yet.

2 People have not put on their coats yet.
3 The workers have not gone to another branch office in Tokyo yet.
1 完了
2 継続
3 経験

◆Section 96
1 Have you eaten French food? / Yes, I have.
2 Have the tourists already seen the festival? / No, they haven't.
1 Have you ever joined
2 Have you ever become a leader before?
3 Have they ever been to Hawaii before?
1 Have your family members been fine since then? / Yes, they have.
2 Have you ever swum across the river? / Yes, I have.
3 Have the biologists made a speech in this hall yet? / No, they haven't.
1 ①
2 ③
3 ③

◆Section 97
1 How many times has he visited London?
2 How many times have they met that actress?
3 How many times have you used the new machine?
1 How many times have you ever hard this story?
2 How many times has she broken the rules?
3 How many times has she met him before?
1 How many times have you made a comment about this topic?
2 How many times has Mary broken the rules?
3 How many times has this bear attacked ordinary citizens?
4 How many times has the man noticed his errors before?

478

◆**Section 98**
1 How long have you lived in Turkey?
2 How long have they stayed at this excellent hotel?
3 How long has she known him?
1 How long has your family lived in Washington?
2 How long has she worked at this community center?
3 How long has he been sick in bed?
1 How long has your father been in Washington?
2 How long have these children used this dirty water?
3 How long has Mr. Green been in charge of this class?
4 How long have you stayed at this excellent hotel?

◆**Section 99**
1 that she is
2 that he is
3 that they will
1 that he is American
2 that he told a lie
3 that he will come here
4 That the earth moves around the sun is true.
1 That the passenger lost the ticket is the fact.
2 My hope is that the world is peaceful forever.
3 I think that he will become interested in science.
4 He doesn't know that this is one of the most popular songs in Japan.
5 Can you imagine that human beings will die out in the future?

◆**Section 100**
1 When he comes
2 if it is rainy
3 When he was
1 If it is sunny
2 When I came here
3 If you are busy
4 when you have a problem
1 When she got to the office, it began to rain suddenly.
2 When I arrive at the lobby, I will call you.
3 If it is fine tomorrow, we will go on a picnic.
4 When she was an elementary school student, she injured her right arm.
5 If I buy an electronic dictionary, I will give you my paper dictionary.

◆**Section 101**
1 Before you have
2 before he comes
3 After she comes
1 After she comes back
2 after she graduates from university
3 Before she comes back
1 Before I went upstairs to sleep, I took some medicine.
2 After she graduated from university, she went to Germany.
3 Because he was asleep, the man couldn't hear the door bell.
4 After the stormy weather is over, the sky will be clear.
5 Before you apply for the job, you should listen to his advice.

●著者紹介

杉山　一志　Sugiyama Kazushi

1977年8月25日生まれ。同志社大学文学部卒業。東進ハイスクール・東進中学ネット講師／メガスタディオンライン講師。財団法人実用英語推進機構理事。大学時代、ワーキングホリデービザを活用して、ニュージーランドでの生活・アルバイトを経験。帰国後、実用英語の重要性を感じ、英語学習に没頭する。実用英語検定1級・TOEICテストでもリスニング／ライティング試験で満点を取得。現在は、主に難関大学を目指す大学受験生を中心に英語指導を行いながら、模試作成や教材開発、小学生から大学受験生を対象に幅広く執筆活動を行っている。代表作として「スーパードリルシリーズ（Jリサーチ出版）」「英文法パターンドリルシリーズ（文英堂）」「音読プログラムシリーズ（IBC出版）」「短期で攻めるスピード英語長文シリーズ（桐原書店）」などがあり、電子書籍・執筆協力・監修などを含めると、担当書籍は80冊を超える。

カバーデザイン	滝デザイン事務所
本文デザイン／DTP	朝日メディアインターナショナル株式会社
編集協力	佐藤誠司
CDナレーション	横田砂選
	Howard Colefield
	Rachel Walzer

魔法の中学英語

平成25年（2013年）3月10日　初版第1刷発行
令和5年（2023年）8月10日　　第6刷発行

著　者	杉山一志
発行人	福田富与
発行所	有限会社Jリサーチ出版
	〒166-0002　東京都杉並区高円寺北2-29-14-705
	電　話 03(6808)8801(代)　FAX 03(5364)5310(代)
	編集部 03(6808)8806
	https://www.jresearch.co.jp
印刷所	㈱シナノ パブリッシング プレス

ISBN978-4-86392-133-7　禁無断転載。なお、乱丁・落丁本はお取り替えいたします。

©2013 Kazushi Sugiyama, All rights reserved.